Kohlhammer

## Der Autor/die Autorinnen

Silvio Herzog, Prof. Dr., Erziehungswissenschaftler, Rektor, Pädagogische Hochschule Schwyz; Arbeitsschwerpunkte: Gesundheit von Lehrkräften, Berufsbiografien, Zukunft der Schule, Zukunft der Lehrerinnen- und Lehrerbildung

Anita Sandmeier, Prof. Dr., Erziehungswissenschaftlerin, Leiterin Professur Personalentwicklung im Schulkontext, Pädagogische Hochschule Schwyz; Arbeitsschwerpunkte: Professionelle Entwicklung, Gesundheit und berufliche Mobilität von Lehrkräften

Benita Affolter, Dr., Erziehungswissenschaftlerin, Leiterin Studiengang Primarstufe, Pädagogische Hochschule Thurgau; Arbeitsschwerpunkte: Professionalisierung und Kompetenzentwicklung von Lehrpersonen in der Ausbildung und im Berufseinstieg

Silvio Herzog, Anita Sandmeier,
Benita Affolter

# Gesunde Lehrkräfte in gesunden Schulen

Eine Einführung

Verlag W. Kohlhammer

Dieses Werk einschließlich aller seiner Teile ist urheberrechtlich geschützt. Jede Verwendung außerhalb der engen Grenzen des Urheberrechts ist ohne Zustimmung des Verlags unzulässig und strafbar. Das gilt insbesondere für Vervielfältigungen, Übersetzungen, Mikroverfilmungen und für die Einspeicherung und Verarbeitung in elektronischen Systemen.

Die Wiedergabe von Warenbezeichnungen, Handelsnamen und sonstigen Kennzeichen in diesem Buch berechtigt nicht zu der Annahme, dass diese von jedermann frei benutzt werden dürfen. Vielmehr kann es sich auch dann um eingetragene Warenzeichen oder sonstige geschützte Kennzeichen handeln, wenn sie nicht eigens als solche gekennzeichnet sind.

Es konnten nicht alle Rechtsinhaber von Abbildungen ermittelt werden. Sollte dem Verlag gegenüber der Nachweis der Rechtsinhaberschaft geführt werden, wird das branchenübliche Honorar nachträglich gezahlt.

Dieses Werk enthält Hinweise/Links zu externen Websites Dritter, auf deren Inhalt der Verlag keinen Einfluss hat und die der Haftung der jeweiligen Seitenanbieter oder -betreiber unterliegen. Zum Zeitpunkt der Verlinkung wurden die externen Websites auf mögliche Rechtsverstöße überprüft und dabei keine Rechtsverletzung festgestellt. Ohne konkrete Hinweise auf eine solche Rechtsverletzung ist eine permanente inhaltliche Kontrolle der verlinkten Seiten nicht zumutbar. Sollten jedoch Rechtsverletzungen bekannt werden, werden die betroffenen externen Links soweit möglich unverzüglich entfernt.

Für alle, die sich für gesunde Lehrkräfte in gesunden Schulen einsetzen.

1. Auflage 2021

Alle Rechte vorbehalten
© W. Kohlhammer GmbH, Stuttgart
Gesamtherstellung: W. Kohlhammer GmbH, Heßbrühlstr. 69, 70565 Stuttgart
produktsicherheit@kohlhammer.de

Print:
ISBN 978-3-17-034765-6

E-Book-Formate:
pdf:   ISBN 978-3-17-034766-3
epub: ISBN 978-3-17-034767-0
mobi: ISBN 978-3-17-034768-7

# Vorwort

Ob »Beanspruchung und Bewältigung im Lehrerberuf« (Herzog, 2007)[1], »Psychische Gesundheit und Lebensbewältigung vom Jugendalter ins frühe Erwachsenenalter« (Sandmeier, 2010)[2] oder »Engagement und Beanspruchung von Lehrpersonen in der Phase des Berufseintritts« (Affolter, 2019)[3] – es ist der wissenschaftliche Zugang, der uns als Autorinnen und Autor des vorliegenden Buches zum Thema der Gesundheit (von Lehrkräften) geführt hat. In der Zwischenzeit sind wir leitend, bildend, beratend, forschend und entwickelnd in der Lehrerinnen- und Lehrerbildung tätig. Durch diese Tätigkeiten hat sich unser Interesse für die Frage verstärkt, wie evidenzbasiertes Wissen Eingang in die Konzepte und Maßnahmen zur Förderung der Gesundheit von Lehrkräften findet. So entstand die Idee, ein Buch zu schreiben, das zu praxisrelevanten Fragen wissenschaftliches Wissen zusammenträgt, dieses gewichtet und daraus prägnante Kernaussagen ableitet. Diese inhaltliche Prägnanz und verschiedene Veranschaulichungen im Text sollen dabei helfen, den Diskurs mit den Studierenden, den Lehrkräften, den Schulleitungen, der Bildungsverwaltung und -politik, aber auch mit den Kolleginnen und Kollegen in der Grundausbildung, der Weiterbildung und der Beratung zu intensivieren. Auf diese Weise erhoffen wir uns, der *systematischen* Bearbeitung der Förderung der Gesundheit von Lehrkräften zu mehr Durchschlagskraft zu verhelfen, weil sie für den Erfolg von Schule und die Stärkung des Lehrberufs von zentraler Bedeutung ist.

Bei diesem Vorhaben sind wir in vielfältiger Weise unterstützt worden. Wir danken dem Verlag Kohlhammer, der unser Vorhaben mit seiner Anfrage initiierte und es anschließend auch bis zur Veröffentlichung begleitete. Weiter danken wir Aldo Bannwart, Andrea Christen, Katrin Futter, Ewald Terhart und Karin Ulrich, die uns wertvolle Rückmeldungen zur Aussagekraft unseres Lehrbuchs gegeben haben. Wir danken Jonna Truniger für das umsichtige Lektorat, Vincent Keller für die Herstellung der Grafiken und Roland Siegenthaler für den kreativen Erarbeitungs-

---

1 Herzog, S. (2007). Beanspruchung und Bewältigung im Lehrerberuf. Eine salutogenetische und biografische Untersuchung im Kontext unterschiedlicher Karriereverläufe. Münster: Waxmann.
2 Sandmeier, A. (2010). Psychische Gesundheit und Lebensbewältigung vom Jugendalter ins frühe Erwachsenenalter. Der Einfluss von Beziehungserfahrungen auf die Entwicklung von Ich-Stärke. Abhandlung zur Erlangung der Doktorwürde an der Philosophischen Fakultät der Universität Zürich. Verfügbar unter http://opac.nebis.ch/ediss/20100908_003203825.pdf
3 Affolter, B. (2019). Engagement und Beanspruchung von Lehrpersonen in der Phase des Berufseintritts: Die Bedeutung von Zielorientierungen, Selbstwirksamkeitserwartungen und Persönlichkeitsmerkmalen im JD-R Modell. Bad Heilbrunn: Klinkhardt.

prozess zu den Illustrationen in Kapitel 9. Den Pädagogischen Hochschulen Schwyz und St. Gallen sprechen wir unseren Dank für die finanzielle und ideelle Unterstützung unseres Vorhabens aus.

Und schließlich danken wir auch allen Leserinnen und Lesern unseres Buches, die damit ihr Interesse an der Thematik bezeugen und unsere Aussagen mit ihren eigenen Erfahrungen, Erkenntnissen und Tätigkeiten verbinden. Ihnen ist unser Buch gewidmet.

Goldau/St. Gallen, im Mai 2021

Silvio Herzog, Anita Sandmeier, Benita Affolter

# Inhaltsverzeichnis

| | | | |
|---|---|---|---|
| **Vorwort** | | | **5** |
| **1** | **Einleitung** | | **11** |
| | 1.1 | Ausgangslage | 11 |
| | 1.2 | Zur Zielgruppe und zu den Ansprüchen des Buches | 12 |
| | 1.3 | Zum Aufbau des Buches | 14 |
| | Literaturverzeichnis zu Kapitel 1 | | 16 |

**Erster Teil: Grundlagen**

| | | | |
|---|---|---|---|
| **2** | **Gesundheit – Begriffe und Modelle** | | **19** |
| | 2.1 | Grundlegende Begriffe | 20 |
| | 2.2 | Theoretische Modelle | 23 |
| | 2.3 | Kernaussagen des Kapitels | 31 |
| | 2.4 | Reflexionsfragen | 32 |
| | Literaturverzeichnis zu Kapitel 2 | | 33 |
| **3** | **Gesundheit von Lehrkräften im Arbeitskontext »Schule«** | | **35** |
| | 3.1 | Tätigkeiten und Anforderungen des Lehrberufs | 36 |
| | 3.2 | Rahmenbedingungen des Lehrberufs | 39 |
| | 3.3 | Eigenschaften und Kompetenzen von Lehrkräften | 44 |
| | 3.4 | Gesundheitsfördernde Gestaltung des Kontexts | 49 |
| | 3.5 | Kernaussagen des Kapitels | 52 |
| | 3.6 | Reflexionsfragen | 53 |
| | Literaturverzeichnis zu Kapitel 3 | | 54 |

**Zweiter Teil: Gesundheit in der Berufsbiografie**

| | | | |
|---|---|---|---|
| **4** | **Gesundheit von Lehrkräften – Chancen und Grenzen des Lehramtsstudiums** | | **59** |
| | 4.1 | Individuelle Merkmale und die Gesundheit von Lehrkräften | 61 |
| | 4.2 | Abklärung der Berufseignung | 65 |
| | 4.3 | Aufbau von gesundheitsfördernden Kompetenzen im Lehramtsstudium | 68 |

|  |  |  |  |
|---|---|---|---|
|  | 4.4 | Praktika und die Gesundheit zukünftiger Lehrkräfte ......... | 75 |
|  | 4.5 | Chancen und Grenzen des Lehramtsstudiums in Bezug auf die Gesundheit ................................................................ | 77 |
|  | 4.6 | Kernaussagen des Kapitels ..................................... | 78 |
|  | 4.7 | Reflexionsfragen ................................................ | 79 |
|  | Literaturverzeichnis zu Kapitel 4 ........................................ | | 80 |

## 5 Gesundheit und Einstieg in den Lehrberuf – Potenzial und Gefährdung ....................................................................... 84

- 5.1 Professionalisierung und Gesundheit von Lehrkräften in der Berufseinstiegsphase ......................................... 85
- 5.2 Berufseinführungsprogramme ................................. 93
- 5.3 Kernaussagen des Kapitels ..................................... 99
- 5.4 Reflexionsfragen ................................................ 100
- Literaturverzeichnis zu Kapitel 5 ........................................ 101

## 6 Über den Berufseinstieg hinaus – gesund bleiben im Lehrberuf ............................................................................... 104

- 6.1 Biografischer Zugang – Grundlagen ......................... 105
- 6.2 Berufsbiografischer Zugang – Stand der Forschung .......... 108
- 6.3 Kernaussagen des Kapitels ..................................... 117
- 6.4 Reflexionsfragen ................................................ 118
- Literaturverzeichnis zu Kapitel 6 ........................................ 118

## Dritter Teil: Gesundheit im Kontext des Professionsverständnisses, der Gesundheitsförderung und der Bildungspolitik

## 7 Gesundheit von Lehrkräften als Teil des Professionsverständnisses ..................................................... 123

- 7.1 Wissenschaftliche Professionsansätze und Gesundheit ........ 124
- 7.2 Berufsleitbilder und Gesundheit ............................. 128
- 7.3 Professionsstandards und Gesundheit ........................ 132
- 7.4 Lehrberuf und Gesundheit im öffentlichen Diskurs .......... 134
- 7.5 Kernaussagen des Kapitels ..................................... 136
- 7.6 Reflexionsfragen ................................................ 137
- Literaturverzeichnis zu Kapitel 7 ........................................ 138

## 8 Gesundheit von Lehrkräften als Teil nachhaltiger Schulentwicklung ............................................................. 141

- 8.1 Akteurinnen und Akteure einer gesundheitsfördernden Schule .............................................................. 142
- 8.2 Grundlagen der betrieblichen Gesundheitsförderung in Schulen ............................................................. 150
- 8.3 Kernaussagen des Kapitels ..................................... 158

|  |  |  |  |
|---|---|---|---|
| | 8.4 | Reflexionsfragen | 159 |
| | Literaturverzeichnis zu Kapitel 8 | | 160 |
| **9** | **Wir brauchen gesunde Lehrkräfte für gesunde Schulen – ein Fazit** | | **163** |
| | 9.1 | Gründe für die Förderung der Gesundheit von Lehrkräften | 163 |
| | 9.2 | Leitsätze für die Förderung der Gesundheit von Lehrkräften | 165 |

# 1 Einleitung

»Gesundheit ist die erste Pflicht im Leben.«
Oscar Wilde

## 1.1 Ausgangslage

Gesundheit und Pädagogik sind seit den Anfängen der institutionalisierten Volksschulbildung eng miteinander verbunden. Entsprechend hat die Auseinandersetzung von Wissenschaft und Praxis mit dem Thema der gesunden Schule eine lange Geschichte (Aregger & Lattmann, 2003). Diesbezüglich lässt sich feststellen, dass sich die Betrachtungsweisen zur Thematik stetig und teilweise auch ganz grundsätzlich verändert haben. Für das heutige Verständnis der Gesundheitsförderung in Schulen scheinen uns vor allem drei besondere Wendungen zentral.

Für einen ersten zentralen Perspektivenwechsel war die Weltgesundheitsorganisation (WHO) im Jahr 1946 verantwortlich. Sie definierte Gesundheit als den »Zustand völligen körperlichen, geistigen und sozialen Wohlbefindens und nicht nur das Freisein von Krankheit und Gebrechen« (WHO, 1946, S. 1). In dieser Definition wurde die bis zu jenem Zeitpunkt hauptsächlich im Fokus stehende körperliche Dimension durch psychische und soziale Aspekte von Gesundheit ergänzt. Gesundheit sollte zudem mehr umfassen, als nur »nicht krank« zu sein. Auf dieser *erweiterten, positiven Bestimmung von Gesundheit* konnten weitere Entwicklungen aufbauen. An der ersten Konferenz zur Gesundheitsförderung der WHO in Ottawa 1986 wurde das Ziel der Gesundheitsförderung erweitert (sog. Ottawa-Charta). In den Vordergrund wurde der »Prozess« gerückt, was dazu beitragen sollte, »allen Menschen ein höheres Maß an Selbstbestimmung über ihre Gesundheit zu ermöglichen und sie dadurch zur Stärkung ihrer Gesundheit zu befähigen« (WHO, 1986, S. 1). Dadurch wurde die Gesundheitsförderung dynamisiert und Gesundheit nicht mehr länger nur als Zustand verstanden. Zudem wurde die Gesundheitsförderung mit dem Ziel der Selbstbestimmung stärker personalisiert, was nicht ohne den dringlichen Hinweis erfolgte, dass dabei auch das Umfeld und dessen Akteurinnen und Akteure in die Verantwortung einzubeziehen seien.

Einen zweiten prägenden Zugang eröffnete der *salutogenetische Ansatz* des amerikanisch-israelischen Medizinsoziologen Aaron Antonovsky. Antonovsky (1997) ging davon aus, dass Stressoren in unserem Leben omnipräsent sind. Die Grundsatzfrage, die es aus salutogenetischer Perspektive zu klären gilt, lautet deshalb: Wie können Menschen trotz Belastungen gesund bleiben bzw. ihre Gesundheit wiederherstellen? Mit diesem Zugang wird den Ressourcen der erfolgreichen Bewältigung bei der Erforschung und in der Förderung gesundheitsbezogener Aspekte besondere Beachtung geschenkt, ohne die Stressoren auszublenden.

Eine dritte bedeutsame Wende in der Betrachtung von Gesundheit lässt sich weniger auf theoretische Modelle als vielmehr auf empirische Befunde zurückführen. So zeigen neuere Ergebnisse aus wissenschaftlichen Studien, dass die Gesundheit von Lehrerinnen und Lehrern in vielfacher Weise mit *Schulqualität* zusammenhängen (Klusmann, Kunter, Trautwein, Lüdtke & Baumert, 2008; Klusmann, Richter & Lüdtke, 2016). Diesen Befunden zufolge haben die Gesundheit und das Wohlbefinden von Lehrerinnen und Lehrern einen Einfluss auf das Wohlbefinden, die Leistungsmotivation und den Bildungserfolg von Schülerinnen und Schülern. Gesunden Lehrkräften gelingt es besser, eine positive soziale Beziehung zu ihren Schülerinnen und Schülern aufzubauen als ungesunden Lehrkräften. Sie gestalten einen besseren Unterricht und haben nachweislich einen positiven Einfluss auf die Leistungen der Schülerinnen und Schüler. Die Frage, was Lehrkräfte langfristig gesund und erfolgreich im Beruf hält, erhält deshalb unmittelbare Relevanz für die Bildungs- und Erziehungsqualität und den »Output« von Schulen, das heißt für die Leistungen der Schülerinnen und Schüler. Vor dem Hintergrund dieser Erkenntnisse muss die Gesundheitsförderung vom »Kopf auf die Füße gestellt« werden, wie es Paulus (2003) bereits vor längerer Zeit gefordert hatte.

Betriebliche Gesundheitsförderung in Schulen ist somit nicht mehr ein »Exotenthema« oder »nice to have«, sondern bildet die Grundlage für Schulqualität. In Zeiten des Lehrkräftemangels erhält das Thema zusätzlich Dringlichkeit, denn Studien, wie beispielsweise jene von Brägger (2019), die sich auf die Situation in der Schweiz beziehen, zeigen, dass Lehrkräfte ihr Lehrdeputat reduzieren, um Belastungen zu minimieren. Lehrkräfte werden wegen Dienstunfähigkeit frühpensioniert (Gehrmann, 2013), und der Lehrberuf ist angesichts der negativen Schlagzeilen zu wenig attraktiv, um genügend neue Personen dafür zu gewinnen (Köller, Stuckert & Möller, 2019). Damit weitet sich der Blickwinkel auf das Thema der Förderung der Gesundheit von Lehrkräften und erhält höchste Relevanz und Aktualität für die Führung von Schulen, den Lehrberuf wie auch die Lehrerinnen und Lehrer selbst.

## 1.2 Zur Zielgruppe und zu den Ansprüchen des Buches

»Gesunde Lehrkräfte in gesunden Schulen« ist als einführendes Lehrbuch konzipiert worden. Es richtet sich an verschiedene *Zielgruppen*: In erster Linie angesprochen werden sollen alle (zukünftigen) Lehrerinnen und Lehrer, die reflektiert mit ihren eigenen Erfahrungen mit beruflichen Belastungen umgehen möchten. Zweiter zentraler Adressat sind Schulleitungen, die das Ziel verfolgen, die Arbeitsbedingungen an ihrer Schule so zu gestalten, dass ihre Lehrkräfte den beruflichen Alltag gesund meistern und dadurch zur Qualität der Schule beitragen können. Drittens wird die Lehrerinnen- und Lehrerbildung adressiert, die über Aus-, Fort- und Weiterbildung, Beratung sowie Forschung und Entwicklung einen wesentlichen Beitrag zur Stärkung von Lehrkräften und Schulen leisten kann. Und viertens wendet sich das Buch an die Berufsverbände und die Bildungspolitik, die in der Thematik und ihrer öffentlichen Darstellung eine bedeutsame Rolle spielen. Wir richten uns in unseren Ausführungen auf das deutschsprachige Europa aus. Die unterschiedlichen Rahmenbedingungen, die in Deutschland, Österreich und der Schweiz gegeben sind, werden so weit wie möglich berücksichtigt.

Mit dem Lehrbuch verfolgen wir den grundlegenden Anspruch, theoretische Modelle und forschungsbasierte Erkenntnisse transferorientiert aufzubereiten. Den *forschungsbasierten Zugang* halten wir gerade bei einem Thema für zentral, das stark von subjektiven Theorien geprägt ist. Denn wir sind überzeugt: Will man die Gesundheit von Lehrerinnen und Lehrern systematisch fördern, braucht es tragfähige, gesicherte Informationen, die in der wissenschaftlichen Auseinandersetzung mit dem Thema erarbeitet wurden und vom einzelnen Individuum und seinen Erfahrungen abstrahieren. Die Darstellung zentraler Begriffe und Modelle (▶ Kap. 2), der Besonderheiten des Arbeitskontexts von Lehrkräften (▶ Kap. 3) und der jeweilige Stand der empirischen Forschung bilden deshalb in allen Kapiteln die zentralen Grundlagen der Ausführungen.

Damit die wissenschaftlichen Erkenntnisse auf den konkreten Alltag transferiert werden können, braucht es eine spezifische Aufbereitung. Das Lehrbuch strebt keinen umfassenden Überblick über alle vorliegenden Theorien und Forschungsergebnisse an, sondern nimmt eine *bewusste Auswahl* vor, um Orientierung für die Praxis zu bieten. Auf alternative Modelle und umfassende Darstellungen wird in den jeweiligen Kapiteln jedoch stets verwiesen. Die Auswahl der theoretischen Ansätze und empirischen Befunde basiert auf der systematischen Auseinandersetzung der Autorinnen und des Autors mit der Frage, was die zentralen Forschungserkenntnisse zur Thematik sind und welche Zugänge sich für die Rezeption am besten eignen.

Ein weiterer Anspruch des Lehrbuches besteht darin, Gesundheitsförderung *integriert* zu denken. Wir behandeln das Thema 1) ausgehend von den Besonderheiten des Arbeitskontexts von Lehrkräften, 2) eingebettet in die individuelle, begleitete Berufsbiografie, 3) zusammenhängend mit der beruflichen Professionalität von Lehrkräften und 4) als Teil nachhaltiger Schulführung und Schulentwicklung. Auf diese Weise berücksichtigen wir explizit sowohl die personenspezifische als auch die systemische Perspektive.

Wir haben dieses Buch mit dem Ziel geschrieben, dass die einzelnen Kapitel nicht nur für *Lehrzwecke oder in Lesezirkeln* im Rahmen der Aus-, Fort- und Weiterbildung von Lehrkräften und Schulleitenden eingesetzt werden können, sondern auch in der internen Diskussion in Lehrkräfteteams. Um den Transfer der Inhalte in die Praxis zu erleichtern, folgen alle Kapitel derselben Struktur: Ein Fallbespiel und Fragen zur Aktivierung des Vorwissens leiten jeweils in die Thematik ein. Darauf folgt eine differenzierte Darstellung relevanter Modelle und ausgewählter Erkenntnisse zum Themenbereich, die am Ende des Kapitels mit pointierten Kernaussagen auf den

Punkt gebracht wird. Abschließend werden Reflexionsfragen formuliert, die den Transfer auf den eigenen Kontext und die jeweilige Tätigkeit der Leserin und des Lesers unterstützen sollen. Ein Verzeichnis der einbezogenen Literatur bietet die Möglichkeit einer erweiterten und vertieften Befassung mit den Inhalten der einzelnen Kapitel.

## 1.3 Zum Aufbau des Buches

Das Lehrbuch ist in drei Teile gegliedert. Im *ersten Teil* werden in zwei Kapiteln die Grundlagen für die nachfolgenden beiden Teile des Buches dargestellt. Eine einheitliche, präzise Sprache und die Verwendung von empirisch abgestützten und für den Lehrberuf relevanten Modellen haben unseres Erachtens eine hohe Relevanz auch für das Handeln in der Praxis. Diese beiden Kapitel richten sich an alle Zielgruppen.

In *Kapitel 2: Gesundheit – Begriffe und Modelle* (▶ Kap. 2) werden die grundlegenden Begriffe bestimmt und die zentralen theoretischen Modelle vorgestellt. Diese Basisinformationen sollen es ermöglichen, die Prozesse zu verstehen, die dazu führen, dass Arbeit langfristig krank macht oder aber motivierend und sinnstiftend erlebt wird. Diese theoretisch-konzeptionellen Grundlagen sind berufsunspezifisch und gelten für alle Berufe.

In *Kapitel 3: Gesundheit von Lehrkräften im Arbeitskontext »Schule«* (▶ Kap. 3) werden die Besonderheiten des Lehrberufs und der darin tätigen Personen auf einer übergeordneten, von der einzelnen Person unabhängigen Ebene beschrieben. Dadurch wird eine Folie gelegt, auf der die spezifischen Erfahrungen von Lehrkräften in Schulen reflektiert werden können.

Auf der Basis der einführenden, grundlegenden Kapitel wird im *zweiten Teil* des Buches der Erkenntnisstand zur Gesundheit im beruflichen Verlauf von Lehrkräften dargestellt. Damit sprechen wir auch Fachpersonen der Begleitung – in Grundausbildung, Fort- und Weiterbildung sowie Beratung – gezielt auf ihre Möglichkeiten der Unterstützung an und positionieren die Gesundheitsförderung gleichzeitig als berufsbiografisches Thema. Im Vordergrund steht die Frage, wie sich die optimale Passung zwischen der Lehrkraft und ihrem Umfeld auch unter veränderten Bedingungen immer wieder herstellen lässt.

*Kapitel 4: Gesundheit von Lehrkräften – Chancen und Grenzen des Lehramtstudiums* (▶ Kap. 4) thematisiert die Frage, was das Lehramtstudium dazu beitragen kann, dass die zukünftigen Lehrkräfte über die notwendigen Kompetenzen verfügen, um die beruflichen Aufgaben gesund bewältigen zu können. Ebenfalls eingegangen wird auf Grenzen der Grundausbildung. Somit werden neben Studierenden und Ausbildenden auch Leitungspersonen aus Institutionen der Lehrkräftebildung angesprochen, die Lehrerinnen- und Lehrerbildung als Kontinuum von Aus-, Fort- und Weiterbildung verstehen.

*Kapitel 5: Gesundheit und Einstieg in den Lehrberuf – Potenzial und Gefährdung* (▶ Kap. 5) fasst den aktuellen Forschungsstand zur ersten Laufbahnphase zusammen.

Im Zentrum stehen die berufliche Sozialisation und die Frage, wie die im Lehramtsstudium erworbenen Kompetenzen im Zusammenspiel mit den Anforderungen des Einstiegs in die Praxis die Gesundheit beeinflussen und wie der Berufseinstieg möglichst optimal gestaltet werden kann. Dieses Kapitel richtet sich insbesondere an Verantwortliche der Berufseinführung, Schulleitungen, berufseinsteigende Lehrkräfte und Fachpersonen der Bildungsverwaltung.

*Kapitel 6: Über den Berufseinstieg hinaus – gesund bleiben im Lehrberuf* (▶ Kap. 6) erweitert den Blick auf die nachfolgenden Laufbahnphasen. Neben der Zusammenstellung von Forschungsergebnissen werden Grundlagen erarbeitet, die aufzeigen, wie Konzepte der Personalentwicklung, der Fort- und Weiterbildung sowie der Beratung berufsbiografisch ausgerichtet werden können, damit Lehrkräfte in sich verändernden Rahmenbedingungen gesund bleiben. Diese Ausführungen sind insbesondere für Schulleitungen, Fachpersonen der Fort- und Weiterbildung und der Beratung sowie für die Lehrkräfte selbst geschrieben.

Im *dritten Teil* stellen wir die Förderung der Gesundheit von Lehrkräften in den Kontext der Profession, des Schulsystems und der Bildungspolitik. Darin wird die bereits dargelegte zentrale Aussage dieses Buches erkennbar, dass die Gesundheit von Lehrerinnen und Lehrern nicht isoliert betrachtet und bearbeitet werden darf. Vielmehr müssen die Konzepte der Gesundheitsförderung in das Professionsverständnis von Lehrkräften (individuelle Ebene) und in die betriebliche Gesundheitsförderung an Schulen (systemische Ebene) integriert werden. Des Weiteren gilt es, die Gesundheit der Lehrkräfte als bedeutsamen Teil von Schulqualität in den bildungspolitischen Diskurs einzubringen.

In *Kapitel 7: Gesundheit von Lehrkräften als Teil des Professionsverständnisses* (▶ Kap. 7) geht es darum, berufliche Gesundheit anhand von Professionsmodellen und mit Blick auf eine Professionslogik zu verstehen. Zu diesem Zweck wird ausgehend von Professionstheorien beleuchtet, inwiefern Gesundheit Teil beruflicher Kompetenz ist. Dies wird vor dem Hintergrund von Berufsstandards, Standesregeln und dem öffentlichen Diskurs kritisch diskutiert. Verantwortliche der Lehrerinnen- und Lehrerbildung, Berufsverbände, Schulleitungen und die Lehrkräfte selbst sind die zentralen Zielgruppen dieses Kapitels.

*Kapitel 8: Gesundheit von Lehrkräften als Teil nachhaltiger Schulentwicklung* (▶ Kap. 8) betrachtet die Gesundheit im Kontext des Schulsystems. Berücksichtigt werden verschiedene Akteurinnen und Akteure auf der Makroebene des Schulsystems (Bildungspolitik, Bildungsverwaltung) und der Mesoebene der einzelnen Schule (Schulleitung, Kollegium, Schülerinnen und Schüler, Eltern). Im Fokus steht dabei die Frage, wie man die Gesundheit des Lehrpersonals mit betrieblicher Gesundheitsförderung systematisch stärken kann. Adressatinnen und Adressaten dieses Kapitels sind hauptsächlich Schulleitungen und Lehrkräfte in Steuergruppen, aber auch Fachpersonen, die in der Beratung oder Fort- und Weiterbildung von Schulleitungen und Steuergruppenmitgliedern tätig sind.

*Kapitel 9: Wir brauchen gesunde Lehrkräfte für gesunde Schulen – ein Fazit* (▶ Kap. 9) fasst die wesentlichen Aussagen des Buches zusammen. Im Hinblick auf den unter allen Beteiligten erforderlichen Diskurs werden drei Gründe für die Gesundheitsförderung und sechs Leitsätze für die Umsetzung formuliert, aufbereitet und illustriert. Wenn wir das vorliegende Kapitel mit Oscar Wilde und seinem Ausspruch

»Gesundheit ist die erste Pflicht im Leben« eingeleitet haben, dann kann dieses Postulat an dieser Stelle wie folgt spezifiziert werden: *Gesundheit ist die erste Pflicht der Schule und aller an Schule Beteiligten.*

## Literaturverzeichnis zu Kapitel 1

Antonovsky, A. (1997). *Salutogenese: zur Entmystifizierung der Gesundheit* (Franke, A., Schulte N., Übers.). Tübingen: Dgvt-Verlag. (Original: Unraveling the Mystery of Health – How People Manage Stress and Stay Well).

Aregger, K. & Lattmann, U.P. (2003). Einleitung: Kann und soll Schule gesundheitsfördernd sein? In K. Aregger, & U.P. Lattmann (Hrsg.), *Gesundheitsfördernde Schule – eine Utopie? Konzepte, Praxisbeispiele, Perspektiven* (S. 17–37). Oberentfelden: Sauerländer Verlage.

Brägger, M. (2019). *LCH Arbeitszeiterhebung 2019.* Zürich: Lehrerinnen und Lehrer Schweiz LCH.

Gehrmann, A. (2013). Zufriedenheit trotz beruflicher Beanspruchungen? Anmerkungen zu den Befunden der Lehrerbelastungsforschung. In M. Rothland (Hrsg.), *Belastung und Beanspruchung im Lehrerberuf* (S. 175–190). Wiesbaden: Springer Fachmedien.

Klusmann, U., Kunter, M., Trautwein, U., Lüdtke, O. & Baumert, J. (2008). Teachers' occupational well-being and quality of instruction: The important role of self-regulatory patterns. *Journal of Educational Psychology, 100* (3), pp. 702–715.

Klusmann, U., Richter, D. & Lüdtke, O. (2016). Teachers' emotional exhaustion is negatively related to students' achievement: Evidence from a large-scale assessment study. *Journal of Educational Psychology, 108* (8), pp. 1193–1203.

Köller, M., Stuckert, M. & Möller, J. (2019). Das Lehrerbild in den Printmedien: Keine »Faulen Säcke« mehr! *Zeitschrift für Erziehungswissenschaft, 22* (2), S. 73–387.

Paulus, P. (2003). Schulische Gesundheitsförderung – vom Kopf auf die Füsse gestellt. Von der Gesundheitsfördernden Schule zur guten, gesunden Schule. In K. Aregger, & U.P. Lattmann (Hrsg.), *Gesundheitsfördernde Schule – eine Utopie? Konzepte, Praxisbeispiele, Perspektiven* (S. 93–114). Aarau: Sauerländer.

WHO, World Health Organization (1946). *Verfassung der Weltgesundheitsorganisation.* New York: WHO.

WHO, World Health Organization (1986). *Ottawa-Charta zur Gesundheitsförderung.* Ottawa: WHO.

# Erster Teil: Grundlagen

# 2 Gesundheit – Begriffe und Modelle

Neulich an einer Ausbildungsstätte für Lehrkräfte:

> Julia ist im letzten Semester ihrer Ausbildung zur Lehrkraft und weiß seit ein paar Wochen, dass sie eine fünfte Klasse in ihrer Wohngemeinde übernehmen kann. Die Freude über die Stelle war jedoch von kurzer Dauer. In einem Gespräch zwischen zwei Nachbarinnen hat sie gehört, dass diese Klasse die »schwierigste« des ganzen Schulhauses sei und dass die vorherige Lehrkraft ein Burnout erlitten habe. Sie erzählt ihrer Studienkollegin davon: »Die Klasse war so belastend, dass meine Vorgängerin offenbar krank wurde. Wie soll ich das bloß angehen, damit ich selbst gesund bleiben kann? Ich muss schon jetzt die ganze Zeit daran denken und mache mir Sorgen.« Die Kollegin beruhigt sie: »Lass das doch in Ruhe auf dich zukommen. Du machst dir nur unnötig Stress. Vielleicht ist diese Klasse für dich ja nicht gleich belastend wie für deine Vorgängerin. Vielleicht war sie ja einfach dünnhäutig, wer weiß?«

Zum Nachdenken:

1. Was ist »Gesundheit«?
2. An welchen Symptomen erkennt man, dass die Gesundheit gefährdet ist?
3. Wieso können Personen durch dieselben Aufgaben unterschiedlich beansprucht sein?
4. Wann sprechen wir von »Belastungen«?
5. Wann führen Belastungen zu Burnout und was ist ein »Burnout«?
6. Welche Anforderungen erleben wir als motivierend?

»Gesundheit«, »Stress« und »Belastung« sind Begriffe, deren Bedeutung im alltäglichen Gespräch kaum einer Erläuterung bedürfen. Aber verstehen und meinen wir damit tatsächlich alle das Gleiche? Eine gemeinsame Sprache ist gerade bei diesem Thema wichtig, um sich zu verständigen und auf dieser Grundlage richtig agieren und reagieren zu können. In diesem Grundlagenkapitel werden deshalb diejenigen Begriffe und Modelle aus wissenschaftlicher Perspektive geklärt, die für die Auseinandersetzung mit der Gesundheit im Lehrberuf zentral sind.

In Kapitel 2.1 (▶ Kap. 2.1) werden die grundlegenden Begriffe in diesem Themengebiet bestimmt: »Gesundheit«, »Belastung« und »Beanspruchung«. In Kapitel 2.2 (▶ Kap. 2.2) werden zentrale theoretische Modelle vorgestellt, die aufzeigen sollen, aufgrund welcher Prozesse Arbeit langfristig krankmacht oder unter welchen Bedingungen sie als motivierend und sinnstiftend empfunden wird. Diese

Begriffsbestimmungen und theoretischen Ausführungen bilden die Grundlage für alle weiteren Kapitel dieses Buches. Sie sind berufsunspezifisch und gelten für alle Berufe gleichermaßen. In den nachfolgenden Kapiteln werden sie für den Kontext »Schule« und den Lehrberuf konkretisiert. Die Kernfragen in Kapitel 2.3 (▶ Kap. 2.3) und die Reflexionsfragen in Kapitel 2.4 (▶ Kap. 2.4) sollen diesen Transfer unterstützen.

## 2.1 Grundlegende Begriffe

### 2.1.1 Biopsychosoziale Gesundheit

Wie in der Einleitung dieses Buches bereits festgehalten wurde, definierte die Weltgesundheitsorganisation WHO den Begriff der Gesundheit in ihrer Verfassung folgendermaßen: »Gesundheit ist der Zustand völligen körperlichen, geistigen und sozialen Wohlbefindens und nicht nur das Freisein von Krankheit und Gebrechen« (WHO, 1946, S. 1). Dieses sogenannt biopsychosoziale Gesundheitsmodell ergänzt die körperliche Dimension durch psychische und soziale Aspekte von Gesundheit, die im Wechselspiel zueinanderstehen. In Abbildung 2.1 (▶ Abb. 2.1), die alle zentralen Begriffe der Thematik enthält und in den nachfolgenden Unterkapiteln Schritt für Schritt erläutert wird, stellt dieses Wechselspiel den Kern dar.

Während in industriellen Berufen die Prävention und der Gesundheitsschutz stark auf die körperliche Gesundheit ausgerichtet sind, stehen im Lehrberuf die psychosozialen Aspekte der Gesundheit im Fokus. Die psychosoziale Gesundheit ist auf der individuellen Ebene ein dynamisches Gleichgewicht »des Wohlbefindens, in dem der Einzelne seine intellektuellen und emotionalen Fähigkeiten ausschöpfen, die normalen Lebensbelastungen bewältigen und produktiv und fruchtbar arbeiten kann, und imstande ist, seiner Gemeinschaft einen Beitrag zu leisten« (WHO, 2003, S. 4, Übersetzung der Autorinnen und des Autors). In dieser Definition sind zwei zentrale Aspekte enthalten: 1) Die psychische Seite der Gesundheit, die gewährleistet ist, wenn das Individuum in Übereinstimmung mit seinen Bedürfnissen, Überzeugungen und Fähigkeiten leben kann. Da wir Menschen soziale Wesen sind und in Gemeinschaften leben, braucht es jedoch zusätzlich 2) die soziale Seite der Gesundheit, die dann sichergestellt werden kann, wenn es dem Individuum gelingt, sich produktiv an die Gegebenheiten und Anforderungen des Kontexts anzupassen. In der Definition kommt zudem zum Ausdruck, dass Gesundheit kein »Zustand« ist und somit nicht statisch aufgefasst werden, sondern vielmehr einen vielschichtigen, dynamischen Prozess darstellt.

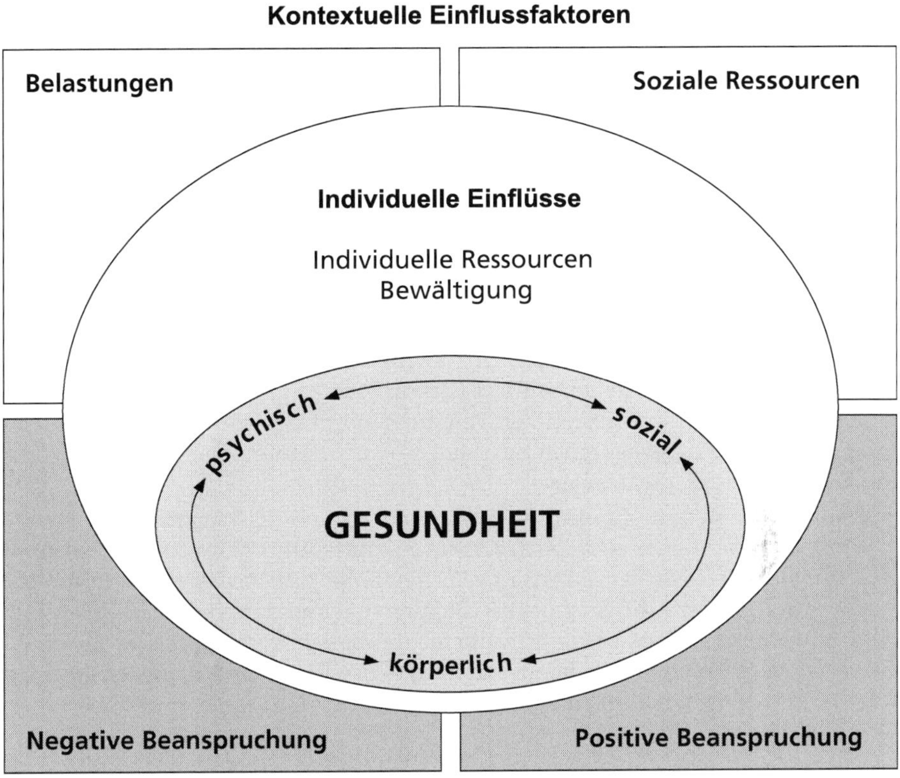

Abb. 2.1: Biopsychosoziales Gesundheitsmodell (eigene Darstellung in Anlehnung an Bauer und Jenny, 2007, S. 209)

## 2.1.2 Belastungen, Ressourcen, Bewältigung und Beanspruchung

Im Modell gemäß Abbildung 2.1 (▶ Abb. 2.1) werden kontextuelle Einflussfaktoren (Belastungen und soziale Ressourcen), individuelle Einflussfaktoren (individuelle Ressourcen, Bewältigung) und individuelle Reaktionen (positive und negative Beanspruchung) unterschieden.

*Belastungen* sind dabei »diejenigen physischen, psychischen, sozialen oder organisatorischen Aspekte der Arbeit, die eine anhaltende physische und/oder psychische (d. h. kognitive oder emotionale) Anstrengung erfordern und daher mit bestimmten physiologischen und/oder psychologischen Kosten verbunden sind« (Schaufeli & Bakker, 2004, S. 296). Der Begriff bezieht sich auf Eigenschaften des Kontexts und nicht des Individuums und ist grundsätzlich neutral konnotiert. Belastungen können sowohl positive als auch negative Auswirkungen auf das Individuum haben.

*Ressourcen* umfassen Aspekte im beruflichen Umfeld oder der arbeitenden Person, die a) funktional sind für das Erreichen von beruflichen Zielen, b) Belastungen bewältigen helfen und c) die Motivation, die Gesundheit und die persönliche Entwicklung fördern (Bakker & Demerouti, 2014, S. 9). Sie können in soziale und individuelle Ressourcen differenziert werden: *Soziale Ressourcen* befinden sich im Umfeld des Individuums und sind auf der Ebene der Organisation (z. B. Verdienst, Karrieremöglichkeiten, Sicherheit der Stelle), der sozialen Beziehungen (z. B. Unterstützung durch die Führungsperson, Team-Support, geteilte Werthaltungen), der Arbeitsorganisation (z. B. Rollenklarheit, Partizipation in Entscheidungsprozessen) oder der Aufgabe (z. B. Kompetenzerleben, Vielfältigkeit, Autonomie) zu lokalisieren (Bakker & Demerouti, 2014). *Individuelle Ressourcen* sind Merkmale des Individuums, die für die Bewältigung der beruflichen Belastungen und die Selbstverwirklichung funktional sind. In Kapitel 3.3 (▶ Kap. 3.3) gehen wir vertiefend auf diejenigen individuellen Ressourcen ein, die für den Lehrberuf grundlegend sind.

Unter *Bewältigung* verstehen wir mit Lazarus (1993, S. 8) das Bemühen des Individuums, subjektiv mit bedeutsamen Belastungen umzugehen, indem es problemlösend in seinen Kontext eingreift oder indem es seine Emotionen reguliert, die mit der Belastung zusammenhängen.

Die aus den Wechselwirkungen von Ressourcen und Belastungen resultierende *Beanspruchung* kann positiv oder negativ sein. Rudow (2011) unterscheidet in diesem Zusammenhang zwischen *kurzfristigen Beanspruchungsreaktionen*, die unmittelbar mit dem Vollzug der Arbeitstätigkeit verbunden sind und unmittelbar in Gegenwart der betreffenden Belastung erlebt werden, und *mittel- und langfristigen Beanspruchungsfolgen*, die zeitlich anhaltende, verfestigte psychische und physische Reaktionen auf Belastungen darstellen (▶ Tab. 2.1).

**Tab. 2.1:** Kurz-, mittel- und langfristige Beanspruchung (in Anlehnung an Affolter, 2019)

| | Kurzfristige Beanspruchungsreaktionen | Mittel- und langfristige Beanspruchungsfolgen |
|---|---|---|
| Positiv | Aktivierung, Freude, Ruhe, Gelassenheit, Flow | Wohlbefinden, Sinnerleben, Begeisterung, Arbeitszufriedenheit, Commitment, positive Selbstkognitionen |
| Negativ | Ermüdung, Angst, Frustration, Ärger, erhöhte Herzschlagfrequenz, erhöhter Blutdruck, Anstieg des Cortisolspiegels, Verhaltensänderungen, Stress | Körperliche Erkrankungen, Schlafstörungen, Erschöpfung, Burnout, Depressionen |

*Positive Beanspruchungsreaktionen* äußern sich *kurzfristig* in positiven Emotionen wie Aktivierung, Freude, Ruhe, Gelassenheit und Flow und werden durch Belastungen hervorgerufen, für deren Bewältigung ausreichende Ressourcen vorhanden sind (▶ Kap. 2.2.). Eine *mittel- und langfristige positive Beanspruchung* führt zu Wohlbefinden, Sinnerleben und Begeisterung für die Arbeit. Kognitiv resultieren daraus Arbeitszufriedenheit, Commitment gegenüber dem Beruf und ein positives Selbstbild (Selbstkognitionen).

*Kurzfristige negative Beanspruchungsreaktionen* hingegen zeigen sich in psychischer Ermüdung, Denkblockaden oder grüblerischen Gedankenkarussellen, die infolge

Über- oder Unterforderung entstehen. Damit verbunden sind Emotionen wie Angst vor Versagen, Unsicherheit, Ärger oder Frustration (Krause, Dorsemagen & Baeriswyl, 2013) und auf der körperlichen Ebene Symptome wie eine erhöhte Herzschlagfrequenz, ein erhöhter Blutdruck und/oder ein erhöhter Cortisolspiegel (Wettstein, Kühne, Tschacher & La Marca, 2020). *Stress*, von dem im Alltag oft gesprochen wird, ist theoretisch gesehen ein solcher Zustand erhöhter Aktiviertheit, der durch das Erleben einer Bedrohung hervorgerufen wird und mit unangenehmen Emotionen verbunden ist (Rudow, 2011, S. 52). Ein solcher Stresszustand kann sich im Verhalten beispielsweise in motorischer Unruhe, unkoordiniertem Arbeitsverhalten (mangelnde Planung, Übersicht und Ordnung, Vergesslichkeit) oder gereiztem Verhalten im Umgang mit anderen zeigen (Kaluza, 2015).

Negative Beanspruchungsreaktionen können sich verfestigen, wenn sie über längere Zeit hinweg anhalten, und zu nicht mehr einfach rückgängig zu machenden *Beanspruchungsfolgen* wie körperlichen Erkrankungen, Schlafstörungen, Burnout oder Depressionen führen.

»Burnout« ist wie »Stress« ein Begriff, der in der alltäglichen Diskussion um berufliche Belastung und Bewältigung allgegenwärtig ist. Die bekannteste Definition von »Burnout« stammt von Maslach, Jackson und Leiter (1996). Dieser Definition zufolge kann ein Burnout als ein sich langsam entwickelndes Belastungssyndrom aufgefasst werden, das sich durch drei grundlegende Komponenten beschreiben lässt: 1) Die *emotionale Erschöpfung* lässt sich als Zustand beschreiben, in dem sich Menschen in ihrer täglichen Berufsausübung dermaßen ausgelaugt fühlen, dass sie weder Begeisterung noch Interesse für ihre Berufstätigkeit zeigen. 2) *Depersonalisation* meint das Gefühl der Verhärtung und Abstumpfung gegenüber anderen Menschen. Dies kann zu einem zynischen Verhalten und einer negativen Einstellung gegenüber Mitmenschen führen. 3) Die *(reduzierte) persönliche Leistungsfähigkeit* bezieht sich auf das Gefühl, nicht mehr so viel wie vorher leisten zu können und den Ansprüchen nicht mehr zu genügen. Allerdings ist darauf hinzuweisen, dass »Burnout« eher ein Alltagsbegriff als ein wissenschaftlich präzise gefasstes Konstrukt ist, was sich auch in Verlaufsbeschreibungen des Burnoutsyndroms zeigt (▶ Kap. 6.2.1). Eine zurückhaltende Verwendung ist deshalb angezeigt.

Nachdem wir die zentralen Begriffe geklärt haben, stellt sich die Frage, wie diese zusammenhängen.

## 2.2 Theoretische Modelle

Theoretische Modelle haben das Ziel, den Zusammenhang von verschiedenen Faktoren logisch stringent zu erklären und empirisch überprüfbar zu machen. Sie stellen immer Abstraktionen der Realität dar und beschränken sich darauf, die wesentlichen (und nicht alle) Einflussfaktoren und deren Relationen abzubilden. Dennoch kommt Modellen praktische Relevanz zu, da sie aufzeigen, welche Faktoren als Erstes verändert werden können, um einen gewünschten Effekt zu erzielen. Wenn man also nach Maßnahmen fragt, die dazu beitragen können, die berufliche Gesundheit von Lehrkräften zu verbessern, ist es ratsam, entsprechende theoretische Modelle heranzuziehen, damit die Maßnahmen auf dieser Grundlage *systematisch* geplant werden können.

Das *Zusammenspiel von Kontext und Individuum* ist für das Verstehen von Beanspruchungs- und Bewältigungsprozessen und deren Auswirkungen auf die Gesundheit grundlegend. Die derzeit aktuellen Modelle unterscheiden sich in ihrer Gewichtung der einzelnen Faktoren: Die einen konzentrieren sich vor allem auf die Kontextfaktoren, während die anderen stärker diejenigen Prozesse berücksichtigen, die sich im Individuum abspielen.

*Systemische Modelle* legen den Fokus auf das auslösende Ereignis im Kontext und rücken dabei die Identifikation und die Klassifikation von potenziellen Belastungen oder Ressourcen in den Vordergrund (Krause et al., 2013). Diese können auf der Ebene der gesellschaftlichen und bildungspolitischen Veränderungen angesiedelt sein, auf der Ebene der Aufgaben und Rahmenbedingungen des Lehrberufs (▶ Kap. 3) oder auf der Ebene der Schule (▶ Kap. 8). Ein wichtiges Modell, dem eine solche Konzeption zugrunde liegt, ist das *Job Characteristics Model* (Hackmann & Oldham, 1984), das untersucht, welche Tätigkeitsmerkmale zu positiver Beanspruchung führen.

Im Gegensatz dazu stellen *personzentrierte Modelle* die Person, ihre Wahrnehmung und ihre Reaktionen ins Zentrum und beziehen sich auf die Frage, wieso identische Belastungen und Ressourcen zu unterschiedlichen Beanspruchungen führen können. Ein zentrales Modell in diesem Bereich ist die *Conservation of Resources Theorie* von Hobfoll und Shirom (2001), die Verlust und Erhalt von Ressourcen in ihrer Auswirkung auf Stress betrachtet. Ebenfalls diesem Modelltyp zuzuordnen sind die Bewältigungstypen von Schaarschmidt und Fischer (2001), die Persönlichkeitsunterschiede in der Bewältigung von Arbeitsbelastungen untersuchen.

Als Kombination dieser beiden Modelltypen gehen *transaktionale Ansätze* davon aus, dass es keine einfachen Beeinflussungsprozesse im Sinne eines Reiz-Reaktion-Schemas gibt, sondern dass kontextuelle und persönliche Faktoren zusammenspielen und sich gegenseitig beeinflussen. Gemäß den theoretischen Annahmen dieses Ansatzes reagieren Individuen unterschiedlich auf die Tätigkeitsmerkmale, Aufgaben und Rahmenbedingungen ihres Berufs und wirken mit ihrem Bewältigungsverhalten selbst auf diese zurück.

Um den dynamischen Gesundheitsprozess zu verstehen, wählen wir als Grundlage eine Theorie, die a) eine solche transaktionale Sichtweise einnimmt, b) objektive Belastungen von subjektiven Beanspruchungsfolgen unterscheidet und c) positive und negative Beanspruchungsprozesse einschließt. Dies leistet die *Job Demands-Resources Theorie* (Bakker & Demerouti, 2014). Mit ihrer Hilfe lässt sich plausibel erklären, wieso berufliche Anforderungen bei manchen Personen zu Stress und negativer Beanspruchung führen, während andere Personen diese Anforderungen als positive Herausforderung und Motivation erleben.

## 2.2.1 Job Demands-Resources-Theorie (JD-R-Theorie)

Die *JD-R-Theorie*, die sowohl die beruflichen Belastungen als auch die Ressourcen eines Individuums miteinbezieht, wurde in der Arbeits- und Organisationspsychologie von einem niederländischen Forschungsteam mit dem Ziel entwickelt, systemische und psychologische Theorien zu kombinieren, um auf dieser Grundlage sowohl die negativen als auch die positiven Auswirkungen von Arbeit analysieren zu können (Bakker & Demerouti, 2014). Die JD-R-Theorie geht davon aus, dass bei der Bewältigung von beruflichen Belastungen zwei relativ unabhängige Prozesse ablaufen: Der gesundheitsgefährdende Prozess und der Motivationsprozess (▸ Abb. 2.2): Während Belastungen kurzfristig zu Stress und mittel- und langfristig zu Erschöpfung, psychosomatischen Beschwerden und Burnout führen können, erhöhen kontextuelle Ressourcen (z. B. Unterstützung, Feedback, Mitbestimmung) und persönliche Ressourcen (z. B. Selbstwirksamkeitserwartung, Kompetenzen) die Motivation und die positive Beanspruchung.

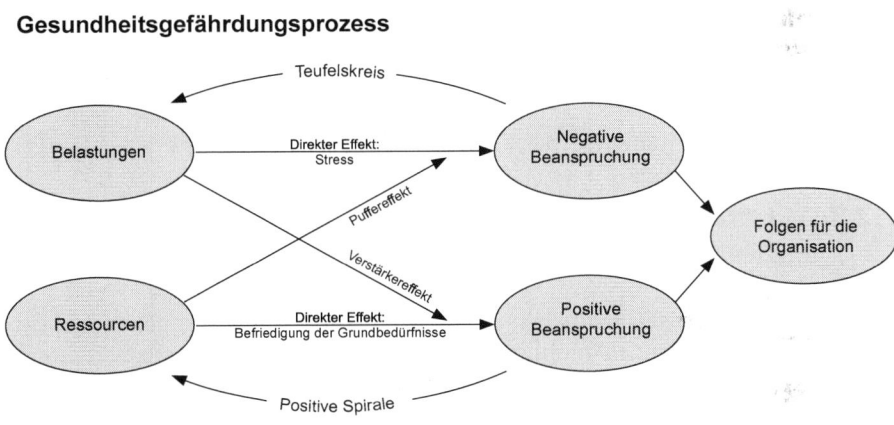

**Abb. 2.2:** Job-Demands-Resources-Theorie (eigene Darstellung in Anlehnung an Bakker & Demerouti 2014)

Den Annahmen der JD-R-Theorie zufolge sind diese Prozesse darauf zurückzuführen, dass der Umgang mit Belastungen Anstrengung erfordert und Energie kostet. Ressourcen hingegen haben eine positive Wirkung, da sie helfen, Arbeitsanforderungen und die damit verbundenen physiologischen und psychologischen Kosten zu reduzieren, funktional sind bei der Erreichung von Arbeitszielen und/oder persönliches Wachstum, Lernen und Entwicklung stimulieren. Neben diesen direkten Effekten bezieht das Modell auch indirekte Effekte mit ein: Ressourcen tragen zur Bewältigung der Belastungen bei, indem sie die negativen Wirkungen, beispielsweise Erschöpfung, abpuffern (*Puffereffekt*). Kurz gefasst führen Belastungen in weniger starkem Ausmaß zu negativer Beanspruchung, wenn genügend Ressourcen vorhanden sind. Zudem können Belastungen den Einfluss der Ressourcen sogar noch verstärken: Wenn ein Individuum mit herausfordernden Anforderungen konfrontiert wird, werden die Ressourcen zusätzlich bedeutungsvoll und nützlich (*Verstärkereffekt*). Ein unterstützendes Kollegium beispielsweise entfaltet seine positive Wirkung insbesondere dann, wenn man die Unterstützung nötig hat, oder die individuelle Fähigkeit, mit Unterrichtsstörungen umzugehen, wird besonders wertvoll, wenn man mit einer unruhigen Klasse konfrontiert ist.

Ob eine Person positiv oder negativ beansprucht ist, hat Folgen für die Organisation, in der sie arbeitet: Der gesundheitsgefährdende Prozess zieht negative Folgen wie verringerte Leistungsfähigkeit, höhere Kündigungsabsicht und krankheitsbedingte Abwesenheit nach sich. Der Motivationsprozess und das positive Erleben der beruflichen Aufgabe hingegen sind zentral für die Leistung, die emotionale Bindung an die Organisation, das organisationale Engagement, die Leistung und den Verbleib in der Organisation.

Diese beiden Prozesse werden in den nachfolgenden Unterkapiteln vertieft beleuchtet, indem zwei Theorien, auf welchen die JD-R-Theorie aufbaut, herangezogen werden. In Bezug auf den Erschöpfungsprozess handelt es sich um die *Transaktionale Stresstheorie* von Lazarus (1990), welche das Zusammenspiel von Belastungen und Ressourcen im Entstehen von negativer Beanspruchung beschreibt. Zur Erklärung des Motivationsprozesses ist demgegenüber insbesondere die *Selbstbestimmungstheorie* (Deci & Ryan, 1993) grundlegend, da sie beschreibt, unter welchen Umständen der Mensch motiviert ist.

### 2.2.3 Erschöpfungsprozess: Die Transaktionale Stresstheorie

Der Erschöpfungsprozess hat seinen Ausgangspunkt in Belastungen, die grundsätzlich neutral aufzufassende Anforderungen darstellen und objektiv, das heißt unabhängig vom Individuum, bestehen (▶ Kap. 2.2). Nicht jede Anforderung führt automatisch zu negativer Beanspruchung. Dies ist in der Regel nur bei Anforderungen der Fall, die subjektiv als wichtig eingeschätzt werden und bei denen man unsicher ist, ob Bewältigung gelingen kann. Ob eine Anforderung Stress auslöst und gesundheitlich relevant wird, hängt somit von der subjektiven Bewertung ab. Dieser Prozess wird im transaktionalen Stressmodell von Lazarus und Launier (1981) systematisch beschrieben (▶ Abb. 2.3).

Entlang eines fiktiven Beispiels der Studentin, das im nachstehenden Fallbeispiel geschildert wird, beschreiben wir im Folgenden die einzelnen Elemente des transaktionalen Stressmodells im Detail.

# 2 Gesundheit – Begriffe und Modelle

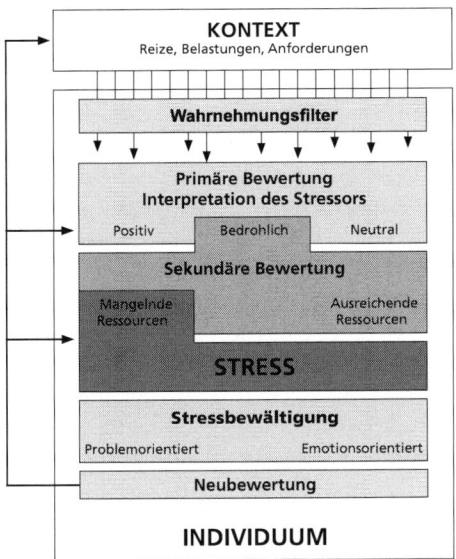

**Abb. 2.3:** Transaktionales Stressmodell (eigene Darstellung in Anlehnung an Lazarus & Launier, 1981)

## Fallbeispiel

Julia hört von Nachbarinnen, dass ihre zukünftige Klasse die »schwierigste« des ganzen Schulhauses sei. Diese Information wird von ihr wahrgenommen (*Wahrnehmungsfilter*) und damit zum potenziellen Stressor. Die Anforderung wird nun – automatisch und unbewusst – einer ersten Interpretation unterzogen (*primäre Bewertung*). Diese Ersteinschätzung bezieht sich auf die Anforderung sowie auf die diesbezüglich entscheidende Frage, ob diese Anforderung subjektiv bedeutsam ist. Sie könnte Julia »kaltlassen«, weil sie nichts auf Klatsch gibt und die Aussage anzweifelt (*Anforderung ist neutral*). Oder Julia könnte die Information positiv bewerten, weil es ihr einfacher erscheint, eine schwierige Klasse zu übernehmen als eine, die einer geliebten Lehrerin nachtrauert (»Dann kann ich es ja nur besser machen«) (*Anforderung ist positiv*). Julia hingegen nimmt die Aussage ernst und macht sich grosse Sorgen, dass sie bei der Arbeit mit ihrer ersten Klasse scheitern könnte. Damit wird die Anforderung potenziell *bedrohlich*. Erst die individuelle Bewertung der realen Aufgabe löst somit potenziell Stress aus. Da Julia noch wenig Erfahrung hat, ist sie nicht sicher, ob sie über genügend Kompetenzen verfügt, um eine schwierige Klasse zu führen, weshalb sie den Stressor als bedrohlich einschätzt und sich Sorgen macht. Zudem weiß sie noch nicht, auf welche sozialen Ressourcen wie Förderlehrkräfte oder unterstützende Teamkolleginnen sie an der Schule zurückgreifen kann. Eine solche Einschätzung der verfügbaren Ressourcen für die Bewältigung wird *sekundäre Bewertung* genannt. Julia schätzt die Anforderung sowohl in der primären als auch in der sekundären Bewertung als bedrohlich ein und hat das

Gefühl, über zu wenige Ressourcen für die Bewältigung zu verfügen, was den Stress verstärkt.

Um empfundenen Stress zu reduzieren, hat sie nun zwei Möglichkeiten: 1) *Problemorientierte Stressbewältigung:* Die zu diesem Typ der Stressbewältigung zählenden Bewältigungsformen beziehen sich konkret auf die Beseitigung der Belastung. Julia würde in diesem Fall mithilfe direkter Handlungen aktiv versuchen, ihre Stressgefühle zu reduzieren, indem sie zum Beispiel ihre Unterlagen der Ausbildung nochmals konsultiert oder mit erfahrenen Lehrkräften oder Beratungspersonen spricht und nachfragt, wie man mit »schwierigen« Klassen umgeht. Solche Bewältigungsformen sind dann funktional, wenn die Bewältigung einer Anforderung oder einer Situation in der eigenen Macht steht, das heißt, wenn man Gestaltungsmöglichkeiten hat. Da Julia die Klasse noch gar nicht unterrichtet, sind ihre Möglichkeiten der problemfokussierten Bewältigung in der gegenwärtigen Situation allerdings beschränkt. Sie kann dem Stress deshalb zusätzlich mit 2) *emotionsorientierten Bewältigungsformen* entgegenwirken: Bei diesen Strategien steht nicht die Bewältigung der (potenziellen) Anforderung im Zentrum, sondern sie setzen bei den eigenen Gefühlen und oder der Interpretation der Anforderung an. Julia kann ihren Stress beispielsweise minimieren, indem sie der Anforderung weniger Gewicht beimisst. Sie kann ihre primäre Einschätzung der Information kognitiv verarbeiten und sich bewusst dafür entscheiden, nichts auf diese Gerüchte zu geben und den beiden Nachbarinnen vorerst aus dem Weg zu gehen, um keine weiteren unerwünschten Informationen zu erhalten. Diese indirekte Form von Bewältigung ist insbesondere funktional bei Anforderungen und Situationen, deren Bewältigung unter den gegebenen Bedingungen nicht in der eigenen Macht steht (siehe dazu auch Lazarus, 1993).

Wenn sich bei der Auseinandersetzung mit der belastenden Situation neue Informationen ergeben, erfolgt eine *Neubewertung.* Lernt Julia beispielsweise die zuständige sonderpädagogische Förderlehrkraft kennen, die ihr Unterstützung zusichert, kann sich ihre sekundäre Einschätzung der Ressourcen verändern. Auch die ersten Schulwochen werden einen Anlass für Neubewertungen bilden. Unter anderem werden Julias Handlungen bei den Schülerinnen und Schülern selbst, aber möglicherweise auch bei den Eltern und der Schulleitung Reaktionen auslösen. Auf der Grundlage dieser Informationen wird sie besser einschätzen können, ob es ihr gelingt, mit der »schwierigen« Klasse umzugehen.

Das Fallbeispiel zeigt, dass es verschiedene Möglichkeiten gibt, mit Belastungen umzugehen. Die individuellen Bewertungen und Bewältigungsformen beeinflussen, ob und wie stark der Stress ist, den eine Anforderung auslöst. Solange man sicher ist, dass man eine sich stellende Anforderung bewältigen kann, muss man sich unter Umständen zwar beträchtlich anstrengen, erlebt aber keinen Stress (Kaluza, 2015, S. 8). Wie an belastende Situationen herangegangen wird, ist geprägt durch die Biografie sowie persönliche Motive, Einstellungen und Haltungen. Diese können dazu führen, dass neben den Anforderungen, die real bestehen, zusätzlicher Stress entsteht, indem man sich selbst unter Druck setzt. Solche persönlichen Stressverstärker sind mitentscheidend dafür, ob und wie stark Beanspruchungsreaktionen ausfallen (Kaluza, 2015, S. 7). Sie bilden den individuellen, im Laufe der Biografie entstandenen Hintergrund, vor dem gegenwärtige Anforderungen bewertet werden und eingeschätzt wird, welche Bedeutung der Situation beizumessen ist oder wie bedrohlich ein mögliches Scheitern subjektiv wirkt. Die bewusste Reflexion dieser Stressverstärker kann helfen, die individuellen Bewertungen bewusster zu steuern und den individuell erzeugten Stress zu verringern.

Wie die Einschätzung von Anforderungen sind auch Bewältigungsstrategien, insbesondere in stressauslösenden Situationen, oftmals stark automatisiert und laufen unbewusst ab (Busch & Sandmeier, 2019). Die Sicht ist dann auf das Problem fokussiert: In der Hoffnung, es schnell zu lösen, greift man mehr oder weniger unbewusst auf Strategien zurück, die in vermeintlich ähnlichen Situationen der Vergangenheit erfolgreich waren. Man reagiert unbewusst und gewohnheitsmäßig, anstatt bewusst zu agieren und alternative Bewältigungsstrategien zu prüfen. Obwohl die verschiedenen Bewältigungsstrategien nicht losgelöst vom konkreten Kontext nach ihrer Wirksamkeit oder Produktivität klassifiziert werden können, scheint ein problemorientierter Bewältigungsansatz den emotionszentrierten, indirekten Formen überlegen zu sein, da sich der Stressauslöser auf diese Weise eher bewältigen lässt (Herzog, 2007, S. 383).

Der alleinige Fokus auf die Frage, ob die Anforderung bewältigt wurde oder nicht, greift jedoch zu kurz, da auch erfolgreiche Verhaltensweisen mit Kosten in Bezug auf das Befinden und die Gesundheit verbunden sein können (Baeriswyl, Krause & Kunz Heim, 2014). Beispiele dafür sind das Leisten von Überstunden, Arbeit am Wochenende oder im Urlaub, der Verzicht auf Arbeitspausen oder Arbeit trotz Krankheit. Solche und ähnliche Verhaltensweisen nennen Krause, Berset und Peters (2015) *interessierte Selbstgefährdung*. Darunter werden Verhaltensweisen verstanden, die mit dem Ziel der Bewältigung arbeitsbezogener Anforderungen eingesetzt werden, jedoch zugleich die Wahrscheinlichkeit des Auftretens von Erkrankungen erhöhen oder die notwendige Regeneration verhindern.

Nicht zuletzt vor dem Hintergrund einer potenziellen Selbstgefährdung stellt sich die Anschlussfrage, wann *Stress* gesundheitsgefährdend werden kann. Denn Stress selbst muss nicht zwangsläufig die Gesundheit gefährden oder zu Burnout führen. Gesundheitsbedrohlich wird Stress erst, wenn eine Anforderung über längere Zeit nicht zufriedenstellend bewältigt werden kann oder wenn es nicht möglich ist, sich von einer Anforderung zu distanzieren, weil dies von außen verunmöglicht wird oder weil die eigenen Ideale, Motive und Vorstellungen es nicht zulassen. Bakker und Demerouti (2014) sprechen von einem *Teufelskreis*, wenn Anforderungen über längere Zeit überfordern: Gestresste Personen nehmen einerseits neue Anforderungen und ihre Bewältigungsmöglichkeiten negativer wahr und zeigen andererseits ungünstige Verhaltensweisen, die von der Umwelt bemerkt werden (z. B. Verpassen von Terminen, mangelnde Erreichbarkeit, mangelnde Sensitivität in Gesprächen), was wiederum zu zusätzlichen Belastungen führen kann. Dauert ein solcher Teufelskreis über einen längeren Zeitraum an, kann die anhaltende Überforderung langfristig zu Burnout führen (▶ Kap. 6).

Grundsätzlich lässt sich zum Erschöpfungsprozesses somit Folgendes festhalten: Eine länger anhaltende Dysbalance zwischen Belastungen und Ressourcen führt in der Regel zu Überforderung und kann mittel- und langfristig zu Erschöpfung und Burnout führen. Wann aber sind berufliche Anforderungen motivierend und führen zu positiver Beanspruchung? Mit dieser Frage befasst sich das nächste Unterkapitel.

## 2.2.4 Motivationsprozess: Die Selbstbestimmungstheorie

Wie die vorhergehenden Ausführungen aufgezeigt haben, ist die Balance bzw. Dysbalance zwischen Belastungen und Ressourcen zentral für das Stresserleben. Dieselben Belastungen können für die eine Person überfordernd sein, während sie für die andere Person motivierend sind. Ressourcen helfen bei der Bewältigung von beruflichen Anforderungen und haben darüber hinaus eine direkte positive Auswirkung auf die Gesundheit und das Wohlbefinden. Der Grund dafür besteht darin, dass sie grundlegende psychische Bedürfnisse des Individuums befriedigen und auf diese Weise Stress entgegenwirken können. Auf diese Grundbedürfnisse wird nachfolgend genauer eingegangen.

Die Selbstbestimmungstheorie (*Self-Determination-Theory*) geht davon aus, dass Menschen drei psychische Grundbedürfnisse haben, die angeboren und universell sind: Sie wollen 1) *Kompetenz* erleben, 2) über *Autonomie*, das heißt Selbstbestimmung bezüglich ihres Lebens und ihrer Verhaltensweisen, verfügen sowie 3) *Verbundenheit* in einer Gemeinschaft spüren und enge, vertraute Beziehungen mit anderen aufbauen. Ist die Befriedigung dieser Bedürfnisse möglich, sind grundlegende Voraussetzungen dafür gegeben, dass der Mensch engagiert, effizient und psychisch gesund ist und dies auch bleibt (Ryan & Deci, 2000).

Das Bedürfnis nach *Kompetenz* manifestiert sich im Wunsch, sich fähig zu fühlen, die Umwelt gestalten zu können und erwünschte Wirkungen herbeizuführen. Dieses Bedürfnis steht als Antrieb hinter der Neigung, dass Menschen oftmals nach Aufgaben suchen, die ihre eigenen physischen oder psychischen Fähigkeiten herausfordern. Kompetenz kann erlebt werden, wenn die Anforderungen und Ziele – die eigenen wie auch jene aus dem Umfeld – zufriedenstellend bewältigt werden können. Dies wird erleichtert, wenn die beruflichen Aufgaben und Ziele klar definiert sind und das Individuum über genügend Gestaltungsmöglichkeiten und eigene Ressourcen verfügt, um diese Anforderungen für sich befriedigend zu erfüllen, und dafür auch Anerkennung von außen erhält.

Das Bedürfnis nach *Autonomie* beinhaltet den Wunsch nach Selbstbestimmung, eigenem Willen, Unabhängigkeit, Ermessensfreiheit und Wahl beim Ausführen einer Aktivität. Das Erleben von Autonomie bedeutet jedoch nicht, dass unabhängig von anderen gehandelt wird, sondern es geht vielmehr um die Möglichkeit, die eigenen Handlungen grundsätzlich selbst steuern zu können. Dies kann sich durchaus auch auf Handlungen beziehen, die in einem von anderen vorgegebenen Rahmen durchzuführen sind. Handlungskontexte unterstützen die Autonomie, wenn sie Wahlmöglichkeiten und Ermessensspielräume enthalten und wenn alle relevanten Informationen zur Verfügung stehen.

Das Bedürfnis nach *Verbundenheit* schließlich äußert sich im Wunsch, sich mit anderen verbunden zu fühlen, einer Gruppe anzugehören, zu lieben und sich um jemanden zu kümmern, beachtet zu werden und Achtung zu erhalten. Dieses Bedürfnis ist im Arbeitskontext erfüllt, wenn Angestellte sich als Teil eines Teams fühlen, Unterstützung und Anerkennung erfahren und sich frei fühlen, ihre Anliegen einzubringen.

Die Befriedigung der psychischen Grundbedürfnisse ist der zugrundeliegende motivationale Mechanismus, der menschliches Verhalten antreibt und leitet (Deci &

Ryan, 1993). Menschen sind in der Regel dann engagiert, wenn sie in Kontexten agieren, die mit den drei Bedürfnissen kongruent sind. Allerdings variieren diese Kontexte teilweise beträchtlich im Grad, in dem sie die Befriedigung dieser Bedürfnisse zulassen oder behindern (Deci & Ryan, 2012, S. 86). Können diese Bedürfnisse im beruflichen Umfeld befriedigt werden, bildet dies eine zentrale Voraussetzung für ein hohes *Arbeitsengagement*: Während sich Personen mit Burnout erschöpft und von der Arbeit entfremdet fühlen, gehen engagierte Personen in ihrer Arbeit auf und fühlen sich voller Energie (Bakker, Schaufeli, Leiter & Taris, 2008, S. 188). Sie arbeiten intensiv und sind bereit, viel Einsatz zu zeigen (Elan), weil sie ihre Arbeit als sinnvoll und als inspirierende Herausforderung empfinden (Hingabe) und sich gänzlich auf die Arbeit konzentrieren können (Vertiefung). Diese drei Dimensionen – Elan als hohes Level an Energie und mentaler Resilienz, Hingabe als das Erleben von Sinn, Inspiration, Stolz und Herausforderung und Vertiefung als ›Flow‹ und als Involviertheit in die Arbeit – sind somit charakteristisch für Arbeitsengagement.

Genauso wie sich im Erschöpfungsprozess ein »Teufelskreis« entwickeln kann, lässt sich im Motivationsprozess oftmals eine positive Spirale beobachten. Es zeigt sich, dass engagierte Personen ihre beruflichen Anforderungen und ihre sozialen Ressourcen positiv mitgestalten: Sie suchen sich aktiv Anforderungen, die ihren Interessen entsprechen, aktivieren und nutzen soziale Ressourcen, indem sie im Team um Hilfe bitten, erleben das Arbeitsklima positiv und erhalten mehr positives Feedback. Die sozialen Ressourcen beeinflussen folglich nicht nur das Arbeitsengagement einer Person, sondern diese wirkt selbst wiederum auf ihr Umfeld zurück und schafft sich durch sogenanntes *Job Crafting* neue Ressourcen (Bakker & Demerouti, 2014). Diese Wechselwirkungen sind grundlegend, um verstehen zu können, wie berufliche Belastungen die Gesundheit beeinflussen können. Des Weiteren zeigen sie auf, wo Ansatzpunkte für die Gesundheitsförderung bestehen.

## 2.3 Kernaussagen des Kapitels

Die theoretischen Ausführungen des Kapitels *Gesundheit – Begriffe und Modelle* lassen sich in den folgenden zehn Kernaussagen zusammenfassen:

1. Gesundheit ist kein Zustand, sondern ein vielschichtiger, dynamischer Prozess, in dem sich kontextuelle und individuelle Faktoren gegenseitig beeinflussen.
2. *Belastungen* sind grundsätzlich *objektiv* beschreibbar und neutral, was ihre Auswirkungen anbelangt. Ob und welche *subjektive Beanspruchung* sie zur Folge haben, ist demgegenüber abhängig von der Interpretation des Individuums.
3. *Positive Beanspruchung* zeigt sich durch Freude, Wohlbefinden, Zufriedenheit und Motivation. *Negative Beanspruchung* hingegen äußert sich kurzfristig durch Stress, Frustration und Ermüdung und langfristig in Erschöpfung, Schlafstörungen, körperlichen Erkrankungen und Burnout.

4. *Ressourcen* können im Kontext liegen (z. B. Unterstützung, Feedback, Anerkennung) oder beim Individuum (z. B. Selbstwirksamkeitserwartung, Kompetenzen). Sie sind zentral dafür, ob eine Belastung als herausfordernd oder als überfordernd bewertet wird, und helfen bei der Bewältigung von Belastungen.
5. Im Gesundheitsgefährdungsprozess führt ein Ungleichgewicht zwischen wahrgenommenen Belastungen und vorhandenen Ressourcen zu negativer Beanspruchung.
6. Negative Beanspruchung im Sinne von Stress kann problemfokussiert oder emotionsfokussiert bewältigt werden.
7. Gesundheitsbedrohlich wird Stress erst, wenn es über längere Zeit nicht gelingt, bedeutsame Anforderungen zu bewältigen, das heißt, wenn eine langfristige Überforderung entsteht. Ein Burnout kann sich als Folge von lange andauernden Überforderungen entwickeln (Teufelskreis).
8. Ressourcen führen über den Motivationsprozess zu positiver Beanspruchung, da sie dazu beitragen, dass drei grundlegende menschliche Bedürfnisse befriedigt werden können: Kompetenz, Autonomie und Verbundenheit mit anderen.
9. Positiv beanspruchte Menschen nehmen ihren Kontext positiver wahr, gestalten ihn proaktiv und schaffen sich mehr soziale Ressourcen als negativ beanspruchte Personen.
10. Der berufliche Kontext sollte so gestaltet sein, dass Ressourcen und Belastungen ausbalanciert sind und die Befriedigung der Bedürfnisse nach Kompetenz, Autonomie und Verbundenheit ermöglichen.

## 2.4 Reflexionsfragen

*Für (zukünftige) Lehrkräfte, Schulleitungen, Leitungspersonen des Lehramtsstudiums sowie Fachpersonen der Fort- und Weiterbildung und Beratung:*

- Was bedeuten die Begriffe »Gesundheit«, »Belastungen« und »Ressourcen« für mich? Deckt sich mein Verständnis mit den wissenschaftlichen Definitionen aus Kapitel 2.1 (▶ Kap. 2.1)?
- Wie spreche ich im Alltag über die Thematik?
- Kann ich eigene Arbeitserfahrungen anhand der drei in Kapitel 2.2 (▶ Kap. 2.2) vorgestellten Modelle analysieren? Welche (neuen) Erkenntnisse kann ich aus dieser Analyse gewinnen?

*Für Lehrkräfteteams:*

- Was bedeuten die Begriffe »Gesundheit«, »Belastungen« und »Ressourcen« für uns? Deckt sich unser Verständnis?
- Sprechen wir die »gleiche Sprache«, wenn wir im Alltag darüber sprechen?

# Literaturverzeichnis zu Kapitel 2

Affolter, B. (2019). *Engagement und Beanspruchung von Lehrpersonen in der Phase des Berufseintritts: Die Bedeutung von Zielorientierungen, Selbstwirksamkeitserwartungen und Persönlichkeitsmerkmalen im JD-R Modell.* Bad Heilbrunn: Klinkhardt.

Baeriswyl, S., Krause, A. & Kunz Heim, D. (2014). Arbeitsbelastungen, Selbstgefährdung und Gesundheit bei Lehrpersonen - eine Erweiterung des Job Demands-Resources Modells. *Empirische Pädagogik, 28* (2), S. 128–146.

Bakker, A. B., & Demerouti, E. (2014). Job demands–resources theory. In P. Y. Chen & C. L. Cooper (Hrsg.), *Work and Wellbeing: Wellbeing, a complete reference guide, Volume III* (pp. 37–64). New York: John Wiley & Sons.

Bakker, A. B., Schaufeli, W. B., Leiter, M. P. & Taris, T. W. (2008). Work engagement: An emerging concept in occupational health psychology. *Work & Stress, 22* (3), pp. 187–200.

Bauer, G., & Jenny, G. (2007). Gesundheit in Wirtschaft und Gesellschaft (Springer-Lehrbuch). In K. Moser (Hrsg.), Wirtschaftspsychologie (S. 221–243). Berlin, Heidelberg: Springer.

Busch, I. & Sandmeier, A. (2019). Achtsamkeit als Ressource im Lehrberuf: Balance von Engagement und Distanz. In D. Vogel & U. Frischknecht-Tobler (Hrsg.), *Achtsamkeit in Schule und Bildung* (S. 251–260). Bern: hep.

Deci, E. L. & Ryan, R. M. (1993). Die Selbstbestimmungstheorie der Motivation und ihre Bedeutung für die Pädagogik. *Zeitschrift für Pädagogik, 39* (2), S. 223–238.

Deci, E. L. & Ryan, R. M. (2012). Motivation, personality, and development within embedded social contexts: An overview of self-determination theory. In *The Oxford handbook of human motivation* (pp. 85–107). New York, NY, US: Oxford University Press.

Hackmann, J. R. & Oldham, G. R. (1984). *Work redesign.* Reading, Massachusetts: Addison-Wesley.

Herzog, S. (2007). *Beanspruchung und Bewältigung im Lehrerberuf.* Münster: Waxmann.

Hobfoll, S. E. & Shirom, A. (2001). Conservation of resources theory: Applications to stress and management in the workplace. In R. T. Golembiewski (Hrsg.), *Handbook of organizational behavior* (pp. 57–80). New York: Marcel Dekker.

Kaluza, G. (2015). *Gelassen und sicher im Stress: Das Stresskompetenz-Buch: Stress erkennen, verstehen, bewältigen* (6. Aufl.). Berlin, Heidelberg: Springer.

Krause, A., Berset, M. & Peters, K. (2015). Interessierte Selbstgefährdung – von der direkten zur indirekten Steuerung. *Arbeitsmedizin Sozialmedizin Umweltmedizin, 50* (3), S. 164–170.

Krause, A., Dorsemagen, C. & Baeriswyl, S. (2013). Zur Arbeitssituation von Lehrerinnen und Lehrern: Ein Einstieg in die Lehrerbelastungs- und -gesundheitsforschung. In M. Rothland (Hrsg.), *Belastung und Beanspruchung im Lehrerberuf* (S. 61–80). Wiesbaden: Springer Fachmedien.

Lazarus, R. S. (1990). Stress und Stressbewältigung – Ein Paradigma. In S.-H. Filipp (Hrsg.), *Kritische Lebensereignisse* (2. Auflage). München: Psychologie Verlags Union.

Lazarus, R. S. (1993). From psychological stress to the emotions: A history of changing outlooks. *Annual Review of Psychology, 44* (1), pp. 1–22.

Lazarus, R. S. & Launier, R. (1981). Stressbezogene Transaktion zwischen Person und Umwelt. In R. J. Nitsch (Hrsg.), *Stress. Theorien, Untersuchungen, Massnahmen* (213–259). Bern: Hans Huber.

Maslach, C., Jackson, S. E. & Leiter, M. P. (1996). *Maslach burnout inventory* (3rd edition). Mountain View: CPP.

Rudow, B. (2011). *Die gesunde Arbeit. Arbeitsgestaltung, Arbeitsorganisation und Personalführung* (2. Auflage). München: Oldenbourg.

Ryan, R. M. & Deci, E. L. (2000). Self-determination theory and the facilitation of intrinsic motivation, social development, and well-being. *American Psychologist, 55* (1), pp. 68–78.

Schaarschmidt, U. & Fischer, A. W. (2001). *Bewältigungsmuster im Beruf: Persönlichkeitsunterschiede in der Auseinandersetzung mit der Arbeitsbelastung.* Göttingen: Vandenhoeck & Ruprecht.

Schaufeli, W. B. & Bakker, A. B. (2004). Job demands, job resources, and their relationship with burnout and engagement: A multi-sample study. *Journal of Organizational Behavior, 25* (3), pp. 293–315.

Wettstein, A., Kühne, F., Tschacher, W., & La Marca, R. (2020). Ambulatory Assessment of Psychological and Physiological Stress on Workdays and Free Days Among Teachers. A Preliminary Study. *Frontiers in Neuroscience, 14*(112), pp. 1–11.
WHO, World Health Organization (1946). *Verfassung der Weltgesundheitsorganisation*. New York: WHO.
WHO, World Health Organization (2003). *Investing in Mental Health*. Genf: WHO.

# 3 Gesundheit von Lehrkräften im Arbeitskontext »Schule«

Neulich im Lehrerinnen- und Lehrerzimmer:

Barbara, 46, war in ihrem ersten Beruf selbstständige Architektin. Nach einem erfolgreich abgeschlossenen Zweitstudium zur Lehrkraft hat sie dieses Schuljahr ihre erste Schulklasse übernommen. An der Kaffeemaschine trifft sie auf die Schulleiterin, die sie nach ihrem Befinden fragt. Barbara lacht: »Ich kämpfe etwas damit, dass meine Aufgabe hier so wenig geregelt ist. Als Architektin bin ich sehr viel mehr Sicherheit gewohnt. Dort wurde in der Auftragsplanung alles schriftlich festgelegt, was die Kundin oder der Kunde erwarten kann und was nicht. Und am Ende war das Haus fertig und ich wusste, das Projekt ist abgeschlossen«. Sie zuckt mit den Schultern und fährt fort: »Als Lehrerin dagegen bin ich nicht immer sicher, was alles zu meinem Auftrag gehört. Die Eltern stellen Ansprüche, von denen ich weiß, dass ich ihnen nicht vollumfänglich genügen kann. Außerdem bin ich mit Aufgaben konfrontiert, die nie ganz abgeschlossen sind.« Die Schulleiterin nickt verständnisvoll: »Genau das sind die Unsicherheiten, mit denen wir als Lehrkräfte umgehen lernen müssen«.

Zum Nachdenken:

1. Was ist der Berufsauftrag von Lehrerinnen und Lehrern und wie lässt sich der Beruf charakterisieren?
2. Welche Bedingungen im Arbeitskontext »Schule« stehen in einem Zusammenhang mit der Gesundheit von Lehrerinnen und Lehrern?
3. Welche Kompetenzen braucht eine Lehrkraft, um im Beruf langfristig gesund zu bleiben?
4. Wie können der Lehrberuf und der Arbeitskontext »Schule« gesundheitsförderlich gestaltet werden?

Wenn man die Charakteristika eines Berufes analysieren will, lässt sich dies beispielsweise entlang der folgenden Kategorien tun: 1) Spezifische Tätigkeiten und Anforderungen des Berufs (▶ Kap. 3.1), 2) Rahmenbedingungen, unter denen der Beruf ausgeübt wird (▶ Kap. 3.2), und 3) Eigenschaften und Kompetenzen, die für die professionelle Bewältigung des Berufs erforderlich sind (▶ Kap. 3.3). Die Faktoren, die diesen Kategorien jeweils zugeordnet werden können, wirken interagierend auf die Beanspruchung von Berufstätigen. Das Bewusstsein für diese Wirkmechanismen hilft für eine rechtzeitige Einleitung präventiver Maßnahmen, damit irreversible mittel- und langfristige Beanspruchungsfolgen möglichst vermieden werden können (▶ Kap. 3.4). Die nachfolgend zu diesen Themen zusammengetragenen Erkenntnisse werden abschließend in zehn Kernaussagen zusammengefasst (▶ Kap. 3.5) und mit Reflexionsfragen für den Transfer auf eigene Erfahrungen und Erkenntnisse vorbereitet (▶ Kap. 3.6).

## 3.1 Tätigkeiten und Anforderungen des Lehrberufs

Der Lehrberuf ist vielfältig in seinen Tätigkeiten und in den Anforderungen, die an die Lehrerinnen und Lehrer gestellt werden. Wir beschreiben im Folgenden fünf charakteristische Merkmale des Lehrberufs: Soziale Beziehungen, unvollkommene Expertise, Gestaltungsspielraum und Selbstverantwortung, Unberechenbarkeit der Methoden und der erzielten Wirkungen sowie widersprüchliche Aufgaben und Anforderungen, um zusammenfassend die spezifischen Belastungen des Lehrberufs aufzuzeigen, die aus diesen Merkmalen resultieren.

### 3.1.1 Soziale Beziehungen

Die *Bildungspolitik und die Bildungsträger wie auch die Berufsverbände* halten die Erwartungen, die sie an Lehrkräfte stellen, in Berufsaufträgen (z. B. für die einzelnen Kantone in der Schweiz siehe EDK, 2017; für Berufsverbände siehe z. B. Dachverband Lehrerinnen und Lehrer Schweiz, 2014) oder in Berufsleitbildern und daraus abgeleiteten Professionsstandards (siehe z. B. KMK Kultusministerkonferenz, 2019) fest. Obschon eine Vielzahl von unterschiedlich formulierten Berufsaufträgen, Berufsleitbildern und Standards vorliegt, lassen sich in vielen Strukturierungsversuchen mehrheitlich fünf Aufgabenbereiche von Lehrkräften identifizieren:

1. *Unterricht.* Gezielte und nach wissenschaftlichen Erkenntnissen gestaltete Planung, Durchführung und Reflexion von Lehr- und Lernprozessen, je nach pädagogischem Konzept der Schule auch in Unterrichtsteams.
2. *Beratung und Zusammenarbeit.* Beraten und begleiten der Schülerinnen und Schüler. Zusammenarbeit mit Eltern, anderen Schulen, internem Fachpersonal, externen Fachstellen und weiteren Bezugspersonen.
3. *Beurteilen.* Kompetente, gerechte und verantwortungsbewusste Beurteilung von Leistungen und Verhalten, Vergabe von Berechtigungen für Ausbildungs- und Berufswege.
4. *Schulentwicklung.* Mitwirken bei der Gestaltung und der Organisation der Schule. Partizipation an der Evaluation und der Weiterentwicklung der Schule und des Unterrichts. Repräsentieren der Schule in der Öffentlichkeit und gegenüber den verschiedenen Anspruchsgruppen.
5. *Weiterbildung.* Nutzung von Fort- und Weiterbildungsangeboten, damit die neuen Entwicklungen und wissenschaftlichen Erkenntnisse in der beruflichen Tätigkeit berücksichtigt werden können.

Anhand dieser Aufstellung wird erkennbar, dass die meisten Aufgabenfelder von Lehrkräften durch *soziale Beziehungen* geprägt sind. Bilden und Erziehen sind in hohem Maße Beziehungsarbeit. Im Vordergrund steht die Arbeit mit den Schülerinnen und Schülern. Dies ist in vielen Fällen auch der Hauptgrund, weshalb Lehrkräfte diesen Beruf gewählt haben (▸ Kap. 3.3/ ▸ Kap. 4.1). Bei der Ausübung ihrer Aufgabe verspüren sie daher oftmals auch eine große, intrinsisch motivierte Befriedigung (Lortie, 1975). Zu einer erfolgreichen Bewältigung des Erziehungs- und Bildungsauftrags gehört aber auch die Zusammenarbeit mit Erwachsenen: mit den Eltern, mit anderen Lehr- und Fachpersonen im Team, mit der Schulleitung, mit Fachpersonen der Weiterbildung und Beratung wie auch mit Gremien wie beispielsweise der Schulaufsicht (▸ Kap. 8).

## 3.1.2 Unvollkommene Expertise

Im Zentrum des Lehrberufs steht die Vermittlung in komplexen Situationen. Lehrkräfte haben den Auftrag, Brücken zu schlagen und Teilaspekte und Perspektiven miteinander in Verbindung zu bringen. Es geht in der Lehrtätigkeit somit um die Gestaltung einer ganzheitlichen Beziehung zwischen Gegenständen, Sachverhalten und Menschen. Das ist auch ein Hauptgrund dafür, weshalb sich Aufgaben des beruflichen Auftrags insbesondere im Grundschulbereich nicht einfach abspalten und auf mehrere Spezialistinnen und Spezialisten verteilen lassen (Herzog, 2018). Die »*Breite*« der notwendigen Kompetenzen ist somit das »*Spezifische*« des Lehrberufs. Allerdings geht mit der Vielzahl an Kompetenzen zugleich die Gefahr einher, dass das erwartete Wissen und Können zu einem konkreten Thema oder in einem bestimmten Fach nicht tief genug ist. Das Gefühl der *unvollkommenen Expertise* begleitet Lehrkräfte deshalb häufig durch ihre ganze Berufsbiografie. Der Gedanke »Ich kann irgendwie alles und trotzdem nichts richtig.« bringt dieses Dilemma des Lehrberufs anschaulich zum Ausdruck.

Expertise wird nach außen auch durch eine für Laien unverständliche Fachsprache sichtbar, wie sie z. B. die Jurisprudenz oder die Medizin verwenden. Lehrkräfte erwerben zwar eine solche Fachsprache, verwenden aber aufgrund ihrer Vermittlungsfunktion eine Sprache, die für alle Zielgruppen (insbesondere Schülerinnen und Schüler, Eltern) verständlich ist. Mit dieser Vermittlungssprache grenzen sie sich weniger von Nicht-Expertinnen und Nicht-Experten ab, was für die Erfüllung des Bildungsauftrags wichtig, aber für den Berufsstatus nicht unproblematisch ist (▸ Kap. 3.2.2. und ▸ Kap. 7.1).

## 3.1.3 Gestaltungsspielraum und Selbstverantwortung

Die Aufgabenbereiche des Berufsauftrags sind in der Regel sehr offen formuliert und weder normativ noch operativ eindeutig vorgegeben (Tenorth, 2006). Obwohl Lehrpläne oder der gesetzliche Auftrag der Schule wichtige Leitplanken für die Lehrtätigkeit bilden, wird nirgends präzise beschrieben, *was* eine Lehrkraft genau zu tun und *wie* sie ihre Aufgaben zu erfüllen hat. Mit dieser »Unbestimmtheit« müssen Lehrerinnen und Lehrer umgehen können. Ihre Aufgabe besteht darin, die *offenen Ziele* in ihrer Arbeit im Alltag der jeweiligen Situation entsprechend zu konkretisieren. Bei der Ausübung ihrer Unterrichtstätigkeit verfügen sie deshalb in hohem Maße über Freiheiten in der Wahl ihrer Methoden. Dieser *Gestaltungsspielraum* und die daraus resultierende *Selbstverantwortung* zeichnen den Lehrberuf als Profession aus und können sowohl Ressource als auch Belastung darstellen. Denn aus dieser Offenheit kann Unsicherheit resultieren. Der *Umgang mit Unsicherheit hinsichtlich des genauen Inhalts der Lehrtätigkeit* ist eine der zentralen Anforderungen des Lehrberufs in allen fünf genannten Aufgabenfeldern und steht auch im Zusammenhang mit dem nachfolgend beschriebenen Merkmal des Lehrberufs.

### 3.1.4 Unberechenbarkeit der Methoden und Ergebnisse

Im Unterricht handelt eine Lehrkraft unter doppelter Unsicherheit (Kunter, Baumert, Blum, Klusmann, Krauss & Neubrand, 2011, S. 30): Die erste Unsicherheit liegt darin, dass Unterricht nur begrenzt planbar ist. Denn Unterricht ist immer interaktiv geprägt und hängt vom Verhalten der Schülerinnen und Schüler ab. Dadurch bleibt er auch bei sorgfältiger Vorbereitung situationsabhängig. Da Unterricht somit »überkomplex« ist, reicht das vorhandene Wissen häufig nicht aus, um unter Druck erfolgreich handeln zu können (Herzog, Herzog, Brunner & Müller, 2007). Nach Tenorth (2006) erfordert das Unterrichten eine »*paradoxe Technologie*« weil eine Lehrkraft »angesichts der Struktur von Unterricht und Lernen ganz besondere Probleme zu lösen hat: das Nicht-Planbare zu planen, einen festen Rahmen für offene Ereignisse zu geben, mit der Alltäglichkeit von Überraschungen zu rechnen« (S. 588). Zudem können Lehrkräfte nie mit Sicherheit wissen, wie viel und in welcher Hinsicht die Schülerinnen und Schüler vom Unterricht profitieren. Dies ist die zweite Unsicherheit: Es gibt keine Garantie für Lernerfolge, da Lernen immer ein individueller Konstruktionsprozess ist (Fend, 2008).

### 3.1.5 Widersprüchliche Aufgaben und Anforderungen

Neben der Unberechenbarkeit des Unterrichts liegt eine weitere Quelle für Unsicherheit in der Tatsache, dass die Aufgaben, die eine Lehrkraft erfüllen muss, teilweise im Widerspruch zueinanderstehen (Terhart, 2011). Solche sogenannten »Antinomien« (widersprüchliche Handlungsanforderungen) gibt es zahlreiche (▶ Kap. 7). Eine zentrale Antinomie besteht beispielsweise in der Spannung zwischen der individuellen Förderung jedes einzelnen Kindes einerseits und der administrativen Funktion der Beurteilung und Selektion andererseits, die eine formale Gleichbehandlung aller Kinder erfordert. Eine Lehrkraft muss diese gegensätzlichen Handlungsanforderungen und die damit zusammenhängenden Unsicherheiten situativ bewältigen.

## 3.1.6 Spezifische Belastungen ausgehend von den Aufgabenbereichen

Fassen wir die vorhergehenden Ausführungen zusammen, lässt sich Folgendes festhalten: Im Zentrum fast aller Aufgabenbereiche von Lehrkräften stehen die *sozialen Beziehungen*. Ein erfolgreicher Umgang mit diesen Interaktionen ist deshalb ein zentraler Prädiktor von Gesundheit. Im Gegensatz dazu erschwert bzw. verunmöglicht eine beeinträchtigte Beziehungsarbeit die Erfüllung des beruflichen Auftrags einer Lehrkraft. Ein weiterer wichtiger Faktor für das langfristige Gesundbleiben ist die *Bewältigung von Unsicherheit*, die aus der unvollkommenen Expertise, der Offenheit des Auftrags, der Unberechenbarkeit des Unterrichts und den widersprüchlichen Aufgaben resultieren kann. Die Aufgaben von Schulen und somit von Lehrkräften sind vielfältig und zuweilen widersprüchlich. Die genauen Inhalte des Berufsauftrags sind vage gehalten, weshalb seine Umsetzung viel Gestaltungsfreiheit bietet, zugleich aber auch ein hohes Ausmaß an Selbstverantwortung erfordert. Insgesamt bleibt die Planbarkeit von Unterricht somit eingeschränkt und eine Lehrkraft hat nie Gewissheit in Bezug auf die Wirkung ihres Tuns. Für Personen, die Sicherheit, Routine und Berechenbarkeit suchen, stellt die Ausübung dieses Berufs deshalb eine beträchtliche Herausforderung dar. Dieser Aspekt ist gerade auch deshalb von Bedeutung, weil eine Passung der beruflichen Anforderungen mit den persönlichen Interessen und Kompetenzen eine unabdingbare Voraussetzung bildet, um im Beruf langfristig zufrieden und gesund zu bleiben (Mayr, 2014). Bevor wir auf diese Passung eingehen, zeigen wir nachfolgend auf, worin die charakteristischen Rahmenbedingungen des Lehrberufs bestehen.

## 3.2 Rahmenbedingungen des Lehrberufs

Neben den zuvor erläuterten Aufgaben und Anforderungen ist der Lehrberuf durch einige charakteristische Rahmenbedingungen geprägt, die mit der Gesundheit im Zusammenhang stehen: 1) Beobachtung und Bewertung durch Eltern und Öffentlichkeit, 2) ambivalentes Berufsprestige und mangelnde Anerkennung sowie 3) ungleichmäßig verteilte Arbeitszeit und Zweiteilung des Arbeitsplatzes. Abschließend soll der Frage nachgegangen werden, inwiefern sich die Rahmenbedingungen in Zukunft verändern werden und was dies für das Thema der Gesundheitsförderung bedeutet.

### 3.2.1 Beobachtung und Bewertung durch Eltern und Öffentlichkeit

Im Gegensatz zur Situation der Architektin im einleitend aufgeführten Fallbeispiel, die den Ansprüchen ihrer Bauherrinnen und Bauherren innerhalb der klar geregelten gesetzlichen Bedingungen gerecht werden muss, stehen Lehrkräfte zahlreichen Gruppen gegenüber, die teilweise widersprüchliche und unklare Ansprüche äußern. Denn Lehrerinnen und Lehrer müssen neben den Erwartungen der Bildungspolitik, der Schulbehörden und der Kinder auch den Erwartungen der Eltern und der breiteren Öffentlichkeit entsprechen.

Die Eltern erwarten, dass ihr Kind in seiner Individualität wahrgenommen und gefördert wird, adaptive Unterrichtssettings gestaltet und passgenaue Leistungsanforderungen formuliert werden (Tillmann, 2014). Die Bildungsaspirationen sind dabei meist hoch: Über die Hälfte der Eltern wünscht sich, dass ihr Kind das Abitur macht (Tillmann, 2014). Des Weiteren divergieren die Ansichten darüber, was eine »gute« Lehrkraft ausmacht und wie »richtiger« Unterricht auszusehen hat, zwischen den Eltern. Alle verfügen vor dem Hintergrund ihrer eigenen Erfahrungen mit Schule über tief verankerte Vorstellungen vom Beruf und davon, wie man diesen »richtig« ausführt:

> »Im Zuge einer Schülerbiographie kristallisieren sich damit nicht nur typische Lehrerbilder sowie lehrertypische Merkmale, die uns zur Identifikation von Lehrpersonen dienen, heraus, sondern auch konkrete, erfahrungsbasierte Vorstellungen bspw. von guter oder schlechter Unterrichtsgestaltung, von guter oder schlechter Lehrer-Schüler-Interaktion allgemein oder von gerechter oder unfairer Zensurengebung. Die Erinnerungen an die eigene Schulzeit und an die Lehrerinnen und Lehrer, deren Unterricht man erlebt hat, prägen dieses Wissen über den Lehrerberuf, über guten Unterricht und schlechte Lehrerarbeit nachhaltig« (Rothland, 2013, S. 22).

Die Tatsache, dass alle Eltern langjährige Erfahrungen mit Schule und Lehrkräften haben, führt neben klaren Vorstellungen dazu, dass sich viele von ihnen in der Lage fühlen, über die Qualität von Unterricht zu urteilen. Anders als andere Berufe zeichnet sich der Lehrberuf weder durch eine spezifische Technologie noch durch eine für Laiinnen und Laien unverständliche Fachsprache aus. Erziehen und Unterrichten werden in der Öffentlichkeit vielmehr als Tätigkeiten angesehen, die auch in der Familie stattfinden, weshalb häufig die Ansicht vorherrscht, dass dies eine Fähigkeit sei, über die im Grunde alle Menschen verfügen würden (Terhart, 2010). In den pointierten Worten von Rothland (2013) lässt sich dies wie folgt zusammenfassen:»Wird über die Erziehung und den Unterricht von Kindern und Jugendlichen gesprochen, können (scheinbar) alle mitreden, bei medizinischen oder juristischen Themen ist das – selbstverständlich – nicht so« (S. 27).

Die klaren Vorstellungen über Unterricht seitens der Eltern, die fehlende Fachsprache und das veränderte Berufsprestige des Lehrberufs (siehe unten) haben zu einer grundlegenden Veränderung der Zusammenarbeit zwischen Eltern und der Schule geführt. Unterstützten Eltern die Erziehungsmaßnahmen von Lehrkräften und Entscheide der Schule früher in der Regel mehr oder weniger vorbehaltlos, ist die Zusammenarbeit mittlerweile deutlich anspruchsvoller und differenzierter geworden. Diese veränderten Verhältnisse in der Zusammenarbeit zwischen Schule und Eltern und die daraus resultierenden Konflikte können jedoch nicht nur von den Lehrkräften selbst bewältigt werden, sondern müssen mit geeigneten Maßnahmen auf der Ebene der einzelnen Schule lösungsorientiert angegangen werden (▶ Kap. 3.5).

Neben den Eltern beobachtet und bewertet auch die breite Öffentlichkeit die Arbeit der Lehrerinnen und Lehrer. Das Bildungssystem sichert die Zukunft der nachfolgenden Generationen einer Gesellschaft. Demensprechend hoch sind die Hoffnungen und Erwartungen an die Qualität der Schule und des Lehrpersonals und das damit einhergehende Interesse der Medien.

## 3.2.2 Ambivalentes Berufsprestige und mangelnde Anerkennung

Das gesellschaftliche Ansehen des Lehrberufs ist heute ambivalent und oszilliert zwischen zwei Polen, wie Terhart (2010) pointiert festhielt: »Faule Säcke, arme Schweine oder Helden des Alltags?« In den Medien werden der Lehrberuf und seine Rahmenbedingungen mehrheitlich negativ bewertet (Köller, Stuckert & Möller, 2019). Lehrerinnen und Lehrer werden als zwar motiviert, aber überfordert dargestellt. Die Anforderungen scheinen gemäß diversen Medienberichten so groß zu sein, dass selbst die motiviertesten Personen letzten Endes kapitulieren müssen (▶ Kap. 7.4). Dies spiegelt sich auch in der Einschätzung des Berufsprestiges: Lediglich 29 % der befragen Personen in Deutschland bejahen die Aussage, dass der Beruf der Grundschullehrerin in der Gesellschaft ein hohes Ansehen geniesst (IfD Allensbach, 2018). Befragt man die Lehrpersonen selber, dann finden im Durchschnitt der OECD-Länder nur 26 % der Lehrkräfte, dass ihr Beruf von der Gesellschaft geschätzt wird (OECD, 2020). Eine weitere, in anderen Berufen selbstverständliche Quelle von Anerkennung sind Gratifikationen, Lohnerhöhungen, Beförderungen und beruflicher Aufstieg als Honorierung der geleisteten Arbeit. Im Lehrberuf sind diese Möglichkeiten beschränkt, weshalb er gemeinhin als »Sackgasse« (Herzog & Leutwyler, 2010, S. 1) mit beschränkten bzw. wenig formalisierten Laufbahnperspektiven gilt. Gehaltserhöhungen ergeben sich nicht durch spezifische Leistungen oder Expertise, sondern durch die Anzahl der Berufsjahre (Rothland, 2013).

Die von Lehrkräften selbst wahrgenommene Anerkennung von außen kann gesundheitsrelevant werden, wenn die subjektive Einschätzung des Verhältnisses zwischen dem Arbeitseinsatz und der Anerkennung nicht ausgeglichen ausfällt. Individuen erwarten für ihre Arbeit materielle oder immaterielle Gegenleistungen wie Gehalt, Wertschätzung, Sicherheit und Aufstiegsmöglichkeiten. Sind diese Gegenleistungen subjektiv zu gering für den Einsatz, führt dies zu einer »Gratifikationskrise«, die Stress auslöst und langfristig zu psychischen und körperlichen Erkrankungen führen kann (Siegrist, 1996). Ausbleibende öffentliche Anerkennung wiegt im Lehrberuf möglicherweise besonders schwer, da es dem Beruf an systematischem Feedback mangelt und materielle Anreizsysteme fehlen (Leutwyler & Herzog, 2010). Dieser Zusammenhang wurde bislang kaum erforscht, eine erste qualitative Studie in Spanien zeigt jedoch, dass Lehrkräfte, die das Gefühl haben, dass ihr Berufsprestige niedrig ist, tendenziell höhere emotionale Erschöpfung durch die Arbeit berichten (Cano-Garcia, Padilla-Muñoz und Carrasco-Ortiz, 2005).

Vor diesem Hintergrund lässt sich fragen, wie die öffentlichen Diskussionen über die Gesundheit von Lehrkräften und das Berufsprestige zusammenhängen. Wir vermuten, dass das öffentliche Ansehen von Lehrkräften geschwächt wird, wenn sie als »Opfer« gesehen werden, und gehen vielmehr davon aus, dass das Berufsprestige gestärkt würde, wenn Lehrerinnen und Lehrer als Fachpersonen dargestellt würden, die sich den hohen Anforderungen der gesellschaftlich relevanten Aufgabe unter großem Einsatz von individuellen und sozialen Ressourcen begegnen (▶ Kap. 7.4).

### 3.2.3 Ungleichmäßig verteilte Arbeitszeit und Zweiteilung des Arbeitsplatzes

Die Arbeit des Lehrpersonals ist für Eltern und die Öffentlichkeit vor allem über die Zeit wahrnehmbar, welche die Kinder in der Schule verbringen, also die Unterrichtszeit. Dies kann zur Ansicht führen, dass Lehrerinnen und Lehrer viel Freizeit hätten: Freie Nachmittage, über zehn Wochen Schulferien – ein Traumjob! Arbeitszeitstudien stellten allerdings fest, dass der Anteil der reinen Unterrichtszeit an der Gesamtarbeitszeit von Lehrerinnen und Lehrern lediglich 30-40 % beträgt. Ein großer Teil der Arbeitszeit wird außerhalb der im Stundenplan der Schülerinnen und Schüler aufgeführten Unterrichtszeiten geleistet. Dazu gehören unter anderem Vor- und Nachbereitung, Korrekturen, administrative und organisatorische Tätigkeiten, Schulentwicklungsaufgaben, Aufsichten sowie Gespräche mit Schülerinnen, Schülern oder Eltern. Die Arbeitszeitstudie bei Schweizer Lehrkräften hat gezeigt, dass diese je nach Stufe regelmäßig die Referenzarbeitszeit deutlich überschritten, sie leisteten bis zu 16 % Überzeit ohne Kompensationsmöglichkeit. Zur Vermeidung einer zeitlichen Überlastung entscheiden sich Lehrkräfte in der Folge eher, ihr Deputat zu reduzieren als bei ihrem »Kerngeschäft«, dem Unterricht, Abstriche zu machen (Brägger, 2019, S. 9). Die Arbeitszeitstudie bei Lehrkräften in Niedersachsen zeigt, dass eine bedenklich hohe Zahl von Lehrkräften häufig oder sogar dauerhaft länger als die gesetzliche Höchstarbeitszeit von 48 Stunden pro Woche arbeitet. Eine bedeutende Zahl von Lehrkräften arbeitet sogar bei Krankheit und auch in den Schulferien wird, wenn auch auf niedrigerem Niveau, gearbeitet, so dass es fraglich ist, ob ausreichende Erholungs- und Ausgleichszeiten möglich sind (Mußmann, Riethmüller & Hardwig, 2016, S. 161). In dieser Studie zeigt sich allerdings auch, dass die durchschnittliche Arbeitszeit von Lehrkräften zwischen den Schularten, innerhalb der Kollegien wie auch mit dem Unterrichtsfach variiert.

Die Anzahl der geleisteten Arbeitsstunden führt nicht zwangsläufig zu psychischer Beanspruchung. Nur wenn Lehrkräfte das Gefühl haben, für die Erledigung ihrer Aufgaben zu wenig Zeit zur Verfügung zu haben (das Gefühl des *Zeitdrucks*), kann dies zu Unzufriedenheit, Frustration oder zu einem Gefühl der permanenten Überforderung führen (Dorsemagen, Lacroix & Krause, 2007). Die *ungleichmäßige Verteilung der Arbeitszeit* innerhalb eines Schuljahrs, die eine Anhäufung von Anforderungen in bestimmten Phasen zur Folge hat, wird von vielen Lehrkräften zusätzlich als belastend wahrgenommen. In Kombination mit der mangelnden öffentlichen Wertschätzung (Stichworte wie »Halbtagsjobber« und »Ferientechniker«) kann dies gesundheitliche Auswirkungen haben.

Eine weitere Rahmenbedingung des Lehrberufs besteht in der *Zweiteilung des Arbeitsplatzes* und der damit einhergehenden Möglichkeit, außerhalb der Unterrichtszeiten *zeitlich und örtlich flexibel* zu arbeiten. Diese Autonomie und die Flexibilität haben in den vergangenen Jahren durch die Einführung geleiteter Schulen zwar deutlich abgenommen, prägen die Ausübung des Lehrberufs aber nach wie vor.

Für die Lehrkräfte selbst und ihre Gesundheit hat die Zweiteilung des Arbeitsplatzes zwei Seiten. Sie ist einerseits attraktiv, weil sich Lehrberuf, Freizeit und Familienarbeit auf diese Weise besser vereinbaren lassen. Autonomie und Flexibilität bergen andererseits aber auch Risiken: Viele Lehrerinnen und Lehrer leisten einen großen Teil ihrer Arbeit zu Hause und sind deshalb ständig an zwei sich abwechselnden Arbeitsplätzen tätig. Diese Flexibilität birgt neben der Vermischung von Arbeit und Freizeitaktivitäten die Gefahr, keinen geregelten Arbeitsrhythmus zu finden. Häufig kommt es zudem zu einer Ausweitung der Arbeitszeiten, sodass viele Lehrkräfte sowohl am Abend als auch am Wochenende und in den Ferien arbeiten. Das Arbeiten zu Hause kann mit dem Gefühl einhergehen, niemals richtig Feierabend zu haben bzw. immer im Dienst zu sein (Dorsemagen et al., 2007). Wenn die eigene Erholung dabei regelmäßig zu kurz kommt und vernachlässigt wird, kann dies nachweislich zu Erschöpfung und somatischen Beschwerden führen (Baeriswyl, Krause & Kunz Heim, 2014). Lehrerinnen und Lehrer müssen deshalb über die Fähigkeit der Selbstregulation verfügen und stets eigenverantwortlich für arbeitsfreie Erholungsphasen sorgen (▶ Kap. 3.3.3).

## 3.2.4 Exkurs: Steigende Erwartungen an die Schule der Zukunft

Die Aufgabe der Schule ist es, die Schülerinnen und Schüler für ein unbekanntes Morgen zu befähigen (Schratz, 2019). Diese Aufgabe stellt im 21. Jahrhundert aufgrund der wirtschaftlichen, kulturellen, politischen, technischen oder auch demografischen Veränderungsdynamik der Gesellschaft eine große Herausforderung dar. Langfristige Wandlungsprozesse haben enorme Auswirkungen auf die *Rahmenbedingungen von Schule*: Die Pluralisierung zum Beispiel führt dazu, dass die Vielfalt an kulturellen und sprachlichen Hintergründen der Bevölkerung und somit auch die Vielfalt der Werte wächst. Die Digitalisierung, als zweites Beispiel, hat Auswirkungen darauf, was die Schülerinnen und Schüler lernen sollen, wie sie es lernen, wo sie es lernen und welche Rolle die Lehrkraft in der digitalisierten Welt hat. Oder die Dynamisierung, als drittes Beispiel, führt dazu, dass sich das Tempo des Wandels erhöht, weshalb die Gesellschaft durch eine gewisse Unsicherheit und Unbeständigkeit geprägt wird. Die *Erwartungen* an das, was die Schule erreichen soll, werden durch diese Wandlungsprozesse vielfältiger und insgesamt anspruchsvoller. Die Schule hat nicht nur den Auftrag, die Berufsfähigkeit der Schülerinnen und Schüler zu gewährleisten, sondern auch den Auftrag, deren kulturelle und politische Teilhabe und die Integration zu stärken (Fend, 2006). Gegenwärtig lässt sich jedoch noch kaum abschätzen, was die Schule in Zukunft zusätzlich zu dem, was sie heute bereits tut, noch »leisten« muss, um diese gesteigerte Komplexität positiv zu nutzen, den Schülerinnen und Schülern Sicherheit zu verleihen und die erhöhten Erwartungen von Eltern, Politik und Gesellschaft zu erfüllen. Es stellt sich somit die Frage, ob und wie Schulen diesen Anforderungen gerecht werden (können) bzw. ob hinsichtlich ihrer Ausgestaltung grundlegende Veränderungen erforderlich sind.

Das Fazit, das sich aus diesem Exkurs zur Schule der Zukunft für die Gesundheit von Lehrkräften ziehen lässt, bleibt indessen gleich: Die Anforderungen werden merklich steigen und die Herausforderung, dabei gesund zu bleiben, dürfte wohl weiter zunehmen. Damit sind wir bei der Frage angelangt, über welche Eigenschaften und Fähigkeiten Lehrkräfte verfügen müssen, um die vielfältigen Anforderungen des Berufs so zu bewältigen, dass sie auch langfristig gesund bleiben.

## 3.3 Eigenschaften und Kompetenzen von Lehrkräften

Wenn wir danach fragen, was zur Bewältigung der beruflichen Belastungen beiträgt, dann kann unterschieden werden zwischen Merkmalen, die Lehrkräfte bereits vor ihrer Ausbildung aufweisen (Persönlichkeitsmerkmale), und Merkmalen, die in der Aus-, Fort- und Weiterbildung während der beruflichen Laufbahn erworben und entwickelt werden (professionelle Kompetenzen).

### 3.3.1 Persönlichkeitsmerkmale

Die relativ stabilen Persönlichkeitsmerkmale, auch »Big Five« genannt (McCrae & Costa Jr., 1999), gelten im Hinblick auf das professionelle Handeln und den beruflichen Erfolg von Lehrkräften als wesentlich (Mayr, 2014). Doch worin bestehen diese fünf »großen« Persönlichkeitsmerkmale und in welchem Zusammenhang stehen sie mit dem beruflichen Wohlbefinden? In Tabelle 3.2 (▶ Tab. 3.2) werden sie mit ihren Ausprägungen in einer Übersicht aufgeführt.

**Tab. 3.1:** Persönlichkeitsmerkmale (nach McCrae & Costa, 1999)

| Persönlichkeitsmerkmal | Schwach ausgeprägt | Stark ausgeprägt |
|---|---|---|
| Offenheit für Erfahrungen | konservativ, vorsichtig | wissbegierig, kreativ, experimentierfreudig |
| Gewissenhaftigkeit | unbekümmert, nachlässig | organisiert, zuverlässig |
| Extraversion | zurückhaltend, reserviert | herzlich, kontaktfreudig, durchsetzungsfähig |
| Verträglichkeit | misstrauisch, konkurrenzorientiert | verständnisvoll, tolerant, kompromissbereit |
| Neurotizismus | entspannt, selbstsicher | nervös, unsicher, ängstlich |

Eine hohe Ausprägung von Gewissenhaftigkeit, Offenheit, Extraversion und Verträglichkeit unterstützt gemäß dieser Theorie die erfolgreiche Bewältigung von beruflichen Anforderungen, wie wir sie zuvor skizziert haben. Im Gegensatz dazu erleben Personen, die sich selbst als eher ängstlich, nervös und reizbar beschreiben (Aspekte des Neurotizismus), häufig eine stärkere Beanspruchung durch den Beruf und ein geringeres Ausmaß an Berufszufriedenheit (Affolter, 2019). In Kapitel 4 (▶ Kap. 4). werden wir vertiefend darauf eingehen, welche Rolle Persönlichkeitsmerkmale für das Erlernen des Lehrberufs spielen.

### 3.3.2 Professionelle Kompetenzen und professionelles Selbst

Allgemein betrachtet sind Kompetenzen verfügbare oder erwerbbare kognitive Fähigkeiten und Fertigkeiten, die es einem Individuum ermöglichen, bestimmte Probleme zu lösen. Ebenfalls dazugezählt werden diejenigen motivationalen, volitionalen und sozialen Bereitschaften und Fähigkeiten, die erforderlich sind, um die Problemlösungen in variablen Situationen erfolgreich und verantwortungsvoll nutzen zu können (Weinert, 2001). Die professionelle Kompetenz von Lehrkräften umfasst zum einen das professionelle Selbst und zum anderen das Professionswissen, die beide zentrale Ressourcen für die Bewältigung der Anforderungen des Lehrberufs darstellen (▶ Abb. 3.1.). Das Professionswissen setzt sich aus kognitiven Fähigkeiten zusammen, die sich auf Fachwissen, fachdidaktisches Wissen und pädagogisch-psychologisches Wissen beziehen (Baumert & Kunter, 2011). Die Souveränität in fachlichen Fragen stellt die Basis jeder Lehrtätigkeit dar und ist grundlegend für das langfristige Gesundbleiben im Beruf. Auf diesen Zusammenhang zwischen Professionswissen und Gesundheit wird in Kapitel 4 (▶ Kap. 4) vertieft eingegangen.

Neben den kognitiven Fähigkeiten beeinflussen berufsbezogene Überzeugungen, Motivationen und die Kompetenz der Selbstregulation die Professionalität und damit einhergehend auch die Gesundheit von Lehrkräften. In Anlehnung an Herzog et al. (2007, S. 39) bezeichnen wir diese Kompetenzen als »Professionelles Selbst«, in dessen Zentrum die selbstreflexive Auseinandersetzung mit den eigenen Erfahrungen steht.

Die *berufsbezogenen Überzeugungen* umfassen diejenigen Ansprüche und Erwartungen, die eine Lehrkraft an sich selbst und an ihre berufliche Umwelt stellt, wie auch das, was sie als wichtig und als richtig einschätzt (Reusser & Pauli, 2014). Diese Überzeugungen sind relevant für die Bewertung von beruflichen Situationen und haben einen unmittelbaren Einfluss auf die Entstehung von Stress (▶ Kap. 2). Hat eine Lehrerin zum Beispiel die Überzeugung, dass alle Schülerinnen und Schüler freudig lernen, wenn der Unterricht abwechslungsreich gestaltet wird, dann wird sie regelmäßig die Erfahrung machen müssen, dass auch ein minutiös vorbereiteter Unterricht nicht alle Kinder zum Lernen und Mitmachen motiviert. Dieses Scheitern kann Stress auslösen. Wenn es der Lehrerin nicht gelingt, über Selbstreflexion realistischere Erwartungen an sich und an ihre Klasse zu stellen, wird sie dieses Druckgefühl immer wieder erleben.

Die *motivationalen Orientierungen* als zweiter Aspekt des professionellen Selbst haben einen Einfluss darauf, wie eine Lehrkraft zielgerichtetes Handeln angeht, wie sie dieses plant, wie sie mit Schwierigkeiten umgeht und wie sie ihr eigenes Handeln

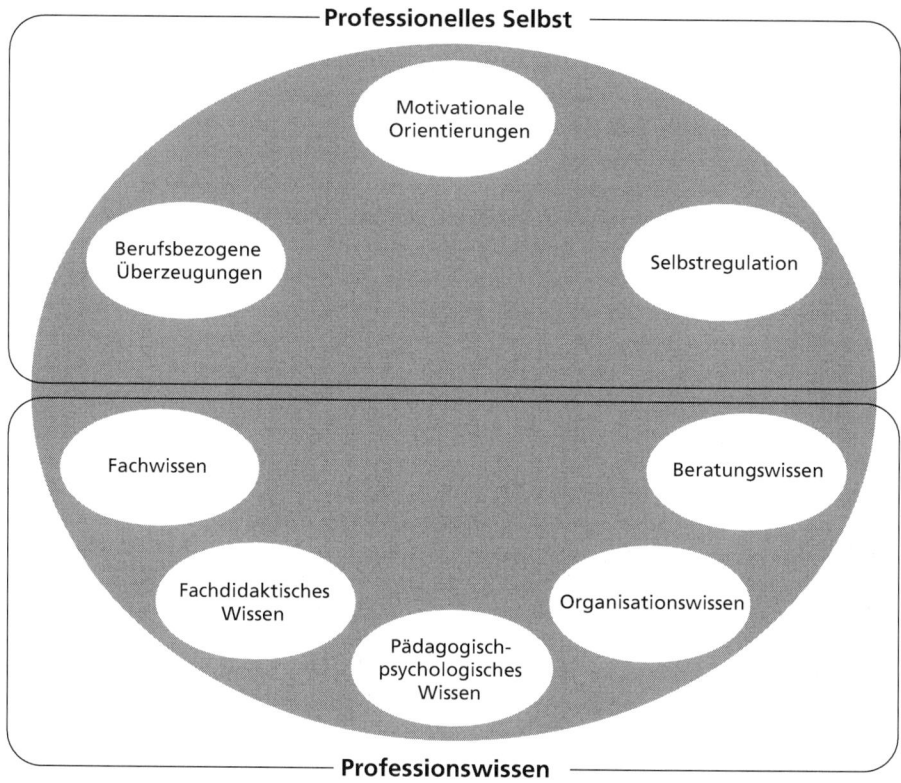

**Abb. 3.1:** Aspekte professioneller Kompetenz (eigene Darstellung in Anlehnung an Baumert & Kunter, 2011, S. 32)

evaluiert (Dresel & Lämmle, 2011). Zentral sind hier die Selbstwirksamkeitserwartung und die Zielorientierungen. Erstere äußert sich in der individuellen Erwartung, dass herausfordernde Situationen durch eigenes Handeln erfolgreich bewältigt werden können (Schmitz & Schwarzer, 2002). Eine hoch ausgeprägte Selbstwirksamkeitserwartung führt dazu, dass eine neue, herausfordernde Situation und die vorhandenen Ressourcen positiver bewertet und weniger negative, stressrelevante Emotionen erlebt werden, als dies bei einer geringeren Ausprägung der Selbstwirksamkeitserwartung der Fall ist. Zielorientierungen wiederum beziehen sich darauf, wieso ein Individuum eine Anforderung bewältigen will (Nitsche, Dickhäuser, Dresel & Dickhäuser, 2008). Besteht das Ziel beispielsweise darin, persönlich dazuzulernen, dann schützt dies vor Beanspruchung, da Anforderungen positiv wahrgenommen und als Chance zur Entwicklung aufgefasst werden können. Den Maßstab der Bewältigung bilden dabei die eigene Person, die eigenen Kompetenzen und deren Entwicklung. Werden herausfordernde Situationen hingegen als Leistungssituation wahrgenommen, liegt der Maßstab außerhalb der eigenen Person, zum Beispiel in einem Vergleich mit Kolleginnen und Kollegen (Köller & Schiefele, 2006). Eine solche Orientierung kann verstärkt zu

Angst, Überforderung und Stress führen, wenn die Bewältigung darauf ausgerichtet ist, die eigenen Schwierigkeiten oder Fehler zu »verstecken« (Affolter, 2019).

Der dritte Aspekt des professionellen Selbst ist die *Selbstregulation*. Diese umfasst »die Fähigkeit, die eigenen Kognitionen, Emotionen und das eigene Verhalten so zu steuern, dass die beruflichen Anforderungen und die eigenen Ziele befriedigend bewältigt werden, ohne dass die eigene Gesundheit gefährdet wird« (Sandmeier, Mustafić & Krause, 2020). Die Grundlage der Selbstregulation bildet die Fähigkeit der *Selbstreflexion*. Durch Selbstreflexion können die eigenen Wahrnehmungsmuster, Bewertungsmuster und Bewältigungsstrategien kritisch hinterfragt und so angepasst werden, dass sie nicht nur der Bewältigung einer beruflichen Aufgabe, sondern auch der eigenen Gesundheit dienlich sind.

Basierend auf den vorhergehenden Ausführungen können wir festhalten, dass sich ein *gesundheitsförderliches professionelles Selbst* vereinfacht dargestellt durch die folgenden Aspekte charakterisieren lässt:

- realistische Erwartungen an sich selbst und die berufliche Umwelt,
- die Überzeugung, neue oder herausfordernde Situationen dank eigener Kompetenzen bewältigen zu können,
- die Motivation, berufliche Anforderungen als Chance zur Entwicklung zu sehen,
- die bewusste Regulation der eigenen Gedanken und Emotionen,
- die bewusste Priorisierung der beruflichen Aufgaben vor dem Hintergrund der kontextuellen Anforderungen, der eigenen Ziele und der vorhandenen Ressourcen,
- Selbstreflexion der eigenen Erfahrungen bei der Bewältigung der beruflichen Anforderungen.

Ein so beschaffenes professionelles Selbst ist neben dem Professionswissen unabdingbar für die gesunde Bewältigung der charakteristischen beruflichen Anforderungen: Der Lehrberuf ist herausfordernd und birgt die Risiken, sich selbst zu überfordern, sich ständig mit dem Beruf zu beschäftigen und deswegen nicht mehr abzuschalten zu können. Die hohe Autonomie und die Flexibilität des Lehrberufes und insbesondere die sozialen Beziehungen, die im Zentrum stehen, sind Motivationsquellen, können aber auch dazu führen, dass man sich selbst überlastet: Wenn man eine sinnvolle berufliche Aufgabe hat, für deren Bewältigung man weitgehend selbst verantwortlich ist und gleichzeitig theoretisch immer und überall arbeiten könnte, braucht man die Fähigkeit, sein Arbeitsverhalten bewusst zu steuern, um die eigene Gesundheit längerfristig nicht zu gefährden. Die öffentliche Beobachtung und die gesellschaftliche Bewertung des Lehrberufs kommen dabei als erschwerende Faktoren hinzu: Lehrkräfte können ihr Engagement und ihre Qualitätsstandards nur bedingt nach unten korrigieren, da ihre Tätigkeit stets von verschiedenen Anspruchsgruppen aufmerksam beobachtet wird.

Damit dennoch möglichst viele Lehrkräfte langfristig zufrieden und gesund im Beruf bleiben, ist die Passung zwischen dem beruflichen Kontext und der darin tätigen Personen von hoher Bedeutung (Mayr, 2014). Das heißt konkret:

a) Es müssen die passenden Personen für den Beruf gewonnen werden (▶ Kap. 4).
b) In der Ausbildung müssen diese Personen professionelle Kompetenzen aufbauen können (▶ Kap. 4), die es ihnen, begleitet durch Fort- und Weiterbildung sowie Beratungsangebote, ermöglichen, im Beruf auch langfristig gesund und erfolgreich zu bleiben (▶ Kap. 5 und ▶ Kap. 6).
c) Zugleich müssen die Tätigkeiten, Anforderungen und Rahmenbedingungen des Lehrberufs und des Arbeitsorts »Schule« so gestaltet werden, dass sie langfristiges Gesundbleiben ermöglichen (▶ Kap. 7 und ▶ Kap. 8).

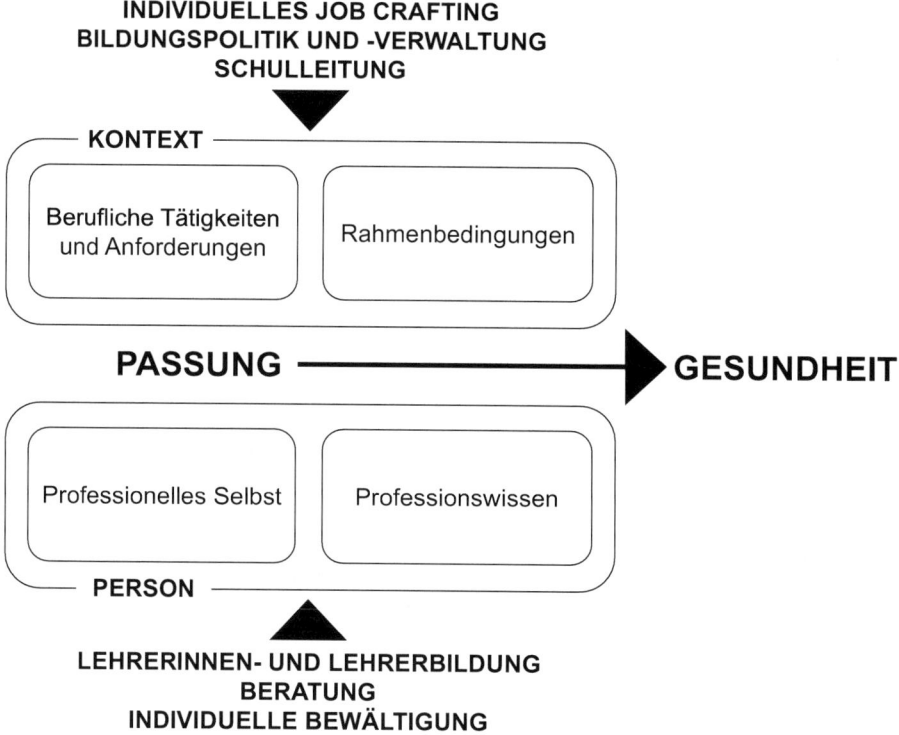

**Abb. 3.2:** Zusammenspiel von Tätigkeiten, Rahmenbedingungen und Eigenschaften der Person (eigene Darstellung)

Wie Abbildung 3.2 aufzeigt, hat die einzelne Lehrkraft mithilfe ihres Bewältigungsverhaltens im Alltag immer wieder Passung zwischen ihren Kompetenzen und ihren Aufgaben herzustellen: Sie passt ihre Erwartungen und Einstellungen an den Kontext an, sie bildet sich weiter, um ihre individuellen Ressourcen zu erhöhen, und sie kann durch *Job Crafting* Einfluss auf die Gestaltung des Kontexts nehmen (▶ Kap. 2.2.3). Zu den Maßnahmen, die wesentlich zur Gesundheitsförderung beitragen können, zählen wir in diesem Zusammenhang sowohl die individuellen Strategien einer Lehrkraft, die sie einsetzt, um ihre eigene Gesundheit durch individuelle Bewältigung und *Job Crafting* zu erhalten, als auch organisationale Strategien, die darauf ausgerichtet sind, die Gesundheit des Personals zu schützen und zu fördern. Die Herstellung der Passung sollte somit nicht nur der einzelnen Lehrkraft überlassen werden, sondern sie kann darüber hinaus auch maßgeblich durch verschiedene weitere Akteurinnen und Akteure im Schulsystem beeinflusst werden. Im nachfolgenden Kapitel beleuchten wir die Grundlagen einer gesundheitsfördernden Gestaltung der Kontextbedingungen.

## 3.4 Gesundheitsfördernde Gestaltung des Kontexts

Zur Passung zwischen dem Arbeitskontext »Schule« und den darin tätigen Lehrkräften können insbesondere die Lehrerinnen- und Lehrerbildung, die Bildungspolitik und -verwaltung sowie die die Schulleitung beitragen. Wir zeigen in diesem abschließenden Unterkapitel auf, über welche Regulierungsinstrumente und konkreten Maßnahmen diese Passung hergestellt werden kann. Diese Ausführungen sollen lediglich als Überblick dienen. Die einzelnen Gestaltungsmöglichkeiten werden in den folgenden Kapiteln vertieft.

*Lehrerinnen- und Lehrerbildung:* In diesem Rahmen werden die professionellen Kompetenzen von Lehrkräften aus-, fort- und weitergebildet. Über Zulassungsverfahren wird bestimmt, welche Vorbildung, welche Eigenschaften und welche Kompetenzen Personen mitbringen müssen, um ein Studium aufnehmen zu können. Die Dauer der Ausbildung bestimmt die zeitlichen Ressourcen, die für die Kompetenzentwicklung zur Verfügung stehen. Wie gesundheitsrelevante Kompetenzen in der Ausbildung gefördert werden können, wird in Kapitel 4 (▶ Kap. 4) vertieft. Über Standards und Kompetenzmodelle kann festgelegt werden, welche professionellen Kompetenzen Lehrerinnen und Lehrer erwerben sollten und inwiefern neben dem Professionswissen auch der Aspekt der Gesundheit einen integralen Teil des Professionsverständnisses darstellt. Dies wird in Kapitel 7 (▶ Kap. 7) vertieft, während in Kapitel 5 (▶ Kap. 5) und Kapitel 6 (▶ Kap. 6) auf Maßnahmen zur Gesundheitsförderung eingegangen wird, die nach der Ausbildung von Bedeutung sind, wie beispielsweise aufbauende Fort- und Weiterbildungsangebote, Supervision und Beratung. Neben der Aus-, Fort- und Weiterbildung haben Pädagogische Hochschulen und Universitäten den Auftrag, über Forschung und Entwicklung praxisrelevantes Wissen und evidenzbasierte Instrumente zu generieren, die in der gesundheitsförderlichen Schul- und Personalentwicklung genutzt werden können.

*Bildungspolitik und Bildungsverwaltung:* Die Bildungspolitik legt über Berufsleitbilder und den Berufsauftrag fest, welche Aufgaben Lehrerinnen und Lehrer zu bewältigen haben. Auf dieser Ebene werden übergreifende Reformen beschlossen und die Personal- und Sachversorgung der einzelnen Schulen wird bestimmt. Für die Gesundheit zentral ist in dieser Hinsicht, dass genügend Ressourcen zur Verfügung gestellt werden, damit Lehrkräfte ihren Berufsauftrag erfüllen können oder Reformen umgesetzt werden können. Auf dieser Ebene sind auch die gesetzlichen

Grundlagen für den Gesundheitsschutz und die Gesundheitsförderung des Personals angesiedelt: Um dieser Verpflichtung zum Gesundheitsschutz nachkommen und die Einhaltung der gesetzlichen Vorgaben kontrollieren zu können, müssten Schulen ein Monitoring der Personalgesundheit durchführen. Die Autonomie der einzelnen Lehrkraft ist ein wesentliches Merkmal der beruflichen Tätigkeit (▶ Kap. 3.2.3). Dass Lehrkräfte für den »Output« ihrer Arbeit, das heißt für die Leistungen der Schülerinnen und Schüler, nicht nur persönlich aus einem intrinsischen Interesse heraus verantwortlich sind, sondern von außen verantwortlich dafür gemacht werden können, ist jedoch ein neues Phänomen. Die Schulaufsicht, welche die Qualität von Schulen extern evaluiert, das heißt die Zielerreichung mithilfe von Lernstandstests oder Schulinspektionen überprüft, hat Implikationen für die berufliche Gesundheit (Ryan, van der Embse, Pendergast, Saeki, Segool & Schwing, 2017). In der Marktwirtschaft hat sich gezeigt, dass bei hoher Autonomie in der Zielerreichung und externer Kontrolle der Zielerreichung »Mitarbeiterinnen und Mitarbeiter aus einem eigenen Interesse am Erfolg heraus an und über ihrer Leistungsgrenze [arbeiten]. Konkret kann dies bedeuten, auch krank oder gesundheitlich angeschlagen zur Arbeit zu kommen, länger als elf oder zwölf Stunden pro Tag sowie am Wochenende zu arbeiten, auf Pausen zu verzichten oder stimulierende Substanzen zu nehmen« (Krause et al., 2018, S. 35). Dieses Verhalten führt zu einer besonderen Herausforderung für die betriebliche Gesundheitsförderung, denn unter diesen Bedingungen erhöht sich die Wahrscheinlichkeit, dass Lehrkräfte auch dann gesundheitsgefährdend arbeiten, wenn ihnen diese Gefahren eigentlich bewusst sind (Krause et al., 2018). Die Möglichkeiten der Gesundheitsförderung als Teil einer nachhaltigen Schulentwicklung werden in Kapitel 8 (▶ Kap. 8) vertieft, das sowohl die Ebene der Bildungspolitik und -verwaltung als auch die Schulleitung in den Blick nimmt.

*Schulleitung:* Ein zentrales Handlungsfeld im Zusammenhang mit der Erhaltung und der Förderung der Gesundheit des Personals an Schulen ist die *Ebene der einzelnen Schule*. Die Gesundheitsförderung liegt hier vorwiegend in der Verantwortung der Schulleitung (Hundeloh, 2013), wobei die Gestaltung der gesundheitsrelevanten Faktoren auf der Ebene der Schule immer abhängig von den Vorgaben der Bildungspolitik und Bildungsverwaltung ist. Einzelne Schulen haben innerhalb dieser Vorgaben eine hohe Gestaltungsautonomie in Bezug auf Finanzen, Personal, Organisation und Pädagogik (Altrichter, Rürup & Schuchart, 2016). Wenn man Personalgesundheit systematisch und wirksam beeinflussen möchte, dann müssen Anforderungen und Ressourcen sowohl auf der Ebene des Individuums als auch auf der Ebene der Organisation in Balance gebracht werden. Auf der Ebene des Individuums kann dies durch Personalentwicklung erreicht werden, auf der Ebene der Organisation ist eine systematische betriebliche Gesundheitsförderung erforderlich. Die Möglichkeiten der Gesundheitsförderung als Teil einer nachhaltigen Schulentwicklung werden in Kapitel 8 (▶ Kap. 8) vertieft.

In Tabelle 3.2 (▶ Tab. 3.2) sind die verschiedenen Ebenen der Gestaltung des Bildungssystems mit den entsprechenden Regulierungsinstrumenten und konkreten Maßnahmen ausgehend von Fend (2008) dargestellt.

**Tab. 3.2:** Regulierungsinstrumente und konkrete Ausgestaltung auf verschiedenen Ebenen des Bildungssystems (ausgehend von Fend, 2008)

| Ebene mit Regulierungsinstrumenten | Konkrete Maßnahmen |
|---|---|
| **Lehrerinnen- und Lehrerbildung** (Aus-, Fort- und Weiterbildung, Beratung, Forschung und Entwicklung) | |
| • Zulassungsverfahren<br>• Standards der Lehrerinnen- und Lehrerausbildung und Überprüfung ihrer Erreichung<br>• Kompetenzmodelle: Definition der zentralen Ziele und Überprüfung ihrer Erreichung<br>• Dauer der Aus-, Fort- und Weiterbildung<br>• Angebote in Aus-, Fort- und Weiterbildung sowie Beratung | • Fachliche und überfachliche Berufseignungsprüfung<br>• Vermitteln des notwendigen Professionswissens über Aus-, Fort- und Weiterbildung<br>• Kontinuierlicher Aufbau des professionellen Selbst über Aus-, Fort- und Weiterbildung sowie Beratung<br>• Regelmäßige Supervision als Teil der professionellen Entwicklung, kollegiale Fallberatung<br>• Bedarfsgerechte und ausreichende Unterstützungsangebote<br>• Generieren von praxisrelevantem Wissen und evidenzbasierten Instrumente durch Forschung und Entwicklung |
| **Bildungspolitik und Bildungsverwaltung** | |
| • Berufsauftrag und -leitbilder<br>• Übergreifende Schulentwicklung durch Reformen<br>• Ressourcen: Personal- und Sachversorgung<br>• Verpflichtung für Besuch von Fort- und Weiterbildungsangeboten<br>• Gesetzliche Grundlagen für Gesundheitsschutz<br>• Externe Kontrollen: Zentrale Lernstandtests, Schulinspektionen | • Anstellungsbedingungen, welche die Bewältigung des Berufsauftrags innerhalb der Jahresarbeitszeit gewährleisten<br>• Sicherstellung der notwendigen personellen Ressourcen (Anzahl Lehrkräfte, Qualifikation, Stundendotation)<br>• Sicherstellung der finanziellen und materiellen Ressourcen (Budget, Infrastruktur, Schulumgebung)<br>• Monitoring der Gesundheit des Personals<br>• Sicherstellung der finanziellen Ressourcen und der Verbindlichkeit von Unterstützungsangeboten<br>• Kontrolle der Einhaltung der gesetzlichen Grundlagen, z. B. Kontrolle von Luft- und Lichtqualität, Nachhall und Lärm in den Schulzimmern<br>• Gesundheitssensitive Umsetzung von externen Kontrollen |

**Tab. 3.2:** Regulierungsinstrumente und konkrete Ausgestaltung auf verschiedenen Ebenen des Bildungssystems (ausgehend von Fend, 2008) – Fortsetzung

| Ebene mit Regulierungsinstrumenten | Konkrete Maßnahmen |
|---|---|
| Schulleitung | |
| • Vorbildfunktion<br>• Leitbilder<br>• Arbeitszeit- und Anwesenheitsregelungen<br>• Mitbestimmungsregelungen<br>• Organisation und Ressourcen der Zusammenarbeit<br>• Qualitätsmanagement | • Selbstmanagement, als Leitungsperson für die eigene Gesundheit Sorge tragen<br>• Personalentwicklung: Passung von Kompetenzen und Anforderungen, Fachlaufbahnen, Steuerung und Sicherstellung von Ressourcen für die Fort- und Weiterbildung oder Beratung<br>• Betriebliche Gesundheitsförderung<br>• Wertschätzende, partizipative und verbindliche Führung<br>• Kooperations- und Unterstützungskultur<br>• Gesundheitssensible Gestaltung der Arbeitsprozesse |

## 3.5 Kernaussagen des Kapitels

Das Kapitel *Gesundheit von Lehrkräften im Arbeitskontext »Schule«* lässt sich in den folgenden zehn Kernaussagen zusammenfassen:

1. Damit die Gesundheit von Lehrkräften gezielt gefördert werden kann, ist die Berücksichtigung der spezifischen, *weitgehend gegebenen* Anforderungen und Rahmenbedingungen des Berufs unabdingbar.
2. Im Zentrum weitgehend aller Aufgabenbereiche von Lehrkräften stehen *soziale Beziehungen*. Der erfolgreiche Umgang mit diesen Interaktionen ist ein zentraler Prädiktor von Gesundheit.
3. Das Spezifische des Lehrberufs liegt in der Breite der für die Erfüllung des Berufsauftrags notwendigen Kompetenzen. Mit der Breite an Kompetenzen geht die Gefahr einher, dem erwarteten Wissen und Können in der konkreten Thematik oder im konkreten Fach in der Tiefe nicht zu genügen. Das Gefühl der *unvollkommenen Expertise* begleitet Lehrkräfte über ihre ganze Berufsbiografie hinweg.
4. Der Lehrberuf bietet einen großen *Gestaltungsspielraum* und damit zusammenhängend hohe *Selbstverantwortung*. Dies kann sowohl eine Ressource darstellen als auch Belastungen generieren.
5. Der Lehrberuf geht in mehrfacherweise mit Unsicherheit einher: Der Berufsauftrag ist *offen formuliert* und *teilweise widersprüchlich*. Unterricht ist nur *begrenzt*

*planbar* und es gibt *keine Garantie für Lernerfolge*. Für Personen, die Sicherheit, Routine und Berechenbarkeit suchen, kann dieser Beruf langfristig sehr belastend sein.

6. Gesundheitsrelevante Rahmenbedingungen des Lehrberufs sind die *Beobachtung und die Bewertung durch Eltern und Öffentlichkeit*, das *ambivalente Berufsprestige*, die *mangelnde Anerkennung*, die *ungleichmäßig verteilte Arbeitszeit* und die *Zweiteilung des Arbeitsplatzes*.
7. Die *Schule der Zukunft* muss aufgrund gesellschaftlicher Veränderungen noch mehr leisten, um ihren Auftrag unter komplexeren und unbeständigeren Bedingungen erfüllen zu können. Der *Druck auf die an Schule beteiligten Personen wird daher wachsen*, weshalb der Thematik der Gesundheitsförderung eine erhöhte Aufmerksamkeit zukommen muss.
8. Lehrkräfte müssen neben Professionswissen auch über ein *professionelles Selbst* verfügen, welches realistische Erwartungen an die eigene Person und die berufliche Umwelt stellt, berufliche Anforderungen als Chance zur Entwicklung sieht, die eigenen Gedanken und Emotionen bewusst reguliert und berufliche Aufgaben priorisieren kann.
9. Damit möglichst viele Lehrkräfte im Beruf langfristig zufrieden und gesund bleiben, ist eine Passung zwischen den Anforderungen des beruflichen Kontexts und den Eigenschaften und Fähigkeiten der darin tätigen Personen unabdingbar.
10. Gesundheitsförderung lässt sich im Arbeitskontext »Schule« auf verschiedenen Ebenen verorten, wobei die Maßnahmen aufeinander abgestimmt werden sollten: Auf der Ebene der Bildungspolitik und Bildungsverwaltung, auf der Ebene der Lehrerinnen- und Lehrerbildung und der Ebene der einzelnen Schule.

## 3.6 Reflexionsfragen

*Für Lehrkräfte:*

- Welche beruflichen Anforderungen und Rahmenbedingungen stellen eine besondere Herausforderung für mich dar?
- Über welche Eigenschaften und Kompetenzen verfüge ich, um diese Anforderungen gut zu bewältigen? Welche Kompetenzen könnte ich durch Fort- und Weiterbildungen stärken?
- Welche Erwartungen stelle ich an mich? Sind diese Erwartungen realistisch?
- Mit welchen Maßnahmen manage ich die ungleichmäßig verteilte Arbeitszeit und die verschiedenen Arbeitsorte?
- Wie priorisiere ich die Anforderungen der verschiedenen Anspruchsgruppen? Wie gehe ich damit um, wenn ich kritisiert werde, wenn ich Anforderungen nicht gerecht werde?

*Für Schulleitungen:*

- Welche Anforderungen sind für mein Lehrkräfteteam besonders anspruchsvoll?
- Welche Maßnahmen ergreife ich an meiner Schule, um die mit anspruchsvollen Anforderungen einhergehenden Belastungen aufzufangen?
- Wie stelle ich sicher, dass meine Lehrkräfte für die Bewältigung der beruflichen Anforderungen über genügend Ressourcen (Zeit, Fort- und Weiterbildung, Beratung) verfügen?
- Wieweit ist es möglich, die Anforderungen differenziert für einzelne Gruppen von Lehrkräften zu reduzieren?

*Für Bildungspolitik und Bildungsverwaltung:*

- Wie können die personellen, finanziellen und materiellen Ressourcen zur Erfüllung des gesetzlichen Auftrags sichergestellt werden, damit die Gesundheit von Lehrkräften geschützt wird?
- Wie wird der gesetzlich verankerte Gesundheitsschutz umgesetzt und überprüft?
- Wie wird die Gesundheitsförderung in Berufsleitbildern und im beruflichen Auftrag verankert?

*Für Leitungs- und Fachpersonen der Lehrerinnen- und Lehrerbildung:*

- Wie können wir Lehrkräfte, Schulleitungen und Schulen gezielt bei der Passung zwischen dem beruflichen Kontext und den darin tätigen Personen unterstützen durch:
  a) die Selektion vor und während der Ausbildung?
  b) den Aufbau von gesundheitsrelevantem Professionswissen in Aus-, Fort- und Weiterbildung?
  c) die Förderung eines gesundheitsfördernden »professionellen Selbst«?
  d) die Generierung von praxisrelevantem Wissen und die Entwicklung evidenzbasierter Instrumente für die Gesundheitsförderung in Schulen?

## Literaturverzeichnis zu Kapitel 3

Affolter, B. (2019). *Engagement und Beanspruchung von Lehrpersonen in der Phase des Berufseintritts: Die Bedeutung von Zielorientierungen, Selbstwirksamkeitserwartungen und Persönlichkeitsmerkmalen im JD-R Modell.* Bad Heilbrunn: Klinkhardt.

Altrichter, H., Rürup, M. & Schuchart, C. (2016). Schulautonomie und die Folgen. In H. Altrichter & K. Maag Merki (Hrsg.), *Handbuch Neue Steuerung im Schulsystem* (S. 107–149). Wiesbaden: Springer Fachmedien.

Baeriswyl, S., Krause, A. & Kunz Heim, D. (2014). Arbeitsbelastungen, Selbstgefährdung und Gesundheit bei Lehrpersonen – eine Erweiterung des Job Demands-Resources Modells. *Empirische Pädagogik, 28* (2), S. 128–146.

Baumert, J. & Kunter, M. (2011). Das Kompetenzmodell von COACTIV. In M. Kunter, J. Baumert, W. Blum, U. Klusmann, S. Krauss & M. Neubrand (Hrsg.), *Professionelle Kompetenz von Lehrkräften. Ergebnisse des Forschungsprogramms COACTIV* (S. 29–53). Münster: Waxmann.
Brägger, M. (2019). *LCH Arbeitszeiterhebung 2019*. Zürich: Lehrerinnen und Lehrer Schweiz LCH.
Cano-García, F. J., Padilla-Muñoz, E. M. & Carrasco-Ortiz, M. Á. (2005). Personality and contextual variables in teacher burnout. *Personality and Individual Differences, 38* (4), pp. 929–940.
Dachverband Lehrerinnen und Lehrer Schweiz (2014). *Der Berufsauftrag der Lehrerinnen und Lehrer*. Zürich: LCH-Dachverband Schweizer Lehrerinnen und Lehrer.
Dorsemagen, C., Lacroix, P. & Krause, A. (2007). Arbeitszeit an Schulen: Welches Modell passt in unsere Zeit? In M. Rothland (Hrsg.), *Belastung und Beanspruchung im Lehrerberuf*. Wiesbaden: VS Verlag.
Dresel, M. & Lämmle, L. (2011). Motivation. In T. Götz (Hrsg.), *Emotion, Motivation und selbstreguliertes Lernen* (S. 80–141). Paderborn: Schöningh.
EDK Schweizerische Konferenz der kantonalen Erziehungsdirektoren (2017). *Berufsauftrag für Lehrpersonen der obligatorischen Schule: rechtliche Grundlagen*. Bern: Schweizer Konferenz der kantonalen Erziehungsdirektoren.
Fend, H. (2006). *Neue Theorie der Schule. Einführung in das Verstehen von Bildungssystemen*. Wiesbaden: VS Verlag.
Fend, H. (2008). *Schule gestalten. Systemsteuerung, Schulentwicklung und Unterrichtsqualität*. Wiesbaden: VS Verlag.
Herzog, S. (2018). Funktionsdifferenzierung in Schulen – Ein Kommentar zum Beitrag von Walter Herzog mit konzeptionellen Erweiterungen und konkreten Hinweisen. *Beiträge zur Lehrerinnen- und Lehrerbildung, 36* (1), S. 25–32.
Herzog, S., & Leutwyler, B. (2010). Einleitung. In S. Herzog & B. Leutwyler (Hrsg.), *Entwicklungslandkarte für Lehrpersonen. Notwendigkeit, Konzept und Implikationen eines biografisch orientierten Personalentwicklungsinstruments* (S. 1–3). Bern: Haupt.
Herzog, W., Herzog, S., Brunner, A. & Müller, H. P. (2007). *Einmal Lehrer, immer Lehrer? Eine vergleichende Untersuchung der Berufskarrieren von (ehemaligen) Primarlehrpersonen* (Vol. 5). Bern: Haupt.
Hundeloh, H. (2013). Gesundheitsmanagement an Schulen. Prävention und Gesundheitsförderung als Entwicklungsaufgaben der Schulleitung. *Pädagogik, 13* (6), S. 34–37.
IfD Allensbach (2018). *Erziehen als Beruf – Wahrnehmungen der Bevölkerung zum Berufsfeld Erzieherin/Erzieher*. Allensbach: Institut für Demoskopie Allensbach. [Online verfügbar]: https://www.ifd-allensbach.de/fileadmin/studien/Aufwertung_Berufsfeld_Erziehung_Bericht_final.pdf [Oktober, 2020].
KMK Kulturministerkonferenz (2019). *Standards für die Lehrerbildung: Bildungswissenschaften*. [Online verfügbar]: https://www.kmk.org/fileadmin/veroeffentlichungen_beschluesse/2004/2004_12_16-Standards-Lehrerbildung.pdf [Oktober, 2020].
Köller, M., Stuckert, M. & Möller, J. (2019). Das Lehrerbild in den Printmedien: Keine »Faulen Säcke« mehr! *Zeitschrift für Erziehungswissenschaft, 22* (2), S. 373–387.
Köller, O. & Schiefele, U. (2006). Zielorientierung. In D. H. Rost (Hrsg.), *Handwörterbuch der Pädagogischen Psychologie* (S. 880-886). Weinheim: PVU.
Krause, A., Deufel, A., Dorsemagen, C., Knecht, M., Mumenthaler, J., Mustafić, M. & Zäch, S. (2018). Betriebliche Interventionen zur gesundheitsförderlichen Gestaltung indirekter Steuerung. In *BGM–Ein Erfolgsfaktor für Unternehmen* (S. 33-57). Wiesbaden: Springer Fachmedien.
Leutwyler, B. & Herzog, S. (2010). Entwicklungsmöglichkeiten für Lehrpersonen: Befunde, Positionen und Desiderata. In S. Herzog & B. Leutwyler (Hrsg.), *Entwicklungslandkarte für Lehrpersonen. Notwendigkeit, Konzept und Implikationen eines biografisch orientierten Personalentwicklungsinstruments* (S. 7–29). Bern: Haupt.
Lortie, D. C. (1975). *Schoolteacher: A Sociological Study*. Chicago: University of Chicago Press.
Mayr, J. (2014). Der Persönlichkeitsansatz in der Forschung zum Lehrerberuf. Konzepte, Befunde und Folgerungen. *Handbuch der Forschung zum Lehrerberuf, 2*, S. 189–215.
McCrae, R. R. & Costa Jr, P. T. (1999). A five-factor theory of personality. In L. A. Pervin & O. P. John (Hrsg.), *Handbook of personality: Theory and research* (pp. 139–153).

Mußmann, F., Riethmüller, M. & Hardwig, T. (2016). *Niedersächsische Arbeitzeitstudie – Lehrkräfte an öffentlichen Schulen 2015/2016*. Göttingen: Georg-August-Universität.

Nitsche, S., Dickhäuser, O., Dresel, M. & Dickhäuser, A. (2008). Berufliche Zielorientierung bei (angehenden) Lehrern: Überlegungen zum Konzept der Lehrermotivation. *Seminar-Lehrerbildung und Schule, 4*, S. 133–142.

OECD. (2020). *TALIS 2018 Results (Volume II): Teachers and School Leaders as Valued Professionals*. Paris: TALIS OECD Publishing.

Reusser, K. & Pauli, C. (2014). Berufsbezogene Überzeugungen von Lehrerinnen und Lehrern. In E. Terhart, H. Bennewitz & M. Rothland (Hrsg.), *Handbuch der Forschung zum Lehrerberuf* (S. 642–661). Münster: Waxmann.

Rothland, Martin (2013). Beruf: Lehrer/Lehrerin – Arbeitsplatz: Schule Charakteristika der Arbeitstätigkeit und Bedingungen der Berufssituation. In Martin Rothland (Hrsg.), *Belastung und Beanspruchung im Lehrerberuf* (S. 21–38). Wiesbaden: Springer.

Ryan, S. V., Embse, N. P. von der, Pendergast, L. L., Saeki, E., Segool, N. & Schwing, S. (2017). Leaving the teaching profession: The role of teacher stress and educational accountability policies on turnover intent. *Teaching and Teacher Education, 66*, pp. 1–11.

Sandmeier, A., Mustafić, M., & Krause, A. (2020). Gesundheit und Selbstregulation in der Lehrerbildung. In C. Cramer, J. König, M. Rothland & S. Blömeke (Hrsg.), *Handbuch Lehrerinnen- und Lehrerbildung* (S. 123–133). Bad Heilbrunn: Klinkhart.

Schmitz, G. S. & Schwarzer, R. (2002). Individuelle und kollektive Selbstwirksamkeitserwartung von Lehrern. *Zeitschrift für Pädagogik Beiheft, 44*, S. 192–214.

Schratz, M. (2019). Schule im 21. Jahrhundert. In M. Harring, C. Rohlfs & M. Gläser-Zikuda (Hrsg.), *Handbuch Schulpädagogik* (S. 41–53). Münster: Waxmann.

Siegrist, J. (1996). Adverse health effects of high-effort/low-reward conditions. *Journal of occupational health psychology, 1* (1), pp. 27–41.

Tenorth, H.-E. (2006). Professionalität im Lehrerberuf. *Zeitschrift für Erziehungswissenschaft, 9* (4), S. 580–597.

Terhart, E. (2010). Faule Säcke, arme Schweine oder Helden des Alltags? Lehrerbildung zwischen Fremd- und Selbstdeutung. In A. Feindt, T. Klaffke, E. Röbe, M. Rothland, E.Terhart & K.-J. Tillmann (Hrsg.), Lehrerarbeit – Lehrer sein (Friedrich Jahresheft XXVIII, S. 38–41). Seelze: Friedrich.

Terhart, E. (2011). Lehrerberuf und Professionalität: Gewandeltes Begriffsverständnis – neue Herausforderungen. In W. Helsper & R. Tippelt (Hrsg.), *Pädagogische Professionalität. Zeitschrift für Pädagogik* (S. 202–224). Weinheim: Beltz.

Tillmann, K.-J. (2014). Der Blick der Eltern auf die Bildungspolitik - Kontinuitäten und Veränderungen. In D. Killus & K.-J. Tillmann (Hrsg.), *Eltern zwischen Erwartungen, Kritik und Engagement: Ein Trendbericht zu Schule und Bildungspolitik in Deutschland. Die 3. JAKO-O Bildungsstudie* (S. 21–46). Münster: Waxmann Verlag.

Weinert, F. E. (2001). *Leistungsmessungen in Schulen*. Weinheim: Beltz.

# Zweiter Teil: Gesundheit in der Berufsbiografie

# 4 Gesundheit von Lehrkräften – Chancen und Grenzen des Lehramtsstudiums

Neulich im Lehrerinnen- und Lehrerzimmer:

Anja, 20, befindet sich in ihrem ersten Studienjahr der Ausbildung zur Lehrerin und absolviert ein dreiwöchiges Praktikum in einer Grundschule. Am Freitagabend der ersten Praktikumswoche trifft Anja im Lehrerinnen- und Lehrerzimmer auf Stefan, 43, der bereits seit 20 Jahren als Lehrer tätig ist und dieselbe Klassenstufe unterrichtet wie Anja im Praktikum. Er fragt Anja, wie es ihr im Praktikum gehe. Anja antwortet: »Das Arbeiten mit den Kindern macht mir sehr viel Spaß. Das wusste ich bereits vor dem Studium, durch meine Tätigkeiten in der Jugendarbeit. Das bestätigt sich jetzt auch. Ich merke auch, dass ich es mag, den Schülerinnen und Schülern im Unterricht Wissen zu vermitteln. Aber dieses Disziplinieren und ›Polizistin spielen‹ fällt mir schwer und ich ärgere mich manchmal auch über das Verhalten der Schülerinnen und Schüler. Auch mit der Vorbereitung des Unterrichts über eine längere Zeit bin ich überfordert. Ich muss noch die ganze nächste Woche planen. Dabei ist mir noch unklar, welches die zentralen Lerninhalte sind, obwohl ich so viele Unterlagen von der Klassenlehrkraft erhalten habe. Ich kann nachts kaum mehr schlafen, so sehr mache ich mir Sorgen, ob ich das alles schaffe. Manchmal frage ich mich, ob ich auch wirklich für den Beruf geeignet bin und wie ich es schaffe, im Beruf gesund zu bleiben. Ich muss noch viel dazulernen, um diese Anforderung bewältigen zu können.« Stefan antwortet verständnisvoll: »So erging es mir zu Beginn auch. Das ist ganz normal, dass man in solche Situationen kommt. Es braucht etwas Übung, bis man merkt, wie eine Klasse zu führen ist, und in einer längerfristigen Planung zu erkennen, welche Inhalte für die Schülerinnen und Schüler relevant sind und wie man sie am besten aufbereitet. Es ist toll, dass du das so problemlöseorientiert anpackst. Das ist eine zentrale Voraussetzung, um im Beruf gesund zu bleiben.«

Zum Nachdenken:

1. Wer eignet sich für den Lehrberuf?
2. Welche Voraussetzungen braucht es, um eine gute und gesunde Lehrkraft werden zu können?
3. Kann bereits vor oder während der Ausbildung erkannt werden, ob jemand den Lehrberuf gesund ausüben kann?
4. Was kann die Lehramtsausbildung zur Förderung der Gesundheit von Lehrkräften beitragen?

Die Lehramtsausbildung verfolgt das Ziel, zukünftige Lehrkräfte so zu befähigen, dass sie berufliche Anforderungen adäquat bewältigen können und langfristig im Beruf gesund bleiben. Um dieses Ziel zu erreichen, lassen sich verschiedene Prozesse der Kompetenzentwicklung vor, während und nach der Ausbildung unterscheiden (▶ Abb. 4.1).

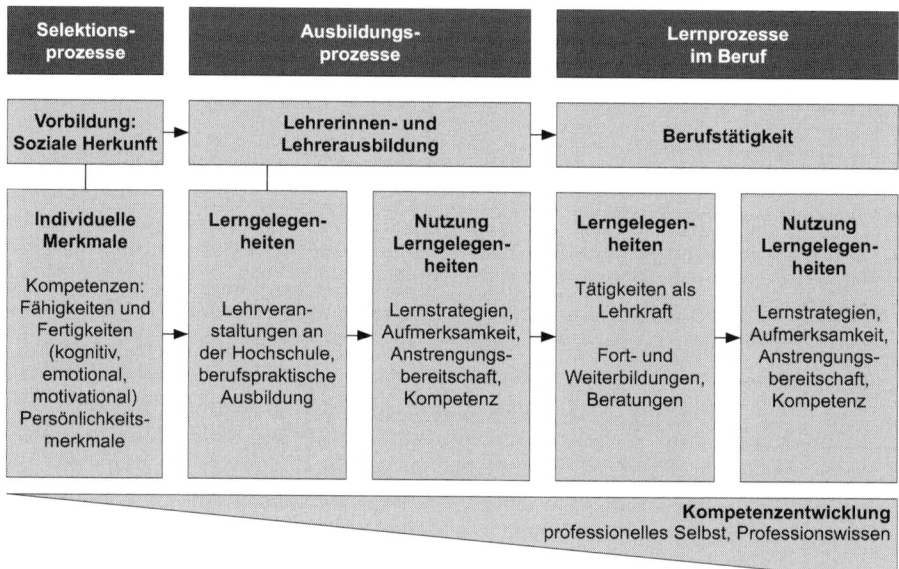

Abb. 4.1: Modell der beruflichen Kompetenzentwicklung (in Anlehnung an Brühwiler, Ramseier & Steinmann, 2015)

Zu Beginn stehen Selektionsprozesse, die *vor* dem Eintritt in die Ausbildung stattfinden. Diese Prozesse werden einerseits durch das Bildungssystem eines Landes oder einer Region initiiert, unterliegen andererseits aber auch den Aufnahmebedingungen der einzelnen Hochschulen. Im Zusammenhang mit der Gesundheit und der Eignung für den Lehrberuf stehen beim Eintritt in das Lehramtsstudium insbesondere Persönlichkeitsmerkmale sowie Studien- und Berufswahlmotive im Fokus von Diskussionen (▶ Kap. 4.1).

In der Ausbildungsphase steht die Arbeit an veränderbaren Merkmalen, das heißt die Vermittlung von Kompetenzen, im Mittelpunkt. Dazu gehören das Professionswissen und die Entwicklung eines professionellen Selbst, das als Zusammenspiel von berufsbezogenen Überzeugungen, motivationalen Orientierungen und selbstregulativen Fähigkeiten beschrieben werden kann (▶ Kap. 3.3.2). Der Förderung dieser Kompetenzen dienen Lerngelegenheiten in Form von Lehrveranstaltungen an der Hochschule sowie Lerngelegenheiten im Berufsfeld im Rahmen von Praktika. Die Wirkung dieser Lerngelegenheiten auf die Kompetenzentwicklung ist jedoch von der Nutzung durch das Individuum abhängig.

Die dritte Entwicklungsphase beginnt mit dem Berufseinstieg. In dieser Phase sind Lernprozesse während der beruflichen Tätigkeit, aber auch in Anspruch genommene Beratungen und der Besuch von Fort- und Weiterbildungen zentral, die zusammen mit Reflexions- und Lernfähigkeit zu einer stetigen Weiterentwicklung der Kompetenzen führen sollen (▶ Kap. 6).

Die erfolgreiche Absolvierung eines Lehramtsstudiums und damit verbunden die Kompetenzentwicklung hängen somit einerseits von vorhandenen individuellen Merkmalen ab, die eine Person beim Eintritt in ein Lehramtsstudium mitbringt und die das Weiterlernen beeinflussen. Andererseits sind das Angebot und die Qualität der Ausbildung wie auch der nachfolgenden Weiterbildung und Beratung für die Kompetenzentwicklung entscheidend (Rothland, 2014). Der Lehramtsausbildung kommt somit erstens die Funktion zu, aufgrund individueller Merkmale diejenigen Personen für den Lehrberuf zu gewinnen, die über das Potenzial verfügen, gute Lehrkräfte zu werden, und die besten Voraussetzungen mitbringen, im Beruf auch gesund zu bleiben (Selektion). Zweitens hat die Ausbildung die Aufgabe, die zukünftigen Lehrkräfte in ihrem Kompetenzaufbau so zu fördern, dass sie möglichst gute Lehrerinnen und Lehrer werden und im Beruf langfristig gesund bleiben (Förderung). Townsend und Bates (2007) bringen dies wie folgt auf den Punkt: »Getting the brigthest and making them the best« (S. 177).

Wie aber können am Lehrberuf Interessierte nach gesundheitsrelevanten Aspekten ausgewählt und ausgebildet werden? Um diese Frage zu beantworten, sollen im Folgenden zuerst Erkenntnisse zu Persönlichkeitsmerkmalen und Studien- und Berufswahlmotiven sowie ihr Zusammenhang mit der Gesundheit von Lehrkräften aufgezeigt werden (▶ Kap. 4.1). Im Anschluss daran werden Vor- und Nachteile von Eignungsabklärungen (▶ Kap. 4.2) sowie in einem weiteren Schritt die Rolle der Ausbildung hinsichtlich der Förderung professioneller Kompetenzen im Umgang mit der Gesundheit im Lehrberuf erörtert (▶ Kap. 4.3). Zudem werden die Rolle der Berufspraktika im Zusammenhang mit der Gesundheit von Lehrkräften erläutert (▶ Kap. 4.4) sowie die Chancen und Grenzen des Lehramtsstudiums aufgezeigt (▶ Kap. 4.5). Abgerundet werden die Ausführungen zu den Chancen und Grenzen der Grundausbildung durch neun Kernaussagen (▶ Kap. 4.6) und Reflexionsfragen zu eigenen Erfahrungen (▶ Kap. 4.7).

## 4.1 Individuelle Merkmale und die Gesundheit von Lehrkräften

Personen verfügen über unterschiedliche individuelle Merkmale, die ihrer Gesundheit im Beruf mehr oder weniger zuträglich sind. Diesbezüglich lässt sich zwischen relativ *stabilen* und *veränderbaren* Merkmalen unterscheiden. Diese Unterscheidung ist für die Grundausbildung von hoher Bedeutung, auch wenn sie nicht trennscharf zu bestimmen ist: Stabile, für die Berufsausübung und die Gesundheit von Lehrkräften ungünstige Merkmale vereinfachen bzw. rechtfertigen eine frühe Selektion. In der Phase der Selektion und des Antritts eines Lehramtsstudiums sind in Bezug auf die Gesundheit von Lehrkräften zwei individuelle Merkmale als zentral zu beschreiben, auf die im Folgenden vertieft eingegangen wird. Es sind dies erstens die als relativ stabil eingestuften Persönlichkeitsmerkmale (▶ Kap. 4.1.1) und zweitens die zu den motivationalen Orientierungen der professionellen Kompetenz von Lehrkräften zählenden und somit als veränderbar geltenden Studien- und Berufswahlmotive (Glutsch, König & Rothland, 2018) (▶ Kap. 4.1.2). Auf dieser Grundlage werden anschließend die Möglichkeiten der Berufseignungsabklärung (▶ Kap. 4.2) und der Förderung durch die Grundausbildung (▶ Kap. 4.3) differenziert betrachtet.

## 4.1.1 Persönlichkeitsmerkmale

Bei vielen Menschen dominiert bis heute die Vorstellung, dass bestimmte stabile Persönlichkeitsmerkmale die Voraussetzung dafür seien, den Lehrberuf erfolgreich ausüben zu können. Dies bedeutet, dass davon ausgegangen wird, dass jemand »der geborene Lehrer oder die geborene Lehrerin« sei – oder eben nicht. Gerade in Zusammenhang mit negativer Beanspruchung im Lehrberuf heißt es dann oft, er oder sie bringe die »falsche Persönlichkeit« für den Beruf mit. Der heutige Forschungsstand widerlegt diese Aussagen jedoch klar. Denn diese generelle Sichtweise einer stabilen Persönlichkeit von Lehrerinnen und Lehrern wird dem aktuellen Wissensstand zu erwerbbaren beruflichen Kompetenzen nicht gerecht (Blossfeld et al., 2014). Zudem widerlegen empirische Erkenntnisse die Annahme einer Negativselektion hinsichtlich der Persönlichkeitsmerkmale von Lehrkräften im Vergleich zu anderen Berufsgruppen (Roloff Henoch, Klusmann, Lüdtke & Trautwein, 2015b). Dies bedeutet, dass die Berufsgruppe der Lehrkräfte im Durchschnitt nicht über höhere Neurotizismuswerte, die als Risikofaktor für Beanspruchung gelten, verfügt, als andere Berufsgruppen.

Obwohl nicht generell von einer stabilen Lehrpersönlichkeit ausgegangen werden kann, lassen sich einzelne stabile Persönlichkeitsmerkmale nennen, die der Gesundheit von Lehrkräften mehr oder weniger zuträglich zu sein scheinen. In diesem Zusammenhang werden in wissenschaftlichen Studien die sogenannten »Big Five« erwähnt: Offenheit, Gewissenhaftigkeit, Extraversion, Verträglichkeit und Neurotizismus (siehe McCrae & Costa Jr, 1999) (▶ Kap. 3.3.1). Grundsätzlich gelten Gewissenhaftigkeit, Verträglichkeit, Offenheit und Extraversion einer erfolgreichen Unterrichtstätigkeit als zuträglich. Da sie mit den berufsspezifischen Anforderungen korrespondieren, tragen sie in der Regel auch zur Aufrechterhaltung der Gesundheit im Lehrberuf bei (Kim, Jörg & Klassen, 2019).

Das Persönlichkeitsmerkmal *Extraversion*, welches sich durch Herzlichkeit, Kontaktfreudigkeit, Durchsetzungsfähigkeit, Dominanz und Risikofreude charakterisieren lässt, gilt in Berufen mit einem großen Anteil an zwischenmenschlichen Interaktionen als eher günstige Voraussetzung für den Berufserfolg. Es wirkt sich positiv darauf aus, dass eine Person die vielfältigen sozialen Kontakte im Lehrberuf nicht als belastend, sondern als motivierend erlebt. Auch im Bereich der Klassenführung zeichnet sich eine hohe Extraversion als vorteilhaft aus (z. B. Foerster, 2008;

Keller-Schneider, 2020). Eine hohe *Gewissenhaftigkeit* geht mit hohem Verantwortungsbewusstsein und einer hohen Arbeitsleistung einher, was im Lehrberuf auch gefordert wird. Auf der anderen Seite kann stark ausgeprägte Gewissenhaftigkeit aber auch als problematisch angesehen werden, und zwar dann, wenn eine Lehrkraft ein übertrieben hohes Anspruchsniveau an sich selbst stellt (Keller-Schneider, 2020). *Offenheit* wiederum wirkt sich positiv auf die Bewältigung neuer Anforderungen aus und begünstigt adaptive Bewältigungsreaktionen. Da Lehrkräfte immer wieder unvorhersehbaren Situationen ausgesetzt sind, gilt dieses Merkmal als protektiver Faktor, der die aktive Bewältigung von Anforderungen begünstigt (Foerster, 2008). Eine hohe *Verträglichkeit* schließlich äußert sich in Wohlwollen, Hilfsbereitschaft und Einfühlsamkeit, was günstige Voraussetzungen für den Umgang mit den Schülerinnen und Schülern, den Eltern und dem Kollegium darstellen. Das Fehlen solcher Voraussetzungen dürfte zu Konflikten führen und sich deshalb zumindest indirekt auch auf die Gesundheit auswirken. Gleichzeitig kann eine hohe Ausprägung dieses Merkmals jedoch auch problematisch sein. Ein zu stark ausgeprägtes Harmoniebedürfnis, bei dem alle individuellen Bedürfnisse zurückgestellt werden, kann zu negativer Beanspruchung führen (Förster, 2008). Zum fünften relativ stabilen Persönlichkeitsmerkmal, dem *Neurotizismus*, liegen bislang deutliche empirische Befunde vor, die sich wie folgt zusammenfassen lassen: Eine hohe Ausprägung von Neurotizismus, der sich in emotionaler Labilität, Nervosität und Ängstlichkeit manifestiert, gilt als Risikofaktor für die Gesundheit. Der Grund dafür besteht darin, dass sich die emotionale Instabilität negativ auf die Bewältigung der beruflichen Anforderungen auswirken kann oder die Zusammenarbeit im Team oft als problematisch erlebt wird (siehe z. B. Klusmann, Kunter, Voss & Baumert, 2012).

Auf das eingangs aufgeführte Beispiel von Anja übertragen könnten sich die Persönlichkeitsmerkmale wie folgt wiederfinden lassen: Anja verfügt wahrscheinlich über eine gewisse Extraversion und Offenheit gegenüber Neuem, da sie den Kontakt mit Stefan sucht und ihm von ihren herausfordernden Erfahrungen berichtet und sich mit der Klasse auseinandersetzt. Ihre Kontaktaufnahme hat zur Folge, dass sie von Stefan Unterstützung und dadurch Zugang zu neuen Ressourcen erhält. Zudem verfügt sie wohl über ein gewisses Maß an Gewissenhaftigkeit, da sie sich nicht einfach mit dem derzeitigen Stand ihrer Vorbereitungen zufriedengibt. Sie möchte in ihrem Praktikum gute Arbeit leisten und auch Neues dazulernen. Ihr Neurotizismus dürfte angesichts der Beschreibung hingegen nicht sehr hoch ausgeprägt sein, da sie nur wenig nervös, unsicher und ängstlich wirkt. Dies dürfte sich in ihrer Situation mindernd auf stressverstärkende Bewertungsmuster auswirken.

Zu den »Big Five« der als relativ stabil erachteten Persönlichkeitsmerkmale lässt sich somit Folgendes festhalten: Während sich Neurotizismus tendenziell negativ auf die Gesundheit von Lehrkräften auswirkt, tragen Gewissenhaftigkeit, Verträglichkeit, Offenheit und Extraversion wesentlich zur Aufrechterhaltung der Gesundheit im Lehrberuf bei, dies allerdings nur bis zu einem gewissen Grad. So ist auch hier das – im wörtlichen wie auch übertragenen Sinne – »gesunde Maß« ausschlaggebend.

## 4.1.2 Studien- und Berufswahlmotive

Neben den zuvor beschriebenen Persönlichkeitsmerkmalen spielen in der Phase der Selektion bzw. hinsichtlich der Eignung für den Lehrberuf auch die Studien- und Berufswahlmotive einer Person eine nicht unbedeutende Rolle. Denn die Passung zwischen den Motiven und den beruflichen Tätigkeiten hat sich als guter Prädiktor für berufliche Zufriedenheit und Gesundheit erwiesen (Mayr, 2014). Somit stellt sich in der ersten Phase die Frage, ob die Motive einer zukünftigen Lehrkraft mit den Anforderungen des Studiums und der späteren beruflichen Tätigkeit übereinstimmen (▶ Kap. 3.1.5).

Wie bei den Persönlichkeitsmerkmalen wird im Vergleich mit anderen universitären Studiengängen auch bei den Studien- und Berufswahlmotiven häufig eine Negativselektion der Lehramtsstudierenden angenommen (z. B. Retelsdorf & Möller, 2012). Studienergebnisse zeigen, dass die Lehramtsausbildung von jungen Leuten in vielen Fällen insbesondere deshalb gewählt wird, weil die Studiendauer im Vergleich zu anderen Studiengängen kürzer ist, die Ausbildung zu einer direkten Berufsbefähigung führt und der Studiengang mit einer verstärkt praxisbezogenen und weniger wissenschaftlich orientierten Ausbildung assoziiert wird (Denzler & Wolter, 2008). Von einer Negativselektion insbesondere in Bezug auf eine besondere Anfälligkeit für psychische Beeinträchtigungen und Beanspruchungen kann jedoch nicht generell gesprochen werden (Blossfeld et al., 2014).

Zugleich weisen Lehramtsstudierende in der ersten Phase der Ausbildung jedoch teilweise auch ausgeprägte sozial orientierte und altruistische Berufswahlmotive, das heißt intrinsische Studien- und Berufswahlmotive auf (Glutsch et al. 2018): Es sind vor allem Motive wie die Freude daran, mit Kindern und Jugendlichen zu arbeiten, Interesse am Unterrichten und am Fach oder der Wunsch, einen Beitrag für die Gesellschaft leisten zu können, welche junge Erwachsene dazu bewegen, ein Lehramtsstudium in Angriff zu nehmen. Extrinsische Motive, wie die Vereinbarkeit von Familie und Beruf oder die berufliche Sicherheit, werden in der Regel eher nachrangig genannt (Rothland, 2014). Dabei ist allerdings zu berücksichtigen, dass je nach Art des Lehramts (Primarschule, Sekundarschule, Gymnasium) andere Motivkonstellationen dominant sind (Affolter, Hollenstein & Brühwiler, 2015).

Mit Blick auf die Bewältigung der Studienanforderungen und des Berufseinstiegs und der damit verbundenen beruflichen Gesundheit geht aus den bisher eher dürftigen empirisch gesicherten Erkenntnissen in der Tendenz ein Vorteil von intrinsischen gegenüber extrinsischen Berufswahlmotiven hervor. Extrinsische Studien- und Berufswahlmotive führen oftmals zu weniger Zufriedenheit und zu mehr Beanspruchung in der Berufsausübung. Ein Grund dafür könnte darin bestehen, dass solche Motivlagen im Lehramtsstudium dazu führen können, dass der Aufbau von Bewältigungsressourcen, beispielsweise einer hoch ausgeprägten Selbstwirksamkeitserwartung oder der Fähigkeit zur Selbstregulation, nur in begrenztem Ausmaß erfolgt (Schüle, Besa, Denger, Feßler & Arnold, 2014). Stark beanspruchte Lehramtsstudierende geben für die Berufswahl seltener Gründe an, die mit der Freude an der Arbeit mit Kindern und Jugendlichen oder mit der persönlichen Lehr- und Lernentwicklung in Zusammenhang stehen, während sich bei Lehramtsstudierenden mit einer guten Gesundheit vermehrt intrinsische Motive feststellen lassen

(Rothland, 2013). Ingrisani (2014) liefert in seiner Untersuchung differenzierte Ergebnisse zum Zusammenhang intrinsischer Berufswahlmotive und der erlebten Beanspruchung. Seine Forschungsergebnisse zeigen, dass soziale und intrinsische Berufswahlmotive mit weniger Beanspruchung durch die Beziehung zu den Schülerinnen und Schülern, weniger Belastung durch ausserunterrichtliche Tätigkeiten und weniger Belastung durch die Elternarbeit einhergehen. Jedoch konnte er keine Einflüsse der sozialen und intrinsischen Berufswahlmotive auf die Belastung durch die Stoffvermittlung, durch das Kollegium oder die externe berufliche Anerkennung ausmachen.

Verschiedene Studien- und Berufswahlmotive beeinflussen demzufolge unterschiedliche Aspekte der Beanspruchung im Lehrberuf positiv oder auch negativ. Es ist anzunehmen, dass das Vorhandensein von intrinsischen Studien- und Berufswahlmotiven die Wahrscheinlichkeit einer erfolgreichen Bewältigung der Lehramtsausbildung wie auch der Berufseingangsphase erhöhen. Extrinsische Berufswahlmotive und zu hohe Erwartungen an das Studium und an den Beruf führen hingegen in der Tendenz zu einer Erhöhung der Beanspruchung (Ingrisani, 2014; Rothland, 2014). Dies bedeutet, dass Studien- und Berufswahlmotive, die zu den motivationalen Orientierungen der professionellen Kompetenz gezählt werden können und somit als veränderbar zu betrachten sind (Glutsch et al. 2018), während der Ausbildung bearbeitet werden sollen. Zum Beispiel, indem Vorstellungen und Einstellungen über den Lehrberuf explizit thematisiert werden.

In Bezug auf das eingangs aufgeführte Beispiel von Anja wissen wir, dass sie sehr gern mit Kindern und Jugendlichen zusammenarbeitet und ihnen gern Wissen vermittelt. Solche intrinsischen Motive dürften vor dem Hintergrund der vorhergehenden Ausführungen in Bezug auf die Gesundheit eine gute Voraussetzung für die Bewältigung des Studiums und der beruflichen Aufgaben darstellen.

## 4.2 Abklärung der Berufseignung

Die vorhergehenden Ausführungen zu den Persönlichkeitsmerkmalen und den Studien- und Berufswahlmotiven zeigen, dass sich im Zusammenhang mit dem Eintritt in das Studium individuelle Merkmale beschreiben lassen, die der Gesundheit von Lehrkräften tendenziell mehr oder weniger zuträglich sind. Damit in Verbindung stellt sich für Ausbildungsinstitutionen die Frage der Abklärung der Berufseignung. Wie kann man feststellen, ob eine Person für den Lehrberuf geeignet ist? In der Schweiz beginnt die Berufseignungsabklärung beispielsweise bereits über die Vorbildung bzw. die damit verbundene Zulassung zur Ausbildungsstätte, die einheitlich für alle Pädagogischen Hochschulen geregelt ist (EDK, 2019). Im Anschluss daran wird die Berufseignung über den gesamten Ausbildungsverlauf hinweg in unterschiedlichen Settings wiederholt überprüft. Im Folgenden wird näher auf solche Verfahren der Überprüfung eingegangen (▶ Kap. 4.2.1). Im Anschluss daran wird dargelegt, ob und inwiefern solche Verfahren überhaupt zweckmäßig sind (▶ Kap. 4.2.2).

## 4.2.1 Verfahren zur Überprüfung der Berufseignung

Die Frage, was die Ausbildung tun kann, um die geeignetsten Studierenden für das Lehramt zu gewinnen, ist nicht nur aus der Perspektive einer erfolgreichen späteren Lehrtätigkeit, sondern auch im Hinblick auf die Gesundheit der zukünftigen Lehrkräfte von wesentlicher Bedeutung. Die Verfahren, die zur Überprüfung der Berufseignung eingesetzt werden, unterscheiden sich zwischen einzelnen Ländern und Hochschulen relativ stark. So variiert beispielsweise der Zeitpunkt, zu dem solche selektiven Instrumente eingesetzt werden. Diesbezüglich lässt sich eine basale Unterscheidung zwischen Verfahren, die vor Studienbeginn (und somit losgelöst von den konkreten Ausbildungsinhalten), und Verfahren, die während des Studiums durchgeführt werden, vornehmen.

Zur Unterstützung der Entscheidungsfindung und zur Eignungsüberprüfung *vor dem Studienbeginn* liegen unterschiedliche Tools und Tests zur Selbst- und Fremdselektion vor (für einen Überblick siehe Klusmann, Köller & Kunter, 2011; Dietrich & Bohndick, 2019). Dazu gehören zum Beispiel die Online-Plattform »Career Counselling for Teachers« (CCT; Mayr, Müller & Nieskens, 2016). CCT verfolgt das Ziel, den Lehrberuf als attraktiven und herausfordernden Beruf zu präsentieren und die persönliche Eignung im Sinne einer Selbstbeurteilung zu überprüfen. Ein weiterer Test zur Eignung ist »Fit für den Lehrerberuf«, kurz FIT-L (R), nach Faust, Schaarschmidt und Fischer (2016). Er rückt die mit dem Lehrberuf verbundene Beanspruchung in den Mittelpunkt und bietet einen Vergleich zwischen den individuellen Voraussetzungen und den zu erwartenden beruflichen Anforderungen. Als weiteres Beispiel ist das Instrument »PArcours« zu erwähnen (Hechinger, 2016). PArcours beinhaltet die Erhebung der für Studium und Beruf erforderlichen Kompetenzen und Persönlichkeitsmerkmale und bietet auf der Grundlage der eruierten Kompetenzausprägungen die Möglichkeit einer evidenzbasierten Beratung an.

In der Schweiz werden Eignungsabklärungen schon seit längerer Zeit *während* des ersten Studienjahres durchgeführt. Auf diese Weise soll möglichst früh im Studienverlauf geprüft werden, ob eine Studentin oder ein Student zum Beruf passt bzw. ob der angestrebte Beruf zur Person passt. Mit diesem Vorgehen wird die Absicht verfolgt, den Lehramtsstudierenden ihren Kompetenzstand sowie Entwicklungsmöglichkeiten in Bezug auf die erfassten Kompetenzen aufzuzeigen, frühzeitig auf Defizite hinzuweisen und Studierende gegebenenfalls vom Weiterstudium auszuschließen (EDK, 2019). Als Grundlage werden sogenannte »Professionsstandards« verwendet, welche die erforderlichen Kompetenzen gestuft nach Ausbildungszeitpunkt festlegen und insbesondere in den Praktika als Grundlage der Beurteilung dienen. Wie in Kapitel 7.3 (▶ Kap. 7.3) noch ausführlich dargestellt werden wird, nehmen diese in der frühen Phase der Tertiarisierung der Schweizer Lehrerinnen- und Lehrerbildung formulierten Professionsstandards die Aspekte der Selbstregulation und des Umgangs mit Belastungen nur ungenügend auf. Im

Gegensatz dazu stehen Verfahren der Eignungsüberprüfung, in denen die Belastbarkeit ein zentrales Eignungskriterium darstellt (Christen, 2012).

Anders als in den Schweizer Professionsstandards wird der Umgang mit Belastungen in den Standards der deutschen Kultusministerkonferenz (KMK) explizit und umfassend aufgeführt (▶ Kap. 7.3). Die zukünftigen Lehrkräfte sollen sich der besonderen Anforderungen des Lehrerberufs bereits in der Grundausbildung bewusstwerden. Laut der KMK (2019) sollte die theoretische Ausbildung wesentliche Erkenntnisse der Belastungs- und Stressforschung thematisieren. Auch in den Praktika soll der Umgang mit Belastungen geübt und die kollegiale Beratung als Hilfe zur Unterrichtsentwicklung und Arbeitsentlastung kennengelernt werden, wodurch zugleich auch die damit verbundene Fähigkeit der Selbstregulation trainiert werden kann.

## 4.2.2 Nutzen von Tools und Tests zur Eignungsüberprüfung

Eignungstests zur Abklärung der Berufseignung können nicht nur im engen Sinne hinsichtlich der Lehrtätigkeit an sich, sondern auch im Hinblick auf gesundheitliche Aspekte aufschlussreich sein. Von den in Kapitel 4.1.1 (▶ Kap. 4.1.1) beschriebenen Persönlichkeitsmerkmalen »Big Five« ausgehend wären – vereinfachend zusammengefasst – insbesondere gewissenhafte, verträgliche, offene und extravertierte Lehrkräfte mit hoch ausgeprägt intrinsischen Berufswahlmotiven (▶ Kap. 4.1.2) für den Beruf geeignet, was sich auch positiv auf ihre Gesundheit auswirken dürfte. Neurotische Lehrkräfte hingegen hätten vor diesem Hintergrund tendenziell ein erhöhtes Risiko, infolge der beruflichen Belastung auch gesundheitliche Beschwerden zu entwickeln.

Grundsätzlich stellt sich jedoch die Frage, ob eine Selektion anhand von Persönlichkeitsmerkmalen überhaupt haltbar ist. Prognostisch valide Verfahren zur Studien- und Berufseignung müssten den Studien- bzw. Berufserfolg zuverlässig vorhersagen können. Inwiefern die zurzeit verfügbaren Instrumente diese Anforderung erfüllen, wurde bisher erst ungenügend geprüft (Klusmann et al., 2011). Das Fehlen von empirisch gesicherten Erkenntnissen ist unter anderem darauf zurückzuführen, dass solche selektiven Verfahren nicht geeignete Personen ausschließen, weshalb diese nicht mehr als Vergleichsgruppe für vergleichende Längsschnittstudien beigezogen werden können.

Erste empirische Evidenz liegt gleichwohl aus der Metaanalyse von Klassen und Kim (2019) vor. Gemäß dem Autor und der Autorin können die Ergebnisse von Selektionstools als prädiktiv für den Erfolg im Lehramtsstudium wie auch im Lehrhandeln angesehen werden. Das heißt, es lassen sich Zusammenhänge zwischen gewissen individuellen Merkmalen beim Eintritt in das Lehramtsstudium und dem tatsächlichen Handeln in der späteren Berufstätigkeit nachweisen. Daraus kann allerdings nicht geschlossen werden, dass sich dieser Befund auch auf die Gesundheit von Lehrkräften übertragen lässt. In Anbetracht des heutigen Stands der Forschung ist im Gegenteil sogar vielmehr anzunehmen, dass eignungsdiagnostische Verfahren, die versuchen, ein erhöhtes Beanspruchungsrisiko aus individuellen Merkmalen vorherzusagen, prognostisch nicht valide sind (Blossfeld et al., 2014).

Da bislang keine empirische Evidenz vorliegt, welche die Aussagekraft von Eignungsüberprüfungen anhand individueller Merkmale zu Studienbeginn in Bezug auf die Gesundheit im Beruf hinreichend stützt, ist davon auszugehen, dass sich die Gesundheit im Lehrberuf vielmehr auf der Grundlage von spezifischen Kompetenzen und Erfahrungen vorhersagen lässt, die erst in der Ausbildung zur Lehrkraft erworben bzw. im Verlauf der Berufsbiografie entwickelt werden. Dazu gehören zum Beispiel das Wissen über effektives Klassenmanagement, präventive berufsbezogene Verhaltens- und Selbstregulationsstile oder eine spezifische, auf die verschiedenen Aspekte von Lehrhandeln bezogene Selbstwirksamkeitserwartung (z. B. Blossfeld et al., 2014). Solche veränderbaren bereichsspezifischen Kompetenzen sind bei Studienbeginn weder so angelegt noch so ausgeprägt, dass sie als Indikatoren von Erfolg in Lehramtsstudium und Lehrberuf herangezogen werden könnten. Lehramtsstudierende ausschließlich auf der Grundlage von individuellen Merkmalen zu Studienbeginn zu beurteilen, würde ihnen jegliches Entwicklungspotenzial absprechen. Dies ist aufgrund der aktuellen Befundlage nicht haltbar (Rothland, 2013). Berufseignungstests als Selektionskriterium zum Zweck der Gesundheitsförderung sind daher kritisch zu betrachten.

Trotzdem ist aber durchaus sinnvoll, solche Tools und Tests förderorientiert einzusetzen, um zum Beispiel auf Kompetenzdefizite und damit verbundenes Entwicklungspotenzial hinzuweisen. Denn Lehramtsstudierende sollten sich bereits vor dem Studium mit den Anforderungen der Ausbildung und der beruflichen Tätigkeit als Lehrkraft auseinandersetzen. In Ergänzung dazu kann es sich als hilfreich erweisen, wenn zu Beginn des Studiums Auswahlgespräche und studienbegleitend Beratungsgespräche angeboten werden (Blossfeld et al., 2014).

## 4.3 Aufbau von gesundheitsfördernden Kompetenzen im Lehramtsstudium

Wie die Ausführungen zur Eignungsüberprüfung gezeigt haben, stehen während des Lehramtsstudiums mit Blick auf die Gesundheit vor allem erwerb- und veränderbare Kompetenzen im Fokus. In diesem Zusammenhang kommt auch dem zu entwickelnden professionellen Selbst eine wichtige Rolle zu. In Anlehnung an das Modell zur professionellen Kompetenz (▶ Abb. 4.2) werden im Folgenden zentrale, mit der Gesundheit von Lehrkräften in Verbindung gebrachte Kompetenzen und deren Entwicklungsmöglichkeiten während des Lehramtsstudiums erläutert (▶ Kap. 3.2).

### 4.3.1 Professionswissen

Die Annahme, dass fachlich sehr kompetente Lehrkräfte dazu neigen könnten, berufliche Anforderungen als weniger bedrohlich zu bewerten, mag plausibel klingen. Bisherige Befunde weisen jedoch darauf hin, dass weder das Fachwissen noch das

## 4 Gesundheit von Lehrkräften – Chancen und Grenzen des Lehramtsstudiums

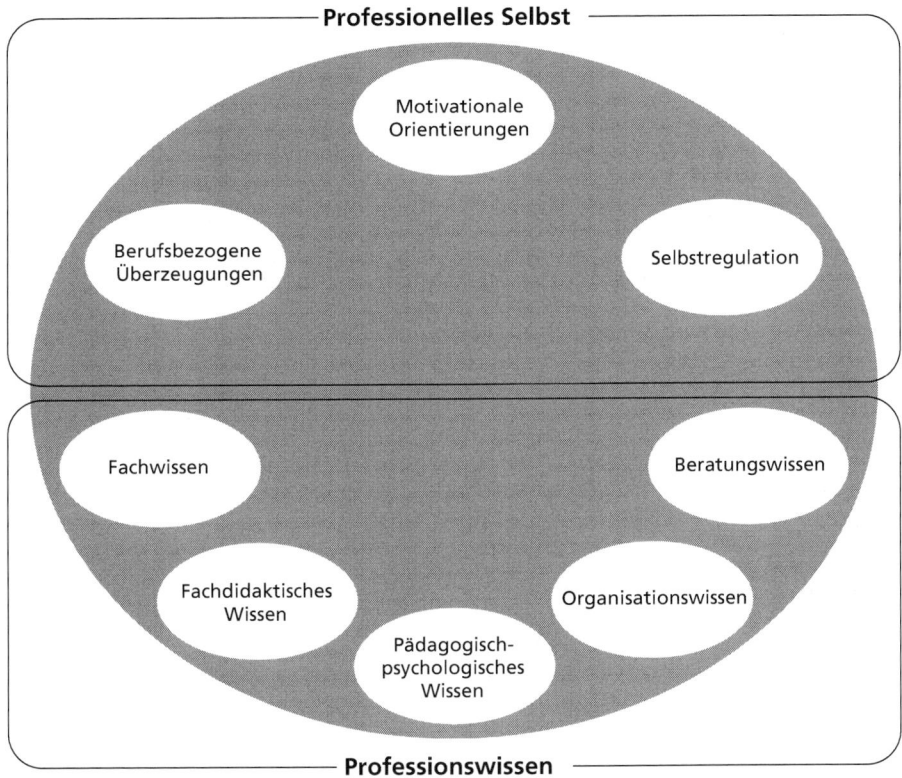

**Abb. 4.2:** Aspekte professioneller Kompetenz (eigene Darstellung in Anlehnung an Baumert & Kunter, 2011, S. 32)

fachdidaktische Wissen, beispielsweise in Mathematik, in einem Zusammenhang mit der von Lehrkräften erlebten Beanspruchung steht (Klusmann et al., 2011; Klusmann et al., 2012). Zugleich liegen jedoch Hinweise darauf vor, dass das pädagogisch-psychologische Wissen das Beanspruchungserleben reduzieren kann. Vor allem das Wissen über Lernprozesse und Besonderheiten der Schülerinnen und Schüler sowie über Klassenführung und Methoden des Unterrichtens scheinen diesbezüglich relevant zu sein (Kunz Heim, Sandmeier, Hänggi, Safi & Cina, 2019; Lauermann & König, 2016). Lehrkräfte mit höherem pädagogisch-psychologischen Wissen gelingt es den verfügbaren Befunden zufolge tendenziell besser, ihre Klasse störungsarm und reibungslos zu führen und die Schülerinnen und Schüler konstruktiv und zielführend beim Lernen zu unterstützen (Dicke, Parker, Marsh, Kunter, Schmeck & Leutner, 2014). Dies wiederum geht mit einem besseren Wohlbefinden im Beruf einher. Die Vermittlung eines grundlegenden Wissens über Klassenführung sollte deshalb ein zentraler Baustein des Lehramtsstudiums darstellen, und zwar nicht nur zur Erhöhung der Unterrichtsqualität, sondern bewusst auch im Hinblick auf die Gesundheit der zukünftigen Lehrkräfte (Kunz Heim et al., 2019; ▶ Kap. 5).

Bezogen auf Anja aus dem eingangs aufgeführten Beispiel bedeutet dies: Wenn Anja im weiteren Verlauf ihres Lehramtsstudiums die Gelegenheit erhält, sich Wissen über den Umgang mit Unterrichtsstörungen einerseits theoretisch an der Hochschule und andererseits in den Praktika an der Schule anzueignen, dürfte dies die Wahrscheinlichkeit erhöhen, dass sie sich zukünftig im Unterrichten sicherer fühlt und es ihr leichter fallen wird, die damit zusammenhängenden Anforderungen erfolgreich und gesund zu bewältigen.

### 4.3.2 Berufsbezogene Überzeugungen

Die *berufsbezogenen Überzeugungen* umfassen die Ansprüche und Erwartungen, die eine Person an sich selbst und an ihre berufliche Umwelt stellt. Dabei kann es sich um Vorstellungen über Lehr-Lern-Prozesse und Lerninhalte, die Schülerinnen und Schüler, die Rolle der Lehrkraft oder sich selbst handeln. Auch Vorstellungen über die Schule oder den gesellschaftlichen Kontext von Bildung und Erziehung gehören dazu. Sie geben dem Denken und Handeln im Beruf Struktur, Halt und Orientierung. Berufsbezogene Überzeugungen beeinflussen die Auswahl von Zielen und Handlungsplänen sowie die Wahrnehmung von unterrichtsbezogenen Situationen (Reusser & Pauli, 2014). So beeinflussen lernbezogene Überzeugungen zum Beispiel die Weise, in der Anforderungen des Schulalltags wahrgenommen werden (Keller-Schneider, 2017). Solche Überzeugungen können Einfluss auf die Entstehung von Stress und somit auch auf die Beanspruchung haben (▶ Kap. 2). Sie stellen einerseits eine Ressource für die Professionalisierung dar, wirken andererseits aber auch begrenzend, beispielsweise wenn gewisse Situationen nicht den eigenen Überzeugungen entsprechen.

Überzeugungen zur eigenen Person sind beispielsweise die Kontrollüberzeugungen. Die Möglichkeit, eine Situation kontrollieren zu können, kann entweder als eher internal, das heißt durch eigenes Verhalten beeinflussbar, eingeschätzt werden oder eher externen, das heißt äußeren Einflüssen zugeschrieben werden, etwa schicksalhaften Umständen oder mächtigen anderen. Eine internale Kontrollüberzeugung gilt zwar als Schutz vor Beanspruchung (Maslach, Schaufeli & Leiter, 2001), aber grundsätzlich ist erst wenig über die Wirkung einzelner berufsbezogener Überzeugungen von Lehrkräften auf ihre Beanspruchung bekannt. Was die Veränderung von Überzeugungen anbelangt, so wird angenommen, dass Reflexion eine unabdingbare Voraussetzung für eine bewusste Auseinandersetzung mit den oft impliziten eigenen Überzeugungen darstellt (Wyss, 2013; Überblick in Reusser & Pauli, 2014).

Bezogen auf das Beispiel von Anja bedeutet dies Folgendes: Anja sollte im Laufe ihres Lehramtsstudiums immer wieder dazu aufgefordert werden, ihr eigenes Handeln zu reflektieren. Das heißt, sowohl an der Hochschule als auch während der Praktika sollte sie wiederholt dazu angeregt werden, über eigene Vorstellungen, beispielsweise über das Lehren und Lernen, über die Merkmale und Eigenschaften einer »guten« Lehrkraft oder auch über die eigene Fähigkeit, berufsbezogene Situationen selbst kontrollieren zu können, nachzudenken.

## 4.3.3 Motivationale Orientierungen

Motivationale Orientierungen beeinflussen, wie eine Lehrkraft ihr Handeln plant, dieses zielgerichtet durchführt und mit Schwierigkeiten umgeht (Dresel & Lämmle, 2011). Zentrale Bestandteile der motivationalen Orientierungen sind neben den bereits erläuterten Studien- und Berufswahlmotiven auch die Selbstwirksamkeitserwartung und die motivationalen Zielorientierungen.

Die *Selbstwirksamkeitserwartung* bezieht sich auf die Erwartungshaltung, neue oder herausfordernde Situationen mithilfe eigener Kompetenzen bewältigen und in einer konkreten Situation wirksam sein zu können (Schwarzer & Warner, 2014; ▶ Kap. 2). Die Wirkung der Selbstwirksamkeitserwartung auf die Gesundheit von Lehrkräften ist gut untersucht. Zahlreiche Studien belegen, dass eine hohe, auf die verschiedenen Tätigkeitsbereiche des Lehrberufs bezogene Selbstwirksamkeitserwartung einen Schutzfaktor vor Burnout darstellt (Brown, 2012) und auch insgesamt als gesundheitsfördernder Faktor zu betrachten ist. Lehrkräfte, die davon überzeugt sind, auch schwierige berufliche Situationen erfolgreich bewältigen zu können, berichten beispielsweise über ein höheres Wohlbefinden bzw. eine geringere Beanspruchung als Lehrkräfte, die an ihren Fähigkeiten zweifeln (Dicke et al., 2014). Lehrerinnen und Lehrer mit einer hoch ausgeprägten Selbstwirksamkeitserwartung bewältigen berufliche Probleme offensiver und resignieren bei Misserfolg weniger schnell. Des Weiteren sind sie ihren Schülerinnen und Schülern gegenüber positiver eingestellt, unterrichten innovativer, sind reflektierter und loyaler gegenüber ihrem Beruf als Lehrkräfte mit geringer Selbstwirksamkeitserwartung (Schwarzer & Warner, 2014).

Selbstwirksamkeitserwartungen verändern sich aufgrund der Interaktion mit der Umwelt (▶ Kap. 6.2.2). Wenn eine Lehrkraft eine Anforderung erfolgreich bewältigen kann, wird sich das auf die zukünftige Selbstwirksamkeitserwartung positiv auswirken. War die Anforderung jedoch zu hoch und führte zu einem Gefühl des Misslingens, kann dies die Selbstwirksamkeitserwartung negativ beeinflussen. Diverse Studien zeigen, dass die Selbstwirksamkeitserwartung von (zukünftigen) Lehrkräften während des Studiums, aber auch durch gezielte Interventionen in der Weiterbildung erhöht werden kann (Cramer, 2016). Obwohl die Selbstwirksamkeitserwartung während des Lehramtsstudiums insbesondere in Bezug auf die Bewältigung berufsspezifischer Anforderungen gezielt gefördert werden kann, sind während den Praktika oft auch Abnahmen der berufsbezogenen Selbstwirksamkeitserwartung zu verzeichnen (Bach, 2015). Dies deutet darauf hin, dass es von grundlegender Bedeutung ist, wie die zukünftigen Lehrkräfte in ihren Praktika durch wirksame Mentoringprogramme begleitet werden (Kücholl, Westphal, Lazarides & Gronostaj, 2019).

Auf Anja übertragen bedeutet dies, dass es ihr besser gelingen wird, die Anforderungen zu bewältigen, wenn sie sich selbstwirksam fühlt und sich die Bewältigung der Anforderungen zutraut. Die Erwartung, anfordernde Unterrichtssituationen erfolgreich meistern zu können, kann an der Hochschule beispielsweise dadurch gefördert werden, dass proaktive Lernstrategien im Umgang mit Unterrichtsstörungen theoretisch vermittelt werden. Verstärkt würde dieses Lernen, wenn Anja die Theorie zusätzlich im Praktikum erfolgreich einsetzen könnte. Es ist anzunehmen, dass sich dadurch ihre Selbstwirksamkeitserwartung in Bezug auf den Umgang mit Störungen weiter erhöhen würde. Ebenfalls förderlich wäre, wenn sie beobachten könnte, dass die Praktikumslehrkraft gewisse Bewältigungsstrategien erfolgreich einsetzt, die sie dann selbst übernehmen könnte. Die Praktikumslehrkraft kann Anja in ihrer Selbstwirksamkeitserwartung hinsichtlich des Umgangs mit Störungen noch zusätzlich unterstützen, indem sie sie immer wieder dazu ermutigt, es nochmals zu versuchen, oder indem sie ihr etwas zutraut und ihr aufzeigt, was bereits gut gelingt.

Neben der Selbstwirksamkeitserwartung sind *motivationale Zielorientierungen* (Nitsche, Dickhäuser, Dresel & Dickhäuser, 2008) ein weiterer Bestandteil von motivationalen Orientierungen. Motivationale Zielorientierungen beziehen sich darauf, warum jemand eine Anforderung bewältigen will, und beeinflussen die Wahrnehmung von Anforderungen. In Bezug auf die Ausrichtung von motivationalen Zielorientierungen kann zwischen einem Lernfokus und einem Leistungsfokus unterschieden werden, wobei sich der Leistungsfokus noch weiter in einen Annäherungsfokus und in einen Vermeidungsfokus ausdifferenzieren lässt (▶ Abb. 4.3).

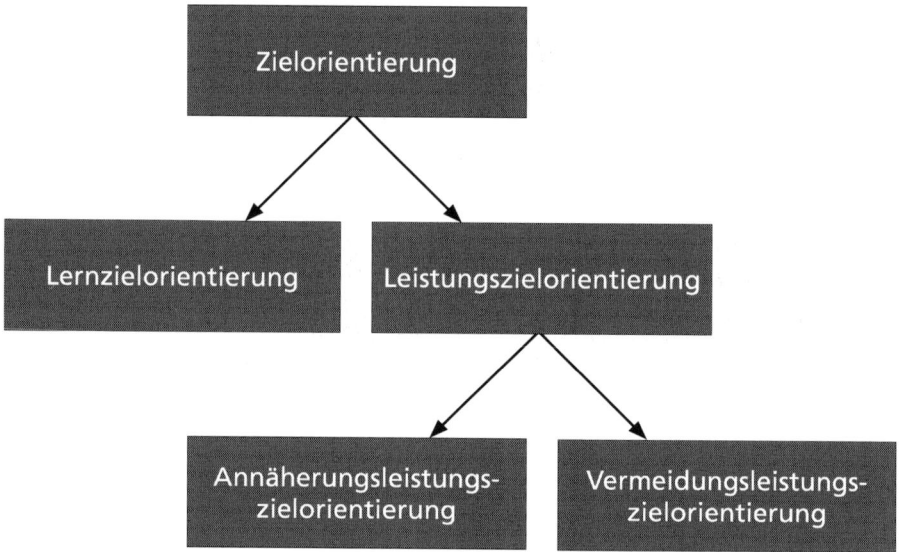

Abb. 4.3: Zielorientierungen (eigene Darstellung in Anlehnung an Nitsche et al., 2008)

Im Folgenden werden die verschiedenen Ausprägungen von motivationalen Zielorientierungen konkret mit Blick auf die Gesundheit von Lehrkräften dargelegt.

Eine Lehrkraft mit einer ausgeprägten *Lernzielorientierung* verfolgt das Ziel, aus einer berufsbezogenen Situation möglichst viel zu lernen. Der Maßstab der Bewältigung sind bei der Lernzielorientierung die eigene Person, die eigenen Kompetenzen sowie deren Entwicklung. Die Lernzielorientierung stellt einen Schutz vor Beanspruchung dar, weil Anforderungen positiv und als Lerngelegenheit wahrgenommen werden.

Bei der *Leistungszielorientierung* steht nicht das eigene Lernen im Vordergrund, sondern die Leistung (Köller & Schiefele, 2006). In der Ausprägung der Annäherungsleistungszielorientierung führt dies zum Beispiel dazu, dass eine Lehrkraft bessere Leistungen erzielen möchte als ihre Kolleginnen und Kollegen. Es findet somit ein Vergleich mit anderen statt. Die Annäherungsleistungszielorientierung führt in der Regel zu besseren Leistungen, und es ergeben sich keine negativen Auswirkungen für die Gesundheit. Für den Lehrberuf scheint eine ausgeprägt Lernzielorientierung, insbesondere in Form einer Annäherungsleistungszielorientierung, von Vorteil zu sein, da bei der Bewältigung einer berufsbezogenen Situation eher positive Merkmale wahrgenommen werden und eine Anforderung aktiv bewältigt wird, woraus positive Emotionen wie zum Beispiel Freude oder Stolz resultieren. Auf diese Weise schützt eine Lern- und Annäherungsleistungszielorientierung vor negativer Beanspruchung (Tönjes-von Platen, 2010).

Tritt die Leistungszielorientierung jedoch zusammen mit einem Vermeidungsfokus auf, entsteht eine Vermeidungsleistungszielorientierung. Eine solche führt dazu, dass eine Lehrkraft Kompetenzmängel, Schwierigkeiten und Fehler verbergen möchte, weil sie zum Beispiel nicht schlechter dastehen will als ihre Kolleginnen und Kollegen. Der Wahrnehmungsfokus richtet sich deshalb vor allem auf negative Informationen wie beispielsweise Leistungsmängel. Diese Orientierung führt vermehrt zu Angst, Überforderung und Stress und steht deshalb in Zusammenhang mit einem stärkeren negativen Beanspruchungserleben (Affolter, 2019).

Vor diesem Hintergrund sollte in der Lehramtsausbildung insbesondere die Lernzielorientierung gefördert und die Vermeidungsleistungszielorientierung abgebaut werden. Dazu gehört, dass den Lehramtsstudierenden eine positive Fehlerkultur vermittelt wird, die es ihnen ermöglicht, eigene Fehler anzuerkennen und sie als Lerngelegenheiten anzusehen. Des Weiteren gilt es, die handlungsleitende Funktion vermeidender Zielformulierungen bewusst zu machen und positiv zu verändern (Tönjes-von Platen, 2010). Dies kann durch positive Leistungsrückmeldungen, die sich auf Lernfortschritte und erfolgreich angewendete Strategien beziehen, erfolgen. Zudem sollen den Studierenden die Bedeutung und die eigene Erfahrung der individuellen Bezugsnormorientierung immer wieder vor Augen geführt werden. Denn Veränderungen der eigenen Zielorientierungen setzen die Fähigkeit zur Selbstreflexion voraus.

> Verfügt Anja über eine hohe Lernzielorientierung, dann wird ihre Motivation dadurch geprägt sein, dass sie aus der für sie herausfordernden Situation etwas Neues hinsichtlich der Planung und der Gestaltung von Unterricht und der Klassenführung dazulernen möchte. Ein konkretes Ziel könnte zum Beispiel darin bestehen zu lernen, den Unterricht effizienter vorzubereiten oder die Lernprozesse ihrer Schülerinnen und Schüler noch wirksamer anzuregen. Anja orientiert sich somit an ihrer eigenen Kompetenz, die sie verbessern möchte. Sie bewältigt die Anforderung aktiv, indem sie beispielsweise Hilfe beim erfahrenen Lehrer Stefan holt.
>
> Hat Anja eine ausgeprägte Annäherungsleistungszielorientierung, dann liegt die Motivation ihres Lernens darin, dass sie es besser machen möchte als die

anderen Studierenden in ihrer Lerngruppe. Sie richtet ihren Fokus in zu bewältigenden beruflichen Situationen vor allem auf positive Informationen, was zu aktiven Bewältigungsstrategien führt. Dazu gehört auch, dass sie sich gegebenenfalls Hilfe holt. Sie sucht in der Situation zugleich aber auch Informationen über die eigene Leistung, da sie besser sein möchte als die anderen Studierenden.

Hat Anja hingegen eine ausgeprägte Vermeidungsleistungszielorientierung, dann liegt ihre hauptsächliche Motivation wahrscheinlich darin, dass sie sich in der Planung und Gestaltung ihres Unterrichts verbessern will, weil sie es vermeiden möchte, schlechter abzuschneiden als die anderen Studierenden im Praktikum. Entsprechend konzentriert sie sich vor allem auf negative Informationen, nimmt insbesondere die eigenen Leistungsmängel wahr und versucht womöglich, diese zu verstecken. Zudem wird sie eher nicht über ihre Probleme sprechen, um nicht inkompetent zu wirken. Dies dürfte zu einer weniger aktiven Bewältigung beruflicher Anforderungen führen und längerfristig mit einer stärkeren Beanspruchung einhergehen.

### 4.3.4 Selbstregulation

Selbstregulation stellt eine Ressource für das berufliche Wohlbefinden von Lehrkräften dar (▶ Kap. 3.3.2). Sie beinhaltet die Fähigkeit, mit den eigenen Ressourcen adäquat umzugehen bzw. die eigenen Kognitionen, Emotionen und das eigene Verhalten so zu steuern, dass berufliche Anforderungen und persönliche Ziele erfolgreich bewältigt werden, ohne dass dadurch die eigene Gesundheit gefährdet wird (Sandmeier, Mustafić & Krause, 2020). Das heißt, mithilfe von Selbstregulation lassen sich emotionsfokussierte und problemfokussierte Bewältigungsformen so einsetzen, dass sie sowohl für die Erfüllung der beruflichen Aufgabe als auch für die eigene Gesundheit funktional sind. Diese Kompetenz manifestiert sich somit darin, wie gewisse Strategien von Individuen zur Bewältigung von konkreten Arbeitssituationen angewendet werden (Weinert, 2001), und sie ist erlern- und trainierbar (Kunter, Klusmann, Baumert, Richter, Voss & Hachfeld, 2013). Im Zentrum steht dabei die Entwicklung eines professionellen Selbst, das sich den spezifischen Anforderungen des Berufs bewusst ist und sich selbstreflexiv mit den eigenen Erfahrungen und Orientierungen auseinandersetzt, um die Bewältigung der Aufgaben bewusster zu gestalten und aus ungünstigen Automatismen auszubrechen (Sandmeier et al. 2020) .

Da Selbstregulation für die Aufrechterhaltung beruflicher Produktivität und Effektivität, für die Berufszufriedenheit wie auch für die berufliche Gesundheit und die allgemeine Lebensqualität zentral ist (Roloff Henoch, Klusmann, Lüdtke & Trautwein, 2015a), stellt sich die Frage, wie sie im Lehramtsstudium gefördert werden kann. Die Grundlage dafür bildet die Vermittlung von Wissen darüber, wie Stress entsteht und auf welche Strategien zurückgegriffen werden kann, um Anforderungen zu bewältigen (▶ Kap. 2). Dabei sollten sowohl problemfokussierte als auch emotionsfokussierte Bewältigungsstrategien thematisiert werden. Des Weiteren sollte das Bewusstsein dafür gestärkt werden, dass die Bewältigung von Emotionen im Lehrberuf zentral ist (Sutton & Wheatley, 2003). Diese Sensibilisierung kann dadurch erfolgen, dass die beteiligten Emotionen identifiziert und diese Emotionen wie auch die damit einhergehenden kognitiven Prozesse reflektiert werden. Dies kann Lehramtsstudierenden dabei helfen, ihre Emotionen effektiv zu regulieren (Chang, 2009).

Wie beim Aufbau anderer Kompetenzen ist Selbstreflexion somit auch bei der (Weiter-) Entwicklung der Selbstregulation von zentraler Bedeutung und trägt dadurch insgesamt zu einer positiven beruflichen Entwicklung bei (Körkkö, Kyrö-Ämmälä & Turunen, 2016). Lehramtsstudierende können bereits im ersten Studienjahr zur Selbstreflexion und zum Erkennen des eigenen Entwicklungsbedarfs angeregt werden. Dies erfordert Unterstützung durch spezifische Fragen und Feedback, insbesondere während der Praktika.

Handlungsorientierte kognitive Selbstregulationsstrategien lassen sich des Weiteren mit gezielten Trainingsprogrammen fördern. Mattern (2012) beispielsweise entwickelte ein kontextspezifisches Trainingskonzept, das die handlungsorientierte Selbstregulation anhand der spezifischen Aufgabe der Unterrichtsvorbereitung durch bewusste Zielfestlegung, Planung, volitionale Kontrolle und Revision von Zielen stärken soll. Inancu, Rusu, Măroiu, Păcurar und Maricuțoiu (2018) analysierten in einer Metaanalyse die Wirkung solcher Interventionen zur Reduktion von Burnout bei Lehrkräften. Die Ergebnisse fielen allerdings erwartungswidrig aus: Während handlungsbezogene Interventionen über die Studien hinweg nur auf die Burnout-Dimension »Erschöpfung« einen signifikanten Effekt zeigten, wirkten emotionsbezogene Trainingsprogramme positiv auf alle drei einbezogenen Burnout-Dimensionen (reduzierte Leistungsfähigkeit, emotionale Erschöpfung, Depersonalisierung).

> Anja hat über ihre Praktikumstätigkeit nachgedacht und die für sie zentralen Anforderungen erkannt. Sie kann diese Anforderungen gegenüber anderen Personen benennen und hält explizit fest, dass sie Unterstützung brauche, um die Situation adäquat bewältigen zu können. Des Weiteren wählt sie zur Bewältigung der Situation handlungsbezogene Bewältigungsstrategien. Das heißt, sie versucht, die Planung der nächsten Woche schrittweise anzugehen und zuerst die zentralen Lerninhalte festzulegen. Dieses gestufte Vorgehen in Teilschritten ist als positiv für die Gesundheit zu werten. Darüber hinaus wäre es hilfreich, wenn sie auch ihre Emotionen in Bezug auf das Verhalten der Schülerinnen und Schüler reflektieren würde.

## 4.4 Praktika und die Gesundheit zukünftiger Lehrkräfte

Praktika verfolgen das Ziel, die berufspraktischen Kompetenzen von Lehramtsstudierenden zu erweitern und Theorie-Praxis-Verknüpfungen aufzubauen (Arnold,

Gröschner & Hascher, 2014). Lehramtsstudierende können in den Praktika zum ersten Mal alltägliche Anforderungen des Lehrberufs kennenlernen und erhalten die Möglichkeit, an der Hochschule erworbenes Fachwissen, fachdidaktisches Wissen und pädagogisches Wissen konkret anzuwenden und einzusetzen. Die Lehrtätigkeit erfolgt noch im geschützten Rahmen und wird je nach Hochschule und Land unterschiedlich begleitet, zum einen von Mentorinnen und Mentoren an der Praxisschule selbst und zum anderen durch die Dozierenden der Hochschulen.

Praktika bringen jedoch auch neue Aufgaben mit sich. Es gilt, den Unterricht zu planen, vorzubereiten, durchzuführen und nachzubereiten. Auf diese Weise können der Umgang mit den eigenen Ressourcen und die Bewältigung von praktischen Anforderungen geübt werden. Zusätzlich muss der Kontakt mit den zuständigen Begleitpersonen und anderen im Schulkontext tätigen Personen gepflegt werden (Kücholl et al., 2019). Des Weiteren müssen Lehramtsstudierende in den Praktika unterschiedlichen Rollenerwartungen gerecht werden. Sie sind auf der einen Seite selbst noch Lernende, auf der anderen Seite aber auch Lehrende. Diese Konstellation ermöglicht es ihnen, Kompetenzdefizite zu erkennen und daraus Neues zu lernen. Dies zeigt sich zum Beispiel darin, dass Lehramtsstudierende in empirischen Untersuchungen teilweise angaben, sich nach Praxisphasen im Umgang mit den Schülerinnen und Schülern selbstwirksamer zu fühlen und sich besser in die Schülerinnen und Schüler hineinversetzen zu können (Römer, Rothland & Straub, 2018). Vor diesem Hintergrund können Praktika auch als eine Art vorbereitende Maßnahme gesehen werden, die dazu beitragen kann, die Beanspruchung im Umgang mit Anforderungen beim Übergang in den Beruf abfedern zu können. Dieses Fazit lässt sich durch empirische Befunde stützen, die nachweisen konnten, dass mehr Praktika während des Lehramtsstudiums zur Wahrnehmung von weniger Beanspruchung beim Berufseinstieg führen (Schmidt, Klusmann & Kunter, 2016).

Die Bewältigung der unterschiedlichen Anforderungen, welche die Praktika bereithalten, hängt von individuellen Ressourcen, aber auch von organisationalen und sozialen Ressourcen an der Praktikumsschule (z. B. soziale Unterstützung durch Kommilitoninnen und Kommilitonen, Praktikumslehrkräfte oder andere Lehrkräfte) und der Hochschule ab (Römer, Rothland & Staub, 2018). Vor allem die emotionale Unterstützung durch die begleitenden Lehrkräfte vor Ort scheint diesbezüglich von großer Bedeutung zu sein (König & Rothland, 2018; ▶ Kap. 2.2 und ▶ Kap. 3).

Die Rolle der Hochschulen wiederum liegt demgegenüber vor allem in der Vorbereitung und in der Nachbereitung der Praktika. In der Vorbereitungsphase gilt es insbesondere auf die Kooperation zwischen den Studierenden sowie den Lehrkräften vor Ort sowie die gegenseitige Unterstützung hinzuweisen (Rothland, Biederbeck, Grabosch & Heiligtag, 2018). In der Phase der Vorbereitung, Begleitung und Nachbereitung soll zudem die Stärkung des professionellen Selbst hinsichtlich der beruflichen Beanspruchung thematisiert und dokumentiert werden. Während und nach der Praxistätigkeit sind die Analyse und die Reflexion berufspraktischer Erfahrungen im Hinblick auf die eigene Professionalisierung unabdingbar. Damit Handlungsänderungen angeregt und eingeübt und weiterführende Routinen aufgebaut werden können, sollte die eigene Handlungspraxis bereits während der Praktika reflektiert werden. Dies wirkt sich im Verbund mit den erfahrenen Anforderungen positiv auf den Prozess der Professionalisierung aus (Košinár, 2018).

## 4.5 Chancen und Grenzen des Lehramtsstudiums in Bezug auf die Gesundheit

Die Gesundheit ist als zentraler Teil des Professionsverständnisses von Lehrkräften zu sehen (▶ Kap. 7). Der Lehramtsausbildung sind diesbezüglich durch die Strukturen wie auch die Dauer Grenzen gesetzt, da sie nur in beschränktem Maße auf die Komplexität der Berufsausführung vorbereiten kann (Keller-Schneider, 2019). Dennoch kann sie zumindest die Grundlagen für eine kontinuierliche Professionalisierung über die gesamte Berufsbiografie hinweg legen. So können die Ausbildungsinstitutionen beispielsweise dafür sorgen, dass möglichst die geeignetsten Personen den Lehrberuf ergreifen. Zu diesem Zweck können Angebote zur Klärung der persönlichen Passung und notwendiger Entwicklungsaufgaben zur Verfügung gestellt werden. Es gilt, die Berufsanwärterinnen und Berufsanwärter bei ihrer Entscheidung für oder gegen ein Lehramtsstudium zu unterstützen und ihnen ein realistisches Bild über den Beruf zu vermitteln.

Während des Lehramtsstudiums gehört es zudem zu den Aufgaben der Hochschulen, den Studierenden ein Professionsverständnis zu vermitteln, das Aspekte von Gesundheit explizit mitberücksichtigt. Dazu gehören unter anderem die folgenden Punkte:

1. Den zukünftigen Lehrkräften muss vermittelt werden, dass Gesundheit eine zentrale Voraussetzung darstellt, um den Lehrberuf adäquat ausführen zu können. Denn wie empirische Studien nachzuweisen vermochten, hängt Gesundheit stets mit besserer Unterrichtsqualität und besseren Leistungen der Schülerinnen und Schüler zusammen (Klusmann et al., 2012).
2. Lehramtsstudierende benötigen Wissen über besondere Anforderungen und Rahmenbedingungen des Lehrberufs wie auch darüber, wie diese Anforderungen im Arbeitsalltag die eigene Gesundheit gefährden können (▶ Kap. 3).
3. Lehramtsstudierende benötigen Wissen darüber, wie negative und positive Beanspruchung entsteht (▶ Kap. 2).
4. Zukünftige Lehrkräfte haben neben dem Erwerb von Professionswissen auch ein professionelles Selbst zu entwickeln, das realistische Erwartungen an sich selbst und die berufliche Umwelt stellt, berufliche Anforderungen als Chance zur Weiterentwicklung (Professionalisierung) betrachtet, die eigenen Gedanken und Emotionen bewusst reguliert und berufliche Aufgaben priorisieren kann. Grundlegend ist diesbezüglich die Reflexion der eigenen Bewertungs- und Bewältigungsmuster und der damit zusammenhängenden Emotionen (▶ Kap. 3.3.2).
5. Es muss aufgezeigt und vorgelebt werden, dass die Professionalisierung von Lehrkräften im Sinne des berufsbiografischen Professionsansatzes nach dem Studium nicht abgeschlossen ist, sondern einen laufenden berufsbiografischen Entwicklungsprozess darstellt, der sich über die gesamte Berufstätigkeit erstreckt (▶ Kap. 7 und ▶ Kap. 8).
6. Ein zentraler Bestandteil des Lehramtsstudiums wie auch der Fort- und Weiterbildung ist die Förderung der Reflexionsfähigkeit (Collin, Karsenti & Komis,

2013). Lehramtsstudierende können bereits im ersten Studienjahr zur Selbstreflexion und zum Erkennen des eigenen Entwicklungsbedarfs angeregt werden. Durch die Reflexionsfähigkeit, einer zentralen Grundvoraussetzung für das Weiterlernen im Beruf, kann Entwicklungsbedarf erkannt und angeregt werden (Fabel-Lamla, 2018). Insbesondere während der Praktika soll Selbstreflexion erprobt und eingeübt werden (Kohlmeyer, 2016) und gegebenenfalls in Bezug zur Berufseignung gesetzt werden (Mayr et al., 2016).

Mithilfe dieser Maßnahmen zur Förderung eines Professionsverständnisses, das gesundheitsbezogene Aspekte bewusst mitberücksichtigt, kann der Umgang mit Anforderungen unterstützt werden, wodurch sich Grundlagen für die auf das Lehramtsstudium folgende Professionalisierung legen lassen.

Eine vollständige Vorbereitung auf die Komplexität des Berufseinstiegs wird ein Lehramtsstudium wie eingangs bereits festgehalten jedoch nicht bieten können. Kein Studiengang kann eine »fertige« Lehrkraft in den Beruf entlassen. Deshalb sind insbesondere in der Phase des Berufseinstiegs Begleitung und Betreuung der weiteren Professionalisierungsprozesse erforderlich (▶ Kap. 5).

## 4.6  Kernaussagen des Kapitels

Das Kapitel *Gesundheit von Lehrkräften – Chancen und Grenzen des Lehramtsstudiums* lässt sich in den folgenden neun Kernaussagen zusammenfassen:

1. Die Gesundheit von Lehrkräften bildet einen zentralen Teil des Professionsverständnisses. Diese Haltung muss im Lehramtsstudium vermittelt und erworben werden.
2. Es gibt der Gesundheit mehr oder weniger zuträgliche stabile und veränderbare individuelle Merkmale. Mit Ausnahme weniger Persönlichkeitsmerkmale lassen sich die meisten für die Gesundheit relevanten individuellen Merkmale als veränderbar bezeichnen.
3. Als relativ stabile Persönlichkeitsmerkmale gelten die »Big Five«. Während Neurotizismus sich negativ auf die Gesundheit von Lehrkräften auswirkt, sind Gewissenhaftigkeit, Verträglichkeit, Offenheit und Extraversion der Gesundheit zuträglich. Allerdings ist dies nur bis zu einem gewissen Grad der Fall: So ist auch hier das im wörtlichen Sinne »gesunde Maß« ausschlaggebend.
4. Studien- und Berufswahlmotive, als Teil des professionellen Selbst einer Lehrkraft, können zu den veränderbaren individuellen Merkmalen gezählt werden. Intrinsisch motivierte Lehramtsstudierende haben bessere Voraussetzungen, gesund und erfolgreich in den Beruf einzusteigen und dies längerfristig auch zu bleiben, als extrinsisch motivierte Lehramtsstudierende. Das Lehramtsstudium sollte deshalb Vorstellungen über den Beruf von Lehrkräften in der Ausbildung thematisieren.

5. Die Gesundheit von Lehrkräften wird unter anderem durch ein Zusammenspiel unterschiedlicher individueller Merkmale beeinflusst, die für den Aufbau der notwendigen gesundheitsfördernden Kompetenzen notwendig sind.
6. Die Abklärung der Berufseignung ist als Prozess zu betrachten, der vor dem Lehramtsstudium beginnt und durch begleitende Beratung und Prüfungen über das gesamte Studium hinweg seine Fortsetzung findet. Dieser Prozess sollte von den Hochschulen durch Gespräche und das Bereitstellen von Informationen zu den beruflichen Tätigkeiten unterstützt werden sowie die Auswertung erster Praxiserfahrungen einbeziehen.
7. Die Prüfung der Berufseignung mittels selektiver Testung von Persönlichkeitsmerkmalen ist aufgrund mangelnder prognostischer Validität als kritisch zu betrachten.
8. Während des Lehramtsstudiums ist in Bezug auf die Gesundheit insbesondere die Förderung derjenigen veränderbaren Merkmale von Bedeutung, die sich unter den Begriff des professionellen Selbst zusammengefasst subsumieren lassen. Das professionelle Selbst sollte im Rahmen der theoretischen und der praktischen Ausbildung systematisch gefördert werden.
9. In Bezug auf die Förderung der Gesundheit im Lehrberuf sind dem Lehramtsstudium Grenzen gesetzt, da es nie auf die gesamte Komplexität der Berufsausübung vorbereiten kann. Es kann jedoch die Grundlagen für die Entwicklung eines professionellen Selbst legen, das gesundheitliche Aspekte explizit berücksichtigt und durch eine hohe Reflexionskompetenz und Entwicklungsbereitschaft geprägt ist.

## 4.7 Reflexionsfragen

*Für Studierende*

- Was waren meine Motive, um den Beruf der Lehrkraft zu ergreifen? Stimmen diese Motive mit meinen praktischen Erfahrungen in den Praktika überein?
- Welche Motive sind für mich zurzeit hinsichtlich des Studiums und meiner zukünftigen Berufsausübung wichtig?
- Welche Aspekte des »professionellen Selbst« sind bei mir in Bezug auf die Gesundheit günstig ausgeprägt? Welche könnte ich im Studium noch stärken?
- Wie stehe ich selektiven Eignungsabklärungen gegenüber? In welcher Form befürworte ich diese?
- Was müsste das Lehramtsstudium in Bezug auf die Gesundheit von zukünftigen Lehrkräften leisten?

*Für Leitungs- und Fachpersonen der Lehrerinnen- und Lehrerbildung*

- Welche Selektionsmaßnahmen vor und während des Lehramtsstudiums befürworte ich in Bezug auf die Eignung?

- Welche Motive sollte eine zukünftige Lehrkraft aufweisen, damit sie im Beruf langfristig gesund bleibt?
- Welche Rolle spielt das »professionellen Selbst« in Bezug auf die Gesundheit von zukünftigen Lehrkräften?
- Was muss ein Lehramtsstudium leisten, um die zukünftigen Lehrkräfte möglichst optimal auf das Gesundbleiben im Beruf vorzubereiten?
- Was kann ein Lehramtsstudium in Bezug auf die Gesundheit von Lehrkräften nicht leisten? In welchen Bereichen sind Fort- und Weiterbildungen erforderlich?

# Literaturverzeichnis zu Kapitel 4

Affolter, B. (2019). *Engagement und Beanspruchung von Lehrpersonen in der Phase des Berufseintritts: Die Bedeutung von Zielorientierungen, Selbstwirksamkeitserwartungen und Persönlichkeitsmerkmalen im JD-R Modell*. Bad Heilbrunn: Klinkhardt.

Affolter, B., Hollenstein, L. & Brühwiler, C. (2015). Unsere zukünftigen Lehrpersonen: Idealistisch, realistisch oder selbstbewusst pragmatisch. *Beiträge zur Lehrerinnen- und Lehrerbildung, 33* (1), S. 69–91.

Arnold, K.-H., Gröschner, A. & Hascher, T. (2014). *Schulpraktika in der Lehrerbildung: Einführung in das Forschungsfeld Schulpraktika in der Lehrerbildung. Theoretische Grundlagen, Konzeptionen, Prozesse und Effekte* (S. 11–24). Münster: Waxmann.

Bach, A. (2015). *Kompetenzentwicklung im Schulpraktikum: Ausmaß und zeitliche Stabilität von Lerneffekten hochschulischer Praxisphasen*. Münster: Waxmann.

Baumert, J. & Kunter, M. (2011). Das Kompetenzmodell von COACTIV. In M. Kunter, J. Baumert, W. Blum, U. Klusmann, S. Krauss & M. Neubrand (Hrsg.), *Professionelle Kompetenz von Lehrkräften. Ergebnisse des Forschungsprogramms COACTIV* (S. 29–53). Münster: Waxmann.

Blossfeld, H.-P., Bos, W., Daniel, H.-D., Hannover, B., Lenzen, D., Prenzel, M. . . . Kleiber, D. (2014). *Psychische Belastungen und Burnout beim Bildungspersonal. Empfehlungen zur Kompetenz- und Organisationsentwicklung*. Gutachten. Münster: Waxmann.

Brown, C. G. (2012). A systematic review of the relationship between self-efficacy and burnout in teachers. *Educational and Child Psychology, 29* (4), pp. 47–63.

Brühwiler, C., Ramseier, E. & Steinmann, S. (2015). Vorbildung oder Ausbildung? Zum Erwerb mathematischen und mathematikdidaktischen Wissens in der Lehrerausbildung. *Beiträge zur Lehrerinnen- und Lehrerbildung, 33* (1), S. 22–45.

Chang, M.-L. (2009). An appraisal perspective of teacher burnout: Examining the emotional work of teachers. *Educational Psychology Review, 21* (3), pp. 193–218.

Christen, A. (2012). *Belastbarkeit im Lehrberuf. Eignungsdiagnostik im ersten Studienjahr*. Saarbrücken: Akademikerverlag.

Collin, S., Karsenti, T. & Komis, V. (2013). Reflective practice in initial teacher training: critiques and perspectives. *Reflective Practice: International and Multidisciplinary Perspectives, 14* (1), pp. 104–117.

Cramer, C. (2016). Personale Merkmale Lehramtsstudierender als Ausgangslage der professionellen Entwicklung. Dimensionen, Befunde und deren Implikationen für die Lehrerbildung. In A. Boeger (Hrsg.), *Eignung für den Lehrerberuf. Auswahl und Förderung* (S. 31–56). Wiesbaden: Springer.

Denzler, S. & Wolter, S. C. (2008). Selbstselektion bei der Wahl eines Lehramtsstudiums: Zum Zusammenspiel individueller und institutioneller Faktoren. *Beiträge zur Hochschulforschung, 30* (4), S. 112–141.

Dietrich, S. & Bohndick, C. (2019). Zur Rolle der Diagnostik bei der Beratung, Auswahl und Qualifizierung von Lehramtsstudierenden. *Beiträge zur Lehrerinnen- und Lehrerbildung, 37* (1), S. 7–19.

Dicke, T., Parker, P. D., Marsh, H. W., Kunter, M., Schmeck, A. & Leutner, D. (2014). Self-efficacy in classroom management, classroom disturbances, and emotional exhaustion: A moderated mediation analysis of teacher candidates. *Journal of Educational Psychology, 106* (2), pp. 569–583.

Dresel, M. & Lämmle, L. (2011). *Motivation, Selbstregulation und Leistungsexzellenz*. Münster: LIT.

EDK Schweizerische Konferenz der kantonalen Erziehungsdirektoren (2019). *Reglement über die Anerkennung von Lehrdiplomen für den Unterricht auf der Primarstufe, der Sekundarstufe I und an Maturitätsschulen*. [Online verfügbar]: https://edudoc.ch/record/202452/files/anerkennungsreglement-lehrdiplome-web_d.pdf [Oktober 2020].

Fabel-Lamla, M. (2018). Der (berufs-) biographische Professionsansatz zum Lehrerberuf. Zur Relevanz einer biographischen Perspektive in der Lehrerbildung. In J. Böhme, C. Cramer & C. Bressler (Hrsg.), *Erziehungswissenschaft und Lehrerbildung im Widerstreit?! Verhältnisbestimmungen, Herausforderungen und Perspektiven* (S. 82–102). Bad Heilbrunn: Klinkhardt.

Faust, S., Schaarschmidt, U. & Fischer, A. W. (2016). *FIT-L (R) – FIT für den Lehrerberuf.* Online-Version. Wampersdorf: COPING. https://coping-tests.eu [Oktober 2020].

Foerster, F. (2008). *Personale Voraussetzungen von Grundschullehramtsstudierenden. Eine Untersuchung zur prognostischen Relevanz von Persönlichkeitsmerkmalen für den Studien- und Berufserfolg*. Münster: Waxmann.

Glutsch, N., König, J. & Rothland, M. (2018). Die Berufswahlmotivation von angehenden Lehrkräften bei Eintritt in ihre Ausbildung - Unterschiede nach Fächerwahl? *Zeitschrift für Pädagogik, 64* (4), S. 461–485.

Hechinger, M. (2016). PArcours: Kompetenzanalyse und Eignungsberatung angehender Lehramtsstudierender. In A. Boeger (Hrsg.), *Eignung für den Lehrerberuf: Auswahl und Förderung* (S. 229–257). Wiesbaden: Springer.

Inancu, A. E., Rusu, A., Măriou, C., Păcurar, R. & Maricuțoiu, L. P. (2018). The effectiveness of interventions aimed at reducing teacher burnout: A meta-analysis. *Educational Psychology Review, 30* (2), pp. 373–396.

Ingrisani, D. (2014). *Die »neuen« Lehrerinnen und Lehrer: eine Befragung der ersten Jahrgänge der neuen Vorschul- und Primarlehrerinnen und -lehrerausbildung der deutschen Schweiz*. Bern: Haupt.

Keller-Schneider, M. (2020). *Entwicklungsaufgaben im Berufseinstieg von Lehrpersonen*. Münster: Waxmann.

Keller-Schneider, M. (2017). Die Bedeutung von lerntheoretischen Überzeugungen für die Wahrnehmung von beruflichen Anforderungen von angehenden Lehrpersonen. In U. Fraefel & A. Seel (Hrsg.), *Schulpraktische Professionalisierung: Konzeptionelle Perspektiven* (S. 195–212). Münster: Waxmann.

Keller-Schneider, M. (2019). *Impulse zum Berufseinstieg von Lehrpersonen. Grundlagen – Erfahrungsberichte – Reflexionsinstrumente*. Bern: hep.

Kim, L. E., Jörg, V. & Klassen, R. M. (2019). A Meta-Analysis of the Effects of Teacher Personality on Teacher Effectiveness and Burnout. *Educational Psychology Review, 31* (1), pp. 163–195.

Klassen, R. M. & Kim, L. E. (2019). Selecting teachers and prospective teachers: A meta-analysis. *Educational Research Review, 26*, pp. 32–51.

Klusmann, U., Köller, M. & Kunter, M. (2011). Anmerkungen zur Validität eignungsdiagnostischer Verfahren bei angehenden Lehrkräften. *Zeitschrift für Pädagogik 57* (5), S. 711-721.

Klusmann, U., Kunter, M., Voss, T. & Baumert, J. (2012). Berufliche Beanspruchung angehender Lehrkräfte: Die Effekte von Persönlichkeit, pädagogischer Vorerfahrung und professioneller Kompetenz. *Zeitschrift für Pädagogische Psychologie, 26* (4), S. 275–290.

KMK Kultusministerkonferenz (2019). *Standards für die Lehrerbildung: Bildungswissenschaften.* [Online verfügbar]: https://www.kmk.org/fileadmin/veroeffentlichungen_beschluesse/2004/2004_12_16-Standards-Lehrerbildung.pdf. [Oktober 2020].

Kohlmeyer, S. (2016). Anstöße zur Selbstreflexion im Lehramtsstudium durch themenorientierte Workshops. *Die Hochschullehre. Interdisziplinäre Zeitschrift für Studium und Lehre, Jahrgang 2*, S. 1–18.

Köller, O. & Schiefele, U. (2006). Zielorientierung. In D. H. Rost (Hrsg), *Handwörterbuch der Pädagogischen Psychologie*. Weinheim: PVU.

König, J. & Rothland, M. (2018). Das Praxissemester in der Lehrerbildung: Stand der Forschung und zentrale Ergebnisse des Projekts Learning to Practice. In J. König, M. Rothland & N. Schaper (Eds.), *Learning to Practice, Learning to Reflect?* (S. 1–62). Wiesbaden: Springer VS.

Körkkö, M., Kyrö-Ämmälä, O. & Turunen, T. (2016). Professional development through reflection in teacher education. *Teaching and Teacher Education, 55*, pp. 198–206.

Košinár, J. (2018). Das Mentorat zwischen Individualisierung und Standardisierung – eine empirie- und theoriebasierte Konzeption. In C. Reintjes, G. Bellenberg & G. im Brahm (Hrsg.), *Mentoring und Coaching als Beitrag zur Professionalisierung angehender Lehrpersonen* (S. 67–84). Münster: Waxmann.

Kücholl, D., Westphal, A., Lazarides, R. & Gronostaj, A. (2019). Beanspruchungsfolgen Lehramtsstudierender im Praxissemester. *Zeitschrift für Erziehungswissenschaft, 22* (4), S. 945–966.

Kunter, M., Klusmann, U., Baumert, J., Richter, D., Voss, T. & Hachfeld, A. (2013). Professional competence of teachers: Effects on instructional quality and student development. *Journal of Educational Psychology. 105* (3), pp. 805-820.

Kunz Heim, D., Sandmeier, A., Hänggi, Y., Safi, N. & Cina, A. (2019). Training zum Umgang mit Unterrichtsstörungen: Effekte auf die Gesundheit von Lehrkräften. *Zeitschrift für Erziehungswissenschaft, 22* (4), S. 925–944.

Lauermann, F. & König, J. (2016). Teachers' professional competence and wellbeing: Understanding the links between general pedagogical knowledge, self-efficacy and burnout. *Learning and Instruction, 45*, pp. 9–19.

Maslach, C., Schaufeli, W. B. & Leiter, M. P. (2001). Job burnout. *Annual Review of Psychology, 52*, pp. 397–422.

Mattern, J. (2012). Selbstregulation im Lehrerberuf: Entwicklung eines Trainings für angehende Lehrkräfte. *Unterrichtswissenschaft, 40* (2), S. 156–173.

Mayr, J. (2014). Der Persönlichkeitsansatz in der Forschung zum Lehrerberuf. Konzepte, Befunde und Folgerungen. *Handbuch der Forschung zum Lehrerberuf, 2*, S. 189–215.

Mayr, J., Müller, F. & Nieskens, B. (2016). CCT–Career counselling for teachers: Genese, Grundlagen und Entwicklungsstand eines webbasierten Beratungsangebots. In A. Boeger (Hrsg.), *Eignung für den Lehrerberuf: Auswahl und Förderung* (S. 181–214). Wiesbaden: Springer.

McCrae, R. R. & Costa Jr, P. T. (1999). A five-factor theory of personality. In L.A. Pervin & O.P. John (Eds.), *Handbook of personality: Theory and research, 2* (pp. 139–153). New York: Guilford.

Nitsche, S., Dickhäuser, O., Dresel, M. & Dickhäuser, A. (2008). Berufliche Zielorientierung bei (angehenden) Lehrern: Überlegungen zum Konzept der Lehrermotivation. *Seminar-Lehrerbildung und Schule, 4* (2008), S. 133–142.

Retelsdorf, J. & Möller, J. (2012). Grundschule oder Gymnasium? Zur Motivation ein Lehramt zu studieren. *Zeitschrift für Pädagogische Psychologie, 26* (1), S. 5–17.

Reusser, K. & Pauli, C. (2014). Berufsbezogene Überzeugungen von Lehrerinnen und Lehrern. In E. Terhart, H. Bennewitz & M. Rothland (Hrsg.), *Handbuch der Forschung zum Lehrerberuf* (Vol. 2). Münster: Waxmann.

Roloff Henoch, J., Klusmann, U., Lüdtke, O. & Trautwein, U. (2015a). Die Entwicklung beruflicher Selbstregulation: Ein Vergleich zwischen angehenden Lehrkräften und anderen Studierenden. *Zeitschrift für Pädagogische Psychologie, 29* (3–4), S. 151–163.

Roloff Henoch, J., Klusmann, U., Lüdtke, O. & Trautwein, U. (2015b). Who becomes a teacher? Challenging the »negative selection« hypothesis. *Learning and Instruction, 36*, pp. 46–56.

Römer, J., Rothland, M. & Straub, S. (2018). Bedingungsfaktoren des Beanspruchungserlebens von Lehramtsstudierenden im Praxissemester. In M. König, M. Rothland & N. Schapper (Eds.), *Learning to Practice, Learning to Reflect?* Wiesbaden: Springer VS.

Rothland, M. (2013). »Riskante« Berufswahlmotive und Überzeugungen von Lehramtsstudierenden. *Erziehung und Unterricht, 163* (1/2), S. 71–80.

Rothland, M. (2014). Warum entscheiden sich Studierende für den Lehrerberuf? In E. Terhart, H. Bennewitz & M. Rothland (Hrsg.), *Handbuch der Forschung zum Lehrerberuf* (Vol. 2). Münster: Waxmann.

Rothland, M., Biederbeck, I., Grabosch, A. & Heiligtag, N. (2018). Autonomiestreben, Paritätsdenken und die Ablehnung von Kooperation bei Lehramtsstudierenden: Potenzial und Einfluss unterschiedlicher Lerngelegenheiten in der Lehrerbildung. *Zeitschrift für Erziehungswissenschaft, 21* (3), S. 589–610.

Sandmeier, A., Mustafić, M., & Krause, A. (2020). Gesundheit und Selbstregulation in der Lehrerbildung. In C. Cramer, J. König, M. Rothland & S. Blömeke (Hrsg.), *Handbuch Lehrerinnen- und Lehrerbildung* (S. 123–133). Bad Heilbrunn: Klinkhart.

Schmidt, J., Klusmann, U. & Kunter, M. (2016). Wird alles besser? Positive und negative berufliche Ereignisse von Referendarinnen bzw. Referendaren und Lehrkräften im Vergleich. *Psychologie in Erziehung und Unterricht, 63* (4), S. 278–291.

Schüle, C., Besa, K.-S., Denger, C., Feßler, F. & Arnold, K.-H. (2014). Lehrerbelastung und Berufswahlmotivation: ein ressourcentheoretischer Ansatz. Lehrerbildung auf dem Prüfstand, 7(2), S. 175-189.

Schwarzer, R. & Warner, L. (2014). Forschung zur Selbstwirksamkeit bei Lehrerinnen und Lehrern. In E. Terhart, H. Bennewitz & M. Rothland (Hrsg.), *Handbuch der Forschung zum Lehrerberuf* (Vol. 2) (S. 662–678). Münster: Waxmann.

Sutton, R. E. & Wheatley, K. F. (2003). Teachers' emotions and teaching: A review of the literature and directions for future research. *Educational Psychology Review, 15* (4), pp. 327–358.

Tönjes-von Platen, B. (2010). *Zielorientierungen und berufliches Belastungserleben bei Lehrenden. Inaugural – Dissertation*. Erlangen: Friedrich-Alexander-Universität.

Townsend, T. & Bates, R. (2007). *Handbook of teacher education: Globalisation, standards and professionalism in times of change*. Dordrecht: Springer.

Wyss, C. (2013). Unterricht und Reflexion. Eine mehrperspektivische Untersuchung der Unterrichts- und Reflexionskompetenz von Lehrkräften. *Empirische Erziehungswissenschaft, Band 44*. Münster: Waxmann.

Weinert, F. E. (2001). *Leistungsmessungen in Schulen*. Weinheim: Beltz.

# 5 Gesundheit und Einstieg in den Lehrberuf – Potenzial und Gefährdung

Neulich im Lehrerinnen- und Lehrerzimmer:

> Es ist kurz vor Weihnachten. Michael, 23, und Ronja, 22, bereiten sich mit ihren beiden Klassen auf einen Adventsanlass im Schulhaus vor. Sie haben beide im Sommer ihre erste Stelle als Klassenlehrkraft in der Primarstufe angetreten. Michael unterrichtet eine 1. Klasse, Ronja eine 5. Klasse. Ronja sagt zu Michael: »Es ist schön, dass wir zusammen den Adventsanlass vorbereiten. Solche Aktivitäten bereiten mir große Freude, geben mir Energie für die Arbeit und motivieren mich. Generell habe ich langsam das Gefühl, den Schulalltag mit all den unterschiedlichen Aufgaben im Griff zu haben. Es stellt sich eine Routine ein. Auch die Klassenführung gelingt mir immer besser. Die nächste große Herausforderung sind für mich die Elterngespräche im Januar. Es geht bei meinen Schülerinnen und Schülern ja bereits um eine erste Einschätzung zum Übertritt in die nächste Schulstufe. Ich freue mich aber auch darauf, die Eltern näher kennenzulernen.« Michael meint: »Ich hatte als Lehrer einer 1. Klasse bereits viel Kontakt mit den Eltern meiner Schülerinnen und Schüler, ich bin es schon gewohnt, auf der Straße von den Eltern angesprochen zu werden. Ich finde es aber einfach gerade so viel mit diesen ganzen Adventsanlässen, Basteleien und dem Verfassen der Zeugnisberichte. Das frisst so viel Zeit und Energie. Eigentlich müsste ich doch noch die langfristige Planung für das zweite Schulhalbjahr machen. Dazu habe ich gar keine Zeit. Es ist mir gerade alles etwas zu viel. Ich habe mir das irgendwie anders vorgestellt und ich habe nicht gedacht, dass der Berufseinstieg so anstrengend ist. Ich bin froh, wenn dann endlich Weihnachten ist und ich hoffentlich einmal ein paar Tage freimachen kann. Dann kann ich endlich auch noch meine letzten Umzugskisten auspacken.«

Zum Nachdenken

1. Welches sind die zentralen Anforderungen im Berufseinstieg?
2. Wie und durch welche Faktoren werden Lehrkräfte in ihrem Selbstverständnis und in ihrem Wohlbefinden bei der Arbeit beeinflusst?
3. Was kann aus der Berufseinstiegsphase für die weiteren Berufsphasen mitgenommen werden?

Die Berufseinstiegsphase von Lehrkräften ist auf der einen Seite dadurch geprägt, dass neue Anforderungen bewältigt werden müssen. Auf der anderen Seite haben die berufseinsteigenden Lehrkräfte aber auch die Möglichkeit, ihr im Studium erworbenes Wissen über den Kontext von Praktika hinaus anzuwenden, neue Erfahrungen und Erkenntnisse in unterschiedlichen Arbeitsbereichen und Rollen zu sammeln und sich neues Wissen zu erschließen (Keller-Schneider, 2020).

Die Berufseinstiegsphase geht sowohl mit positiven als auch mit negativen Emotionen einher. Sie ist geprägt von Unsicherheiten, Ängsten, Selbstzweifeln und Überforderung, aber auch von Enthusiasmus und der Freude, endlich im angestrebten Beruf arbeiten zu können (Herzog, Herzog, Brunner & Müller, 2007) und sich selber verwirklichen zu können (Ingrisani, 2014). Zugleich geht es in der Berufseinstiegsphase auch darum, die im Lehramtsstudium erworbenen Kompetenzen im Sinne der Professionalisierung (▶ Kap. 4 und ▶ Kap. 7) weiterzuentwickeln.

Dieses Kapitel nimmt die Berufseinstiegsphase und die Kompetenzentwicklung im Zusammenhang mit dem Gesundbleiben im Beruf in den Blick. Zunächst werden die Anforderungen der Berufseinstiegsphase und deren Bewältigung beschrieben (▶ Kap. 5.1). Danach werden Begleitprogramme zum Berufseinstieg und deren Wirkungen auf die Gesundheit von Lehrkräften erläutert (▶ Kap. 5.2). Die Kernaussagen fassen die Erkenntnisse dieses Kapitels prägnant zusammen (▶ Kap. 5.3), während die Reflexionsfragen am Schluss des Kapitels den Transfer auf die eigenen Erfahrungen unterstützen sollen (▶ Kap. 5.4).

## 5.1 Professionalisierung und Gesundheit von Lehrkräften in der Berufseinstiegsphase

Der Berufseinstiegsphase kommt im Prozess der Weiterentwicklung beruflicher Kompetenzen in Bezug auf die Gesundheit von Lehrkräften eine zentrale Rolle zu. Die Phase des Berufseinstiegs stellt berufliche Anforderungen an Lehrkräfte, die im Sinne berufsspezifischer Entwicklungsaufgaben individuell unterschiedlich wahrgenommen und bewältigt werden (▶ Kap. 6). Diese Entwicklung vollzieht sich in einem Spannungsfeld zwischen Zufriedenheit, hoher Arbeitsfreude und Engagement auf der einen Seite und zeitweiser Überforderung auf der anderen Seite (Affolter, 2019; Keller-Schneider & Hericks, 2014; Nido & Trachsler, 2015). Für die Berufseinstiegsphase von Lehrkräften typische Anforderungen werden im Folgenden erläutert.

### 5.1.1 Anforderungen des Berufseinstiegs

Neben den allgemeinen Anforderungen, die der Lehrberuf an berufseinsteigende Lehrkräfte stellt (▶ Kap. 3), entstehen in der Berufseinstiegsphase auch spezifische Anforderungen. Die am häufigsten genannten *berufseinstiegsspezifischen Anforderungen* beziehen sich auf den Bereich der Rollenfindung, auf unterrichtsbezogene Aspekte, auf die Elternarbeit und auf die Kooperation mit anderen in der Schule beruflich tätigen Personen (Keller-Schneider, 2020). Diese Anforderungen sind unter anderem durch strukturelle Gegebenheiten, nachfolgend *strukturelle Anforderungen* genannt, am Übergang vom Lehramtsstudium in die berufliche Tätigkeit bedingt (▶ Abb. 5.1). Im Folgenden werden zuerst diese strukturellen Anforderungen erläutert. Im Anschluss daran erfolgt eine Beschreibung der häufig genannten berufseinstiegsspezifischen Anforderungen.

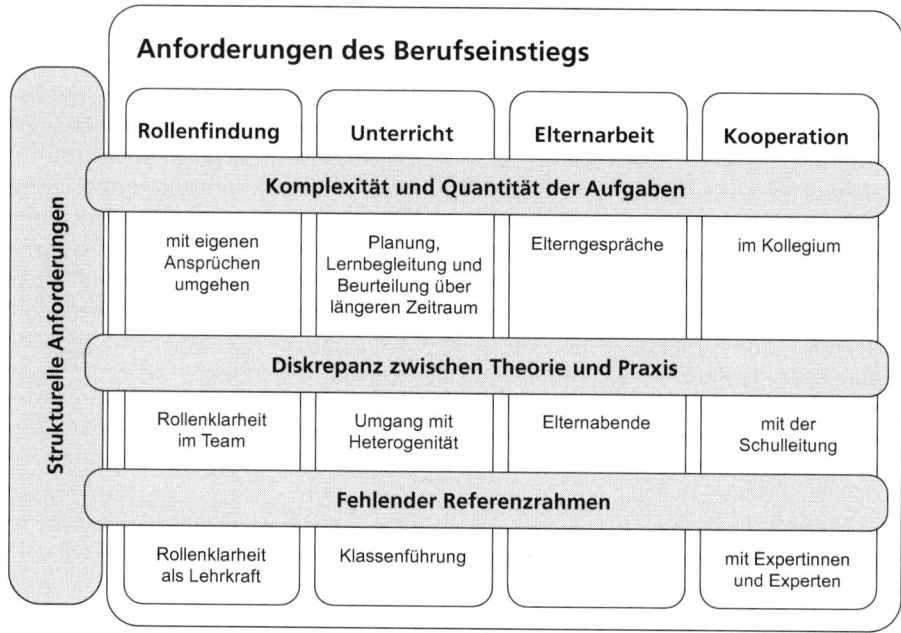

Abb. 5.1: Anforderungen des Berufseinstiegs (eigene Darstellung in Anlehnung an Keller-Schneider, 2020, S. 185 ff.)

## Strukturelle Anforderungen am Übergang vom Lehramtsstudium in die Berufstätigkeit

Die strukturellen Anforderungen, die sich in der Berufseinstiegsphase zeigen, ergeben sich aus einer Erfahrungslücke, die durch das Lehramtsstudium nicht abgedeckt werden kann. Das heißt, es handelt sich um Anforderungen, welche während des Lehramtsstudiums nicht erfahren oder ausreichend erprobt werden konnten. Dies sind 1) die hohe Komplexität und die Quantität von Aufgaben, 2) die Diskrepanz zwischen Theorie und Praxis sowie 3) der fehlende Referenzrahmen. Ein Grund für diese Erfahrungslücken besteht beispielsweise darin, dass es während des Studiums nicht möglich ist, sämtliche Verantwortungsbereiche einer Lehrkraft, insbesondere über eine längere Zeit hinweg, abzudecken (Rothland, 2007).[4] Deshalb kommt der

---

4 Je nach Gestaltung des Lehramtsstudiums und der Berufseinstiegsphase, die in Deutschland, Österreich und der Schweiz teilweise sehr unterschiedlich ausfällt, können sich diese Anforderungen unterscheiden. In der Schweiz beispielsweise endet das Studium mit dem Verlassen der Pädagogischen Hochschule. Der Berufseinstieg stellt daher eine vom Lehramtsstudium als unabhängig zu betrachtende Phase dar. In Deutschland hingegen wird die Ausbildung beim Berufseinstieg mit dem Referendariat weitergeführt.

Berufseinstiegsphase mit Blick auf die Kompetenzentwicklung und das Vorantreiben der Professionalisierung eine große Bedeutung zu.

## Komplexität und Quantität der Aufgaben

Lehrkräfte werden beim Eintritt ins Berufsleben mit einer hohen Komplexität beruflicher Aufgaben konfrontiert, wie sie im Rahmen des Lehramtsstudiums nur teilweise bearbeitet, erprobt und trainiert werden konnte (Keller-Schneider & Hericks, 2014). Anders als noch in den Praktika müssen nun unterschiedliche Anforderungen gleichzeitig bewältigt werden. Aufgaben müssen über längere Zeit im Blick gehalten werden, was während des Lehramtsstudiums trotz des gerade in der Schweiz großen Anteils berufspraktischer Studien nie der Fall war. So ist es Lehramtsstudierenden während des Studiums in der Regel nicht möglich, Erfahrungen in der Unterrichtsplanung über mehr als ein Schulquartal hinweg zu machen oder das Lernen der Schülerinnen und Schüler über einen längeren Zeitraum zu beobachten und sie auf dieser Grundlage zu beurteilen. Des Weiteren gilt es, zusätzliche Aufgaben zu erfüllen, die über den eigentlichen Unterricht hinausgehen (z. B. Elternarbeit, Abklärungen von Kindern mit besonderen Bedürfnissen, Schuladministration, Mitwirkung in der Schulentwicklung). Das Mehr an Aufgaben führt dazu, dass berufseinsteigende Lehrkräfte in der Regel eine hohe Anzahl Arbeitsstunden leisten müssen (Rothland, 2007), wobei häufig auch ein hoher Zeitdruck besteht (Affolter, 2019). Wenn sie über längere Zeit hinweg bestehen, können diese Bedingungen potenzielle Gesundheitsgefährdungen darstellen.

## Diskrepanz zwischen Theorie und Praxis

Infolge der neuen Erfahrungen im Berufseinstieg können Diskrepanzen in Bezug auf das im Studium erlernte Wissen entstehen. Nämlich einerseits zwischen dem im Lehramtsstudium erworbenen Theorie- und Praxiswissen und der Berufsrealität. Beispielsweise kann es sein, dass die Lehrkräfte merken, dass das im Studium Gelernte nicht einfach reproduzierbar ist und im Berufsalltag nur bedingt direkt angewendet werden kann. Andererseits entstehen Diskrepanzen zwischen den während des Studiums aufgebauten Kompetenzen und den im Berufsalltag geforderten Kompetenzen (Košinár, 2014). Es kann deshalb sein, dass das vorhandene Wissen im Umgang mit der Klassenführung in gewissen Situationen nicht reicht, um die eigene Klasse so gut zu führen, wie sich dies die Lehrkraft selber wünscht. Die Konfrontation und der Umgang mit diesen Diskrepanzen stellen eine Anforderung dar, die ebenfalls bewältigt werden muss. Stehen dafür nicht genügend Ressourcen zur Verfügung, kann dies wiederum eine Gesundheitsgefährdung darstellen.

## Fehlender Referenzrahmen

Zu der hohen Komplexität und Quantität von Aufgaben und dem Erfahren von Diskrepanzen kommt zusätzlich hinzu, dass neu in den Beruf eintretenden Lehrkräften ein Referenzrahmen fehlt, an dem sie sich orientieren, die Klasse vergleichen und die Qualität ihrer Arbeit einschätzen können. Der im Lehramtsstudium durch die Peergruppe gebildete Referenzrahmen entfällt, während ein auf eigenen Erfahrungen basierender Referenzrahmen erst ansatzweise besteht. Auch an sich klar definierte Berufsaufträge bieten diesbezüglich nur wenig Orientierung (Rothland & Terhart, 2007), weil sie inhaltlich eher allgemein formuliert sind und teilweise auch unklare Qualitätsansprüche stellen (▶ Kap. 3.1). Somit liegt in der Regel kein Referenzrahmen vor, der in der Berufseinstiegsphase Gewissheit und Sicherheit vermittelt und dadurch die Beanspruchung durch neu auftretende Belastungen reduzieren könnte (Herrmann & Hertramph, 2000).

**Berufseinstiegsspezifische Anforderungen am Übergang vom Lehramtsstudium in die Berufstätigkeit**

Als spezifische Anforderungen des Berufseinstiegs werden nachfolgend Aspekte der beruflichen Tätigkeit betrachtet, die von Berufseinsteigerinnen und Berufseinsteigern häufig als herausfordernd beschrieben werden. Dazu gehören 1) die Rollenfindung, 2) verschiedene Anforderungen im Bereich des Unterrichts, 3) die Elternarbeit und 4) unterschiedliche Kooperationen im Team (Keller-Schneider, 2020).

Rollenfindung

Mit dem Berufseinstieg gehen eine Erweiterung des Rollenspektrums und eine Ausdifferenzierung des beruflichen Selbstverständnisses einher. Im Lehramtsstudium ist es während der Praktika noch möglich, die Rolle der Lehrerin oder des Lehrers nach dem Unterricht wieder abzulegen oder die Verantwortung für die Klasse in heiklen Situationen der zuständigen Lehrkraft zu übergeben. In der Phase des Berufseinstiegs ist dies nicht mehr möglich. Die neue Rolle als hauptverantwortliche Lehrkraft muss deshalb zuerst integriert und internalisiert werden. Des Weiteren werden Berufseinsteigende durch die Anstellung als Lehrkraft zu einer öffentlichen Person mit gesellschaftlicher Verantwortung, zu Vertreterinnen und Vertretern einer Institution sowie zum Teil eines Kollegiums (Grob & Jaschinski, 2003).

Darüber hinaus bestimmt die Rolle als Lehrkraft nicht nur die Arbeitstätigkeit, sondern sie fließt auch in das Privatleben ein und löst dadurch auch Veränderungen in privaten Beziehungen aus. Neben der beruflichen Identität gilt es deshalb auch ein neues Rollenbewusstsein als Privatperson zu entwickeln, zumal der Übergang vom Lehramtsstudium in die Berufstätigkeit oftmals auch privat mit einer neuen Lebensphase einhergeht. So kann beispielsweise ein Wohnortwechsel eine neue Gestaltung der privaten Situation erforderlich machen (Keller-Schneider & Hericks, 2014). Es gilt somit, auf unterschiedlichen Ebenen mit Veränderungen umzugehen und zusätzliche Verantwortung zu übernehmen, während gleichzeitig die Grenzen der Verantwortung erkannt und respektiert werden müssen, um im Beruf langfristig gesund zu bleiben (Keller-Schneider, 2020).

## Unterricht

Auf der Ebene des Unterrichts sind in der Berufseinstiegsphase insbesondere die 1) langfristige Planung von Unterricht und die individuelle Lernbegleitung und Unterstützung der Schülerinnen und Schüler, 2) der Umgang mit Heterogenität sowie 3) die Klassenführung (Umgang mit Disziplinschwierigkeiten) Anforderungen, die von berufseinsteigenden Lehrkräften oft genannt werden (z. B. Affolter, 2019; Keller-Schneider, Arslan, Kirchhoff, Maas & Hericks, 2019; Nido & Trachsler, 2015). Da diese Aufgaben ohne direkten Praxisbezug während des Lehramtsstudiums nur bedingt erlernbar sind, wird diesbezüglich ein besonderer Lernzuwachs erwartet. Die drei genannten Bereiche werden nachfolgend kurz erläutert.

*(1) Langfristige Planung von Unterricht und Lernbegleitung*
Während der Berufseinstiegsphase sind die Lehrkräfte zum ersten Mal damit konfrontiert, die Schülerinnen und Schüler über einen längeren Zeitraum hinweg zu begleiten und deshalb den Unterricht, die Arbeits- und Lernprozesse wie auch die Beurteilungen längerfristig festzulegen. Damit verbunden ist die Anforderung, den Unterricht lernzielbezogen zu planen und auch entsprechend zu handeln, Lernziele und Beurteilungskriterien transparent zu machen oder Lernkontrollen zielgerichtet zu formulieren und einzusetzen (Keller-Schneider, 2020).

*(2) Umgang mit Heterogenität*
Aus unterschiedlichen Studien ist bekannt, dass die Heterogenität der Schülerinnen und Schüler gerade im Berufseinstieg eine Anforderung darstellt (Affolter, 2019; Keller-Schneider, 2014). Der adäquate Umgang mit Heterogenität erfordert eine Anpassung des Unterrichts, unter anderem der Lernwege und der Lernziele, an die individuellen Lernvoraussetzungen der einzelnen Schülerinnen und Schüler. Dies verlangt eine methodisch-didaktische Aufbereitung des Unterrichts, welche die notwendige Differenzierung und Individualisierung im Unterrichtsverlauf gewährleisten kann. Die Grundlage dieser individuellen Förderung bildet eine präzise Einschätzung der Leistungsfähigkeit der einzelnen Schülerinnen und Schüler (Keller-Schneider et al., 2019). Des Weiteren sind unter dem Aspekt der Heterogenität auch die Begegnung mit Schülerinnen und Schülern aus unterschiedlichen Kulturen, die Arbeit mit verhaltensschwierigen Schülerinnen und Schülern sowie die – aus der Sicht der Lehrkraft – oftmals fehlende Motivation der Schülerinnen und Schüler zu nennen (Affolter, 2019).

*3) Klassenführung*
Eine weitere viel genannte Anforderung in der Berufseinstiegsphase besteht in der Führung der eigenen Klasse und damit verbunden im Umgang mit Störungen im Unterricht (Henecka & Lipowsky, 2002; Affolter, 2019; Keller-Schneider et al., 2019). Die Klassenführung hängt eng mit der Gestaltung von Unterricht zusammen. Diese muss von den berufseinsteigenden Lehrkräften zum ersten Mal grundlegend selbst bestimmt werden. Denn während der Praktika haben sich Lehramtsstudierende in eine gegebene Lernkultur einzufinden und sich ihr anzupassen. Damit es gelingt, in der eigenen Klasse eine eigenständige Arbeits- und Lernkultur aufzubauen, zu pflegen und weiterzuentwickeln, müssen sich Berufseinsteigerinnen und Berufseinsteiger damit auseinandersetzen, wie sie ihren Unterricht möglichst effizient und die Abläufe störungsarm organisieren können. Unterrichtabläufe müssen

ritualisiert werden, die Komplexität des Unterrichts muss an den Lernstand der Schülerinnen und Schüler angepasst werden und es gilt, Arbeitsformen und Lärmpegel festzulegen. Zu einer effizienten Kassenführung gehört zudem, dass das Klassenklima von Wertschätzung und Wohlwollen geprägt wird, klare Anhaltspunkte und Strukturen vorgegeben werden, Verhaltenserwartungen explizit formuliert werden und die Führungsverantwortung verbindlich wahrgenommen wird (Keller-Schneider, 2020).

Elternarbeit

Eine von berufseinsteigenden Lehrkräften in empirischen Studien ebenfalls häufig genannte Anforderung ist die Zusammenarbeit mit Eltern (Ingrisani, 2014). In den Praktika war Elternkontakt nur sehr beschränkt möglich, da Lehramtsstudierende von Eltern noch nicht als verbindliches Gegenüber wahrgenommen werden. Als Lehrkraft sind Berufseinsteigende hingegen vom ersten Tag an gefordert, die neue Rolle wahrzunehmen und als verantwortliche Fachperson zu fungieren. Sie müssen lernen, Eltern in Gesprächen über das Lern-, Leistungs- und Sozialverhalten ihres Kindes zu informieren, Sicherheit im Umgang mit den Eltern zu erlangen oder Elternabende durchzuführen (Keller-Schneider, 2020).

Kooperation

Unter Kooperation wird diejenige Form der Zusammenarbeit verstanden, die sich durch die berufliche Tätigkeit im Kollegium oder in der Interaktion mit anderen im Schulsystem tätigen Berufsgruppen ergibt. In der Berufseinstiegsphase sind Lehrkräfte das erste Mal auch langfristig Teil eines Kollegiums. Gleichzeitig findet durch das Schulhausteam auch eine Sozialisation statt (Scarth, 1991). Während des Lehramtsstudiums entwickelte Überzeugungen und Einstellungen können durch die Konfrontation mit bestehenden Normen eines Schulhausteams zu Verunsicherungen bei den berufseinsteigenden Lehrkräften führen. Daraus ergeben sich weitere Anforderungen. Die berufseinsteigenden Lehrkräften müssen allfällige Verunsicherungen aushalten, sie sind gleichzeitig aber auch gefordert, die Teamkultur zu erkennen, die eigenen Möglichkeiten und Grenzen im Team wahrzunehmen, Kooperationspartnerinnen und Kooperationspartner zu finden oder sich im Team zu positionieren (Keller-Schneider & Hericks, 2014). Auch die Zusammenarbeit mit der Schulleitung und Expertinnen und Experten, beispielsweise aus den Bereichen der Sonderpädagogik, der Logopädie oder der Schulsozialarbeit, muss erlernt werden. Es gilt, die verschiedenen Funktionen der einzelnen Expertinnen und Experten kennenzulernen und sie im richtigen Moment zu informieren und miteinzubeziehen, sich zugleich durch ihre Arbeit aber auch entlasten zu lassen. Zusammengefasst geht es somit darum, sich in die Arbeit der Schule einzubringen und diese mitzugestalten, Regelungen zu kennen und Beziehungen aufzubauen. Gelingt dies, stellt Kooperation eine wichtige Ressource bei der Bewältigung von berufsbezogenen Anforderungen dar (Dreer, 2016, ▶ Kap. 8)

Die vorhergehenden Ausführungen zu strukturellen und berufseinstiegsspezifischen Anforderungen weisen darauf hin, dass es die eine herausragende oder als besonders beanspruchend zu bezeichnende Anforderung nicht gibt. Es sind vielmehr die Anzahl und die Unterschiedlichkeit der Aufgaben, die berufseinsteigende Lehrkräfte täglich zu bewältigen haben. Wie diese Bewältigung erfolgreich gelingen kann, wird im nächsten Kapitel dargelegt.

Bezogen auf das Fallbeispiel lässt sich folgendes festhalten: Ronja und Michael haben ihre erste Stelle als Lehrkraft angetreten. Es zeigt sich, dass sie neuen und komplexen Anforderungen ausgesetzt sind und viel mehr Aufgaben bewältigen müssen als noch in den Praktika. Zudem konnten sie während des Lehramtsstudiums keine Erfahrung damit sammeln, wie es ist, den Schulalltag über längere Zeit hinweg planen zu müssen, unterschiedliche Aktivitäten gleichzeitig im Blick zu behalten und dabei das tägliche Unterrichten nicht zu vernachlässigen. Dies führt dazu, dass sie mehr arbeiten müssen.

Ronja und Michael haben ihre Arbeit in der Schule zwar gleichzeitig aufgenommen und können daher gegenseitig gewisse Vergleiche anstellen, aber sie unterrichten nicht in derselben Klassenstufe. Für die beiden ist es zum Beispiel schwierig zu beurteilen, was eine adäquate Leistung ihrer Schülerinnen und Schüler ist, da sie nur Vergleiche innerhalb der eigenen Klasse vornehmen können. Des Weiteren wissen sie nicht, wie viel berufseinsteigende Lehrkräfte im Durchschnitt arbeiten und was diesbezüglich »normal« ist. Dies bedeutet, dass Ronja und Michael selbst einen Referenzrahmen formulieren müssen, der festlegt, wie schnell sie bei der Bearbeitung eines Themas mit den Schülerinnen und Schülern vorwärtsarbeiten wollen, wann sie mit der Qualität ihrer Arbeit zufrieden sind und wie viel sie arbeiten. In diesem Zusammenhang müssen sie auch lernen, mit ihren eigenen Ansprüchen realistisch umzugehen und sich auf die eigene Arbeit zu verlassen. Die Notwendigkeit, einen individuellen Referenzrahmen zu bestimmen, kann aber auch eine Chance darstellen, die es ermöglicht, eigene Maßstäbe zu setzen und eigene Ideen zu verwirklichen. Bei Ronja kommt dies beispielsweise in ihrem Bericht von ihrer großen Freude an den Adventsaktivitäten zum Ausdruck.

Beide Berufseinsteigenden sind mit vielfältigen Aufgaben konfrontiert, die sie parallel zu bewältigen haben. Im Fall von Ronja löst insbesondere die Elternarbeit Unsicherheit aus, während Michael seine Rolle bereits gefunden zu haben scheint. So erwähnt er, dass er sich daran gewöhnt habe, auch auf der Straße von Eltern angesprochen zu werden. Für ihn stellen vor allem die Vielseitigkeit der Aufgaben und deren Komplexität, die auf Ronja eher motivierend wirken, eine Herausforderung dar. Sie führen bei ihm verstärkt zu Unsicherheit und zur Frage, wie er das alles bewältigen solle. Angesichts der großen Vielfalt von Aufgaben, die sie vom ersten Tag an übernehmen mussten, müssen Ronja und Michael nun auch lernen, sich vor Überbeanspruchung zu schützen, sich abzugrenzen, sich Momente der Erholung zu schaffen und die eigenen Ressourcen günstig einzuteilen und zu nutzen. Es gilt, das Wesentliche im Auge zu behalten und sich neue Ressourcen zu erschließen.

## 5.1.2 Bewältigung von Anforderungen in der Berufseinstiegsphase und Gesundheit von Lehrkräften

Im Zusammenhang mit beruflichen Aspekten hängt die Gesundheit von Lehrkräften insbesondere davon ab, wie berufsspezifische Anforderungen, die gerade in der Berufseinstiegsphase zahlreich sind, wahrgenommen und bewältigt werden. Abbildung 5.2 (▶ Abb. 5.2) zeigt diesen Prozess schematisiert auf.

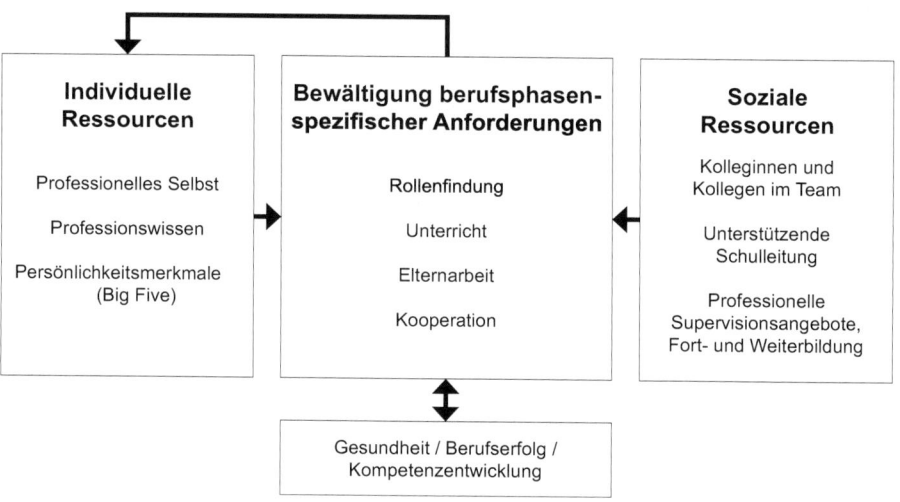

**Abb. 5.2:** Bewältigung berufsphasenspezifischer Anforderungen (in Anlehnung an Fend, 1990, S. 26)

Berufseinstiegsspezifische Anforderungen können je nach Schulkontext erheblich variieren (Sandmeier & Mühlhausen, 2020). Doch nicht nur die Anforderungen selbst können sich unterscheiden, sondern je nach Kollegium und Schulleitung stehen einer Lehrkraft auch unterschiedliche *soziale Ressourcen* zur Bewältigung der Anforderungen zur Verfügung. Zudem bringt jede Lehrkraft neben den durch den Kontext gegebenen Ressourcen verschiedene, vor und während des Lehramtsstudiums entwickelte *individuellen Ressourcen* in den Beruf ein. Individuelle Ressourcen umfassen einerseits erwerbbare Kompetenzen wie das Professionswissen und generell das professionelle Selbst. Andererseits gehören auch stabile und situationsunabhängige Persönlichkeitsmerkmale dazu. Diese individuellen Ressourcen wirken als Filter der Wahrnehmung. (▶ Kap. 4)

Die Einschätzung der Bewältigbarkeit einer konkreten beruflichen Anforderung, auf die eine berufseinsteigende Lehrkraft während ihrer ersten Anstellung trifft, erfolgt auf der Grundlage der subjektiven Bedeutung und der zur Verfügung stehenden Ressourcen (Lazarus & Launier, 1981; ▶ Kap. 2). Wenn zusätzlich auch die Möglichkeit besteht, auf individuelle und soziale Ressourcen (z. B. Kolleginnen und Kollegen, Unterstützung der Schulleitung, professionelle Supervisionsangebote) zurückzugreifen, erhöht dies die Wahrscheinlichkeit, dass die Bewältigung gelingt, was längerfristig zur Aufrechterhaltung der beruflichen Gesundheit beiträgt.

Wird eine Anforderung als bedeutsam und zu bewältigend wahrgenommen, geht mit dem Bewältigungshandeln in der Regel auch Kompetenzentwicklung einher. Denn Anforderungen führen dazu, dass das Handeln reflektiert und im günstigsten Fall angepasst wird. Wird eine Anforderung hingegen als wenig bedeutsam und nicht bewältigbar eingeschätzt, kann dies zu Vermeidung und Widerstand führen (Košinár, 2014). Da die Situation in diesem Fall auch längerfristig nicht aktiv bewältigt wird, bleibt eine Weiterentwicklung der Kompetenzen häufig aus.

Mit übermäßiger Beanspruchung während der Berufseinstiegsphase geht darüber hinaus oftmals auch ein Risiko für die weitere Professionalisierung einher. So konnten Lipowksy, Bleck und Weber (2018) zeigen, dass Lehrerinnen und Lehrer, die sich in der Berufseinstiegsphase belastet fühlen, dies in höherem Maße auch in der mittleren Berufsphase sind. Da in den ersten Berufsjahren die Grundlagen für die weitere Professionalisierung gelegt werden, ist es zentral, dass der Berufseinstieg möglichst optimal unterstützt und begleitet wird (Graf & Edelkraut, 2017), wobei auch gezielt auf die Stärkung individueller und sozialer Ressourcen zu achten ist. Zusammenfassend lässt sich somit festhalten, dass die Bewältigung beruflicher Anforderungen und damit verbunden die Erhaltung der Gesundheit stets durch das Zusammenspiel von beruflichen Anforderungen, individuellen Merkmalen der Person sowie den Arbeitsplatzmerkmalen beeinflusst werden (Terhart, 2011).

## 5.2 Berufseinführungsprogramme

Zur Unterstützung und Begleitung berufseinsteigender Lehrkräfte wurden in vielen Ländern freiwillige und obligatorische Programme implementiert (Dammerer, Losek & Ortmayr, 2018; Vögeli-Mantovani, Bachmann, Wälchli & Hofmaier, 2011; Walm & Wittek, 2014). Diese Berufseinführungsprogramme verfolgen unterschiedliche Ziele:

- Professionelle Unterstützung der Berufseinsteigenden, damit sie sich im System »Schule« zurechtfinden und möglichst schnell einsatzbereit sind;
- Begleitung der professionellen Weiterentwicklung im Lehrberuf und damit verbunden die Weiterentwicklung der Reflexionsfähigkeit;
- Verknüpfung des im Lehramtsstudium erworbenen Wissens mit den neuen praktischen Erfahrungen.

Zur Verfolgung dieser Ziele sollten die Berufseinführungsprogramme nicht nur defizitorientierten Unterstützungscharakter haben, sondern vor allem die Professionalisierung, das heißt die berufliche Weiterentwicklung, fokussieren. Wirksame Berufseinführungsprogramme beziehen sich daher explizit auf die subjektive Anforderungsbewältigung (Blömeke & Plaine, 2009; Keller-Schneider, 2014; Walm & Wittek, 2014).

Solche Programme finden meistens in Austauschgruppen über den gesamten Zeitraum der Berufseinführungsphase hinweg statt. Dieser Zeitraum variiert je nach Angebot der Institutionen zwischen einem und drei Jahren. Zentrale Elemente der Angebote bilden in der Regel Mentoring oder Coaching (Blömeke & Paine, 2009; Vögeli-Mantovani et al., 2011). Neben Mentoring- und Coachingprogrammen ist auch die kollegiale Fallberatung und damit verbundene Unterrichtshospitationen ein wirksames Instrument zur Begleitung von berufseinsteigenden Lehrkräften (Meissner, Semper, Roth & Berkemeyer, 2019). Im Folgenden werden diese Unterstützungsformen erläutert. Im Anschluss daran wird näher auf die während der Berufseinführung zu thematisierenden Inhalte und zu fördernden individuellen Merkmale eingegangen.

### 5.2.1 Mentoring- und Coachingprogramme in der Berufseinführungsphase

Wie bereits festgehalten stellen Mentoring- und Coachingprogramme[5] in der Begleitung des Berufseinstiegs ein zentrales Element angeleiteter Professionalisierung dar, da sie der Komplexität des Berufshandelns in der Regel gerecht zu werden vermögen (Ryter, 2018). Solche Programme zeichnen sich dadurch aus, dass eine im Lehrberuf erfahrene Person eine weniger erfahrene Person begleitet. Der Mentorin oder dem Mentor kommt eine beratende, unterstützende und fördernde Funktion zu (Graf & Edelkraut, 2017). Das Ziel dieser ziel- und handlungsorientierten Beratungsformate, die über einen längeren Zeitraum hinweg wiederholt stattfinden, besteht darin, die im Lehramtsstudium erworbene Reflexionsfähigkeit weiterzuentwickeln und die Selbststeuerung zu erhöhen (Ryter, 2018). Eine Mentorin oder ein Mentor sollte während der Berufseinstiegsphase nicht nur die Funktion eines Rollenmodells für guten Unterricht übernehmen, sondern auch Feedback und Hilfestellungen zur Planung, Analyse und Optimierung des Unterrichts sowie Impulse für problemlösendes Denken anbieten (Ziegler & Bartonek, 2019). Aus diesem Grund benötigt eine Mentorin oder ein Mentor für das Gelingen des Begleitprozesses neben Fachwissen und einer hoch ausgeprägten Empathiefähigkeit auch fundiertes Wissen über Beratung, Reflexion, Supervision und Kommunikationstechniken, damit die Berufseinsteigenden möglichst wirksam unterstützt werden können (Dammerer & Schwab, 2019).

### 5.2.2 Kollegiale Fallberatung

Kollegiale Beziehungen bilden im Umgang mit der Komplexität und den damit verbundenen Anforderungen einen wichtigen Entlastungs- und Schutzfaktor. Die

---

5   Mentoring und Coaching sind nicht immer trennscharf voneinander abzugrenzende Formen der Begleitung (Perkhofer-Czapek & Potzmann, 2016). Für eine differenzierte Klärung der Begriffe »Coaching« und »Mentoring« siehe Ziegler & Bartonek (2019).

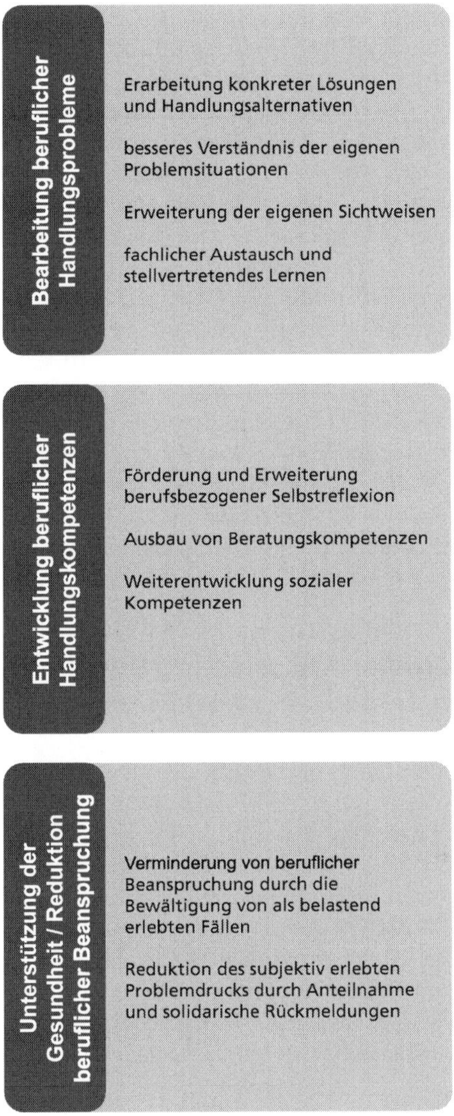

**Bearbeitung beruflicher Handlungsprobleme**
- Erarbeitung konkreter Lösungen und Handlungsalternativen
- besseres Verständnis der eigenen Problemsituationen
- Erweiterung der eigenen Sichtweisen
- fachlicher Austausch und stellvertretendes Lernen

**Entwicklung beruflicher Handlungskompetenzen**
- Förderung und Erweiterung berufsbezogener Selbstreflexion
- Ausbau von Beratungskompetenzen
- Weiterentwicklung sozialer Kompetenzen

**Unterstützung der Gesundheit / Reduktion beruflicher Beanspruchung**
- Verminderung von beruflicher Beanspruchung durch die Bewältigung von als belastend erlebten Fällen
- Reduktion des subjektiv erlebten Problemdrucks durch Anteilnahme und solidarische Rückmeldungen

**Abb. 5.3:** Personenbezogene Ziele und Wirkungen kollegialer Fallberatung (in Anlehnung an Meissner, Semper, Roth & Berkemeyer, 2019, S. 16)

kollegiale Fallberatung ist ein personenorientiertes, selbstgesteuertes und wechselseitiges Beratungsformat, das mit Gruppen von Lehrkräften durchgeführt wird. Im Gespräch zwischen meist etwa fünf bis acht Berufseinsteigenden und einer leitenden, erfahrenen Lehrkraft werden berufsbezogene Fälle systematisch und ergebnisorientiert reflektiert (Tietze, 2010). Dieses Format ermöglicht es den Teilnehmenden, sich über bedeutsame Situationen im Unterricht auszutauschen, das eigene Erleben von Unterrichtssituationen oder des Verhaltens der Schülerinnen und Schüler anzusprechen und nach alternativen Handlungsoptionen zu suchen.

Kollegiale Fallberatungen dienen somit zum einen der Reflexion von Unterrichtssituationen. Zum anderen können in diesem Rahmen auch zentrale Anforderungen des Berufseinstiegs in Peer-Netzwerken oder themenspezifischen Angeboten bearbeitet werden. Dazu gehören allgemeine Themen wie zum Beispiel das Zeit- und Selbstmanagement, aber auch sehr unterrichtsnahe Themen wie Leistungsbewertung, Kommunikation und Kooperation im Schulalltag, das Rollenverständnis von Lehrkräften, der Umgang mit Unterrichtsstörungen, Konflikte mit Eltern, effektives Unterrichten von Fachinhalten, Diagnosekompetenz, Berücksichtigung der individuellen Bedürfnisse von Schülerinnen und Schülern oder die Beteiligung an der Schulentwicklung (Walm & Wittek, 2014).

Eine prototypische kollegiale Fallberatung verfolgt nach Meissner et al. (2019) drei Ziele: 1) die Lösung beruflicher Handlungsprobleme, 2) die Entwicklung beruflicher Handlungskompetenzen und damit verbunden 3) die längerfristige Aufrechterhaltung der Gesundheit (▶ Abb. 5.3). Sie dient somit als Instrument zur Professionalisierung von Lehrkräften sowie zur Unterstützung der Prävention und der längerfristig ausgerichteten Gesundheitsförderung im Schulkontext (Meissner et al., 2019).

## 5.2.3 Inhalte von Mentoring- und Coachingprogrammen und kollegialer Fallberatung und Gesundheit von berufseinsteigenden Lehrkräften

Wie im Vorhergehenden ausgeführt wurde, besteht die Funktion von Berufseinführungsprogrammen in der Regel darin, die Anforderungen im Berufseinstieg und, damit verbunden, zur Beibehaltung der Gesundheit vor allem auch die individuellen Anliegen von berufseinsteigenden Lehrkräften aufzunehmen und zu bearbeiten. Empirische Erkenntnisse deuten diesbezüglich darauf hin, dass der Fokus dabei insbesondere auf der Weiterentwicklung von Selbstwirksamkeitserwartung und der Selbstregulationskompetenz liegen sollte (▶ Kap. 3.3.2 und ▶ Kap. 4.3.1). Neben diesen individuell zu bearbeitenden Themen sollte ein weiterer Schwerpunkt auf die Weiterentwicklung der Klassenführungskompetenz gelegt werden (Blossfeld et al., 2014). Diese drei Inhaltsbereiche werden nachfolgend weiter ausgeführt.

**Selbstwirksamkeitserwartung**

Empirischen Befunden zufolge geht eine hohe Selbstwirksamkeitserwartung in der Regel mit tieferem Beanspruchungserleben und qualitativ hochwertigerem Unterricht sowohl in der Berufseinstiegsphase als auch im Berufsverlauf einher, und dies nachhaltig (Künsting, Neuber & Lipowsky, 2016). Als Teil des professionellen Selbst wird sie als veränderbar betrachtet. Zur Förderung der Selbstwirksamkeitserwartung von Lehrkräften liegen bislang erst wenige Untersuchungen vor. Bei Schwarzer und Warner (2014) findet sich ein Überblick über experimentelle Studien, denen sich Hinweise auf Möglichkeiten der Steigerung des Selbstwirksamkeitserlebens von Lehrkräften entnehmen lassen (▶ Kap. 4.3.3). Grundsätzlich ist diesbezüglich davon auszugehen, dass die Selbstwirksamkeitserwartung durch 1) eigene Erfahrungen, 2) stellvertretende Erfahrungen und 3) verbale Überzeugungen beeinflusst werden kann (Bandura, 1997). Gemeinhin wird angenommen, dass die Stärke des Einflusses über die Bereiche hinweg abnimmt (Schwarzer & Jerusalem, 2002).

Den stärksten Einfluss auf die Selbstwirksamkeitserwartung einer Person üben *persönliche Erfolgserfahrungen* aus. Für eine positive Entwicklung der Selbstwirksamkeitserwartung ist bei diesem Faktor entscheidend, dass der Erfolg den eigenen Anstrengungen und Fähigkeiten zugeschrieben wird. Neben den eigenen Erfahrungen kann die Selbstwirksamkeitserwartung auch durch *stellvertretende Erfahrungen* positiv beeinflusst werden. Die Person muss hierzu beispielsweise die Möglichkeit erhalten, ein Verhalten einer anderen Person zu beobachten, das sie als nachahmenswert betrachtet. Einen weiteren potenziellen Einflussfaktor bilden *verbale Überzeugungen*. Diese können in einem persönlichen Gespräch vermittelt werden, in dem einer Person beispielsweise ihre Kompetenzen verdeutlicht werden. Ein langfristiger Effekt zeigt sich bei diesem Faktor jedoch nur, wenn sich die Kompetenzbeschreibungen auch durch Erfolgserfahrungen bestätigen lassen (Schwarzer & Warner, 2014).

Mentoring- und Coachingangebote, kollegiale Fallberatung und damit verbundene Unterrichtshospitationen stellen Möglichkeiten zur Förderung von der Selbstwirksamkeitserwartung dar (Abs & Anderson, 2014; Lipowsky, 2014). Die Reflexion von Unterricht ermöglicht es, Lösungsansätze und Handlungsalternativen zu formulieren, was sich positiv auf die Selbstwirksamkeitserwartung auswirken kann. Auch durch die Beobachtung einer Kollegin oder eines Kollegen und somit durch eine stellvertretende Erfahrung können die Selbstwirksamkeitserwartung, beispielsweise in Bezug auf die Anwendung einer bestimmten Unterrichtsmethode, im Sinne des Lernens am Modell gestärkt werden. Wenn die beobachtende Lehrkraft der unterrichtenden Lehrkraft nach der Hospitation in einem Reflexionsgespräch Rückmeldungen zu den beobachteten Kompetenzen gibt, kann sich dies auch positiv auf die Selbstwirksamkeitserwartung der beobachteten Lehrkraft auswirken (Urton, 2017).

**Selbstregulationskompetenz**

Eine gute Selbstregulation, das heißt die Fähigkeit, die eigenen Kognitionen, Emotionen und das eigene Verhalten so zu steuern, dass die beruflichen Anforderungen und die eigenen Ziele zufriedenstellend bewältigt werden, ohne dass dabei die Gesundheit gefährdet wird (Sandmeier, Mustafić & Krause, 2020), führt im Allgemeinen zu besserem Wohlbefinden im Beruf (Klusmann, Kunter, Trautwein, Lüdtke & Baumert, 2008; ▶ Kap. 4.3.4). Deshalb ist es unabdingbar, dass die Weiterentwicklung von Selbstregulation bereits in der Berufseinstiegsphase gezielt gefördert wird. Eine wirksame Möglichkeit besteht diesbezüglich beispielsweise in der Anregung von Selbstreflexion (Körkkö, Kyto-Ämmälä & Turunen, 2016). Diese Reflexion sollte anhand konkreter, als beanspruchend erlebter Situationen aus der beruflichen Praxis erfolgen (▶ Kap. 3.3.2 und ▶ Kap. 4.3.1).

Zu diesem Zweck stehen mittlerweile unterschiedliche, in der Praxis erprobte Trainingsprogramme zur Verfügung wie beispielsweise jenes von Mattern (2012) oder jenes von Celebi, Krahé und Spörer (2014), deren Wirksamkeit empirisch nachgewiesen werden konnte. An dieser Stelle soll das an Handlungskonzepten orientierte Trainingskonzept von Bieri Buschor, Abegg, Berweger, Braun, Keck Frei und Périsset (2018) exemplarisch beschrieben werden. Es beruht auf der Vermittlung von Methoden und Strategien, die selbstbestimmtes und zielgerichtetes Handeln unterstützen. Lehrkräfte sollen durch das Training lernen,

- den Berufsalltag in Hinblick auf Anforderungen zu reflektieren,
- ihre Stärken und Schwächen im Umgang mit Anforderungen zu analysieren,
- lösungsorientierte Methoden anzuwenden,
- Strategien im Umgang mit Anforderungen zu erweitern,
- Handlungsziele zu identifizieren und Handlungspläne zu entwickeln.

Das Selbstmanagement-Training umfasst drei aufeinander aufbauende Module. Modul 1 umfasst die Sensibilisierung im Umgang mit beruflichen Anforderungen, während sich Modul 2 auf die Vermittlung von Strategien zum Umgang mit Anforderungen fokussiert, indem Verhaltens- und Erklärungsmuster reflektiert und lösungsorientierte Techniken eingeübt werden. Modul 3 schließlich unterstützt die Lehrkräfte darin, sich im Umgang mit Anforderungen ein konkretes Ziel zu setzen, welches auf der Grundlage eines Handlungsplans in der Praxis umsetzbar ist (Bieri Buschor et al. 2018).

## Klassenführung

Neben hoch ausgeprägten Selbstwirksamkeitserwartungen und Selbstregulationskompetenz bildet auch eine hohe Kompetenz im Klassenmanagement einen Schutz vor Belastungserleben (Klusmann, Kunter, Voss & Baumert, 2012). Gerade Disziplinschwierigkeiten stellen in der Berufseinstiegsphase eine zentrale und stark beanspruchende Anforderung dar (Affolter, 2019). Ein Trainingsprogramm, das den Schwerpunkt auf die Klassenführung legt, liegt beispielsweise von Piwowar, Thiel und Ophardt (2013) vor. Es vermittelt Wissen über effektive Strategien des Klassenmanagements und bietet Simulationen unter Einsatz von Lernformaten wie Micro-Teaching und Rollenspielen an, die es ermöglichen sollen, neue Strategien einzuüben. In einem weiteren Schritt werden die Lehrkräfte beim Erproben dieser Strategien in ihrem Unterricht videografiert. Diese Aufnahmen werden anschließend in einer Peer-Group diskutiert.

Positive Effekte durch ein Trainingsprogramm zur Klassenführung konnten auch Dicke et al. (2016) sowie Kunz Heim, Sandmeier, Hänggi, Safi und Cina (2019) erzielen. Bei der praktischen Erprobung des Konzepts von Kunz Heim et al. (2019), das sich auf den Umgang mit Unterrichtsstörungen konzentriert, ließen sich positive Auswirkungen auf die Gesundheit der teilnehmenden Lehrkräfte nachweisen. Das Programm vermittelt Kompetenzen im Umgang mit schwierigem Verhalten von Schülerinnen und Schülern und stellt neue Handlungsmöglichkeiten vor, die aufzeigen, wie eine positive Beziehung zu den Schülerinnen und Schülern aufgebaut, erwünschtes Verhalten gestärkt und in anspruchsvollen Situationen adäquat und konsequent reagiert werden kann. In der empirischen Begleitstudie konnte nachgewiesen werden, dass das Beanspruchungserleben der Teilnehmenden durch die Intervention gesenkt werden konnte.

## 5.3 Kernaussagen des Kapitels

Das Kapitel *Gesundheit und Einstieg in den Lehrberuf – Potenzial und Gefährdung* lässt sich in den folgenden neun Kernaussagen zusammenfassen:

1. Der Berufseinstieg gilt als zentraler Übergang in der Berufsbiografie, bei dem bedeutsame Grundlagen für die Professionalisierung und das Gesundbleiben im Beruf gelegt werden.
2. Die Phase des Berufseinstiegs ist geprägt von positiven sowie auch negativen Emotionen. Auf der einen Seite freuen sich Berufseinsteigende darüber, endlich im erlernten Beruf arbeiten zu können. Auf der anderen Seite sind sie mit neuen beruflichen Anforderungen konfrontiert, deren Bewältigung während des Lehramtsstudiums nur bedingt erprobt werden konnte.
3. Die von berufseinsteigenden Lehrkräften am häufigsten genannten *Anforderungen* beziehen sich auf den Bereich der Rollenfindung, auf unterrichtsbezogene Aspekte (langfristige Planung, Umgang mit Heterogenität, Klassenführung), auf die Elternarbeit und auf die Kooperation mit anderen in der Schule beruflich tätigen Personen.
4. Diese berufseinstiegsspezifischen Anforderungen sind unter anderem bedingt durch *strukturelle Anforderungen* am Übergang vom Lehramtsstudium in die berufliche Tätigkeit: die hohe Komplexität und Quantität der Aufgaben, der fehlende Referenzrahmen und die Diskrepanz zwischen Theorie und Praxis.
5. Gesundbleiben in der Berufseinstiegsphase bedeutet, die Komplexität und die Quantität des Berufsalltags im Einklang mit den eigenen Ansprüchen zu bewältigen und mit den eigenen Ressourcen achtsam umzugehen.
6. Die Fähigkeit zur Bewältigung der Anforderungen in der Berufseinstiegsphase beruht auf der Interaktion zwischen individuellen Merkmalen der Person und situationsspezifischen Merkmalen.
7. Mentoring- und Coachingprogramme, aber auch kollegiale Fallberatungen können berufseinsteigende Lehrkräfte bei der Bewältigung individueller Anforderungen begleiten und sie dadurch in ihrer individuellen Entwicklung unterstützen.
8. Zentrale Kompetenzbereiche, die in diesen Unterstützungsmaßnahmen im Sinne der Gesundheitsförderung weiterentwickelt werden sollen, sind die Selbstwirksamkeitserwartung, die Selbstregulation und der Umgang mit der Klassenführung.

9. Die erfolgreiche Bewältigung des Berufseinstiegs und damit verbundener Anforderungen stellt eine günstige Voraussetzung für die langfristige Gesundheit von Lehrkräften dar.

## 5.4 Reflexionsfragen

*Für berufseinsteigende Lehrkräfte*

- Welches sind für mich zurzeit die größten Anforderungen in meiner beruflichen Tätigkeit?
- Was bereitet mir in meinem Beruf große Freude?
- Wie gesund fühle ich mich?
- Wie selbstwirksam fühle ich mich?
- Gelingt es mir, die an mich gestellten Anforderungen zu bewältigen und mich selbst zu regulieren?
- In welchen Bereichen des Unterrichts fühle ich mich sicher, in welchen weniger?
- Nehme ich Unterstützung durch Angebote, die im Rahmen der Berufseinführung zur Verfügung stehen (z. B. Mentorate oder Fort- und Weiterbildungen), wahr? Welche Unterstützungsangebote würde ich mir wünschen?

*Fachpersonen der Aus-, Fort- und Weiterbildung und Beratung*

- Mit welchen Anforderungen sind berufseinsteigende Lehrkräfte konfrontiert?
- Welche Anforderungen sind für berufseinsteigende Lehrkräfte am schwierigsten zu bewältigen?
- Welche Kompetenzen von berufseinsteigenden Lehrkräften sollten wie gestärkt werden, um ihnen eine erfolgreiche Bewältigung der Anforderungen zu ermöglichen?
- Welche Rolle habe ich bzw. hat die Aus-, Fort- und Weiterbildung in der Begleitung von berufseinsteigenden Lehrkräften?

*Für Schulleitungen*

- Welches sind die größten Anforderungen, die sich den berufseinsteigenden Lehrkräften an unserer Schule stellen?
- Wie beeinflusst das professionelle Selbst von Lehrkräften das Erleben von Wohlbefinden und Beanspruchung?
- Was kann ich tun, um unsere berufseinsteigenden Lehrkräfte in der sensiblen Phase des Berufseinstiegs zu unterstützen?
- Welche Unterstützungsangebote stehen meinen Lehrkräften zur Verfügung?
- Werden die vorhandenen Angebote für die Berufseinführung wirksam genutzt? Wie kann ich als Schulleiterin oder Schulleiter die Wirksamkeit fördern?

# Literaturverzeichnis zu Kapitel 5

Abs, H. & Anderson-Park, E. (2014). Programme zur Berufseinführung: die zweite Phase der Lehrerbildung. In E. Terhart, H. Bennewitz & M. Rothland (Hrsg.), *Handbuch der Forschung zum Lehrerberuf* (Vol. 2) (S. 489–510). Münster: Waxmann.

Affolter, B. (2019). *Engagement und Beanspruchung von Lehrpersonen in der Phase des Berufseintritts: Die Bedeutung von Zielorientierungen, Selbstwirksamkeitserwartungen und Persönlichkeitsmerkmalen im JD-R Modell*. Bad Heilbrunn: Klinkhardt.

Bandura, A. (1997). *Self-Efficacy: The exercise of control*. New York: W. H. Freeman.

Bieri Buschor, C., Abegg, S., Berweger, S., Braun, B., Keck Frei, A. & Périsset, N. (2018). *Manual »Weiterbildung in der Berufseinstiegsphase – ein Selbstmanagement-Training für Lehrpersonen«*. Zürich: Pädagogische Hochschule Zürich.

Blömeke, S. & Paine, L. (2009). Berufseinstiegs-Programme für Lehrkräfte im internationalen Vergleich. *journal für lehrerinnen- und lehrerbildung, 9(3)*, S. 18-25.

Blossfeld, H.-P., Bos, W., Daniel, H.-D., Hannover, B., Lenzen, D., Prenzel, M., . . . Kleiber, D. (2014). *Psychische Belastungen und Burnout beim Bildungspersonal. Empfehlungen zur Kompetenz- und Organisationsentwicklung. Gutachten*: Münster: Waxmann.

Celebi, C., Krahé, B. & Spörer, N. (2014). Gestärkt in den Lehrerberuf: Eine Förderung berufsbezogener Kompetenzen von Lehramtsstudierenden. *Zeitschrift für Pädagogische Psychologie, 28(3)*, S. 115–126.

Dammerer, J., Losek, A. & Ortmayr, E. (2018). Zur Betreuung und Begleitung von Berufseinsteigerinnen und Berufseinsteigern (Bericht 2). *Online Journal for Research and Education, 9*, S. 1–8.

Dammerer, J. & Schwab, K. (2019). Entwicklungsmodelle von beginnenden Lehrpersonen: Eine vergleichende qualitative Untersuchung zum Phasenmodell nach Huberman und Stufenmodell nach Fuller & Brown. *Online Journal for Research and Education, 12*, S. 1–12.

Dreer, B. (2016). Gemeinsam ist man weniger belastet? Eine empirische Untersuchung zum Zusammenhang von Kooperation und Belastung von Lehrerinnen und Lehrern. *Der pädagogische Blick, 24(2)*, 103-115.

Dicke, T., Holzberger, D., Kunina-Habenicht, O., Linninger, C., Schulze-Stocker, F., Seidel, T., . . . Kunter, M. (2016). »Doppelter Praxisschock« auf dem Weg ins Lehramt? Verlauf und potenzielle Einflussfaktoren emotionaler Erschöpfung während des Vorbereitungsdienstes und nach dem Berufseintritt. *Psychologie in Erziehung und Unterricht, 63 (4)*, S. 244–257.

Fend, H. (1990). *Vom Kind zum Jugendlichen. Der Übergang und seine Risiken. Entwicklungspsychologie der Adoleszenz in der Moderne*. Bern: Hans Huber.

Graf, N., & Edelkraut, F. (2017). *Mentoring: Das Praxisbuch für Personalverantwortliche und Unternehmer* (2 ed.). Wiesbaden: Gabler.

Grob, A. & Jaschinski, U. (2003). *Erwachsen werden: Entwicklungspsychologie des Jugendalters*. (1 ed.). Weinheim: Beltz.

Henecka, H. & Lipowsky, F. (2002). Berufseinstiege von Lehramtsabsolventen - Ergebnisse einer Längsschnittstudie an Pädagogischen Hochschulen in Baden-Württemberg. In H. Melenk et al. (Hrsg.), *Perspektiven der Lehrerbildung – das Modell Baden-Württemberg* (S. 251–266). Freiburg: Fillibach.

Herrmann, U. & Hertramph, H. (2000). Der Berufsanfang des Lehrers – der Anfang von welchem Ende? *Die Deutsche Schule, 92 (1)*, S. 54–65.

Herzog, W., Herzog, S., Brunner, A. & Müller, H. P. (2007). *Einmal Lehrer, immer Lehrer? Eine vergleichende Untersuchung der Berufskarrieren von (ehemaligen) Primarlehrpersonen* (Vol. 5). Bern: Haupt.

Ingrisani, D. (2014). *Die »neuen« Lehrerinnen und Lehrer: eine Befragung der ersten Jahrgänge der neuen Vorschul- und Primarlehrerinnen und -lehrerausbildung der deutschen Schweiz*. Bern: Haupt.

Keller-Schneider, M. (2020). *Entwicklungsaufgaben im Berufseinstieg von Lehrpersonen*. Münster: Waxmann.

Keller-Schneider, M. (2014). Kompetenz von Lehrpersonen in der Berufseinstiegsphase. Die Bedeutung von zwei methodisch unterschiedlichen Erfassungszugängen. *Zeitschrift für Bildungsforschung, 4* (2), S. 101–117.

Keller-Schneider, M. & Hericks, U. (2014). Forschung zum Berufseinstieg. In E. Terhart, H. Bennewitz & M. Rothland (Hrsg.), *Handbuch der Forschung zum Lehrerberuf*. Münster: Waxmann.

Keller-Schneider, M., Arslan, E., Kirchhoff, E., Maas, J. & Hericks, U. (2019). Herausforderungen im Berufseinstieg von Lehrpersonen – ein Vergleich zwischen Lehrpersonen zweier Länder und zweier Schulstufen. *Lehrerbildung auf dem Prüfstand, 12*(1), S. 80–100.

Klusmann, U., Kunter, M., Trautwein, U., Lüdkte, O. & Baumert, J. (2008). Teachers' occupational well-being and quality of instruction: The important role of self-regulatory patterns. *Journal of Educational Psychology, 100* (3), pp. 702–715.

Klusmann, U., Kunter, M., Voss, T. & Baumert, J. (2012). Berufliche Beanspruchung angehender Lehrkräfte: Die Effekte von Persönlichkeit, pädagogischer Vorerfahrung und professioneller Kompetenz. *Zeitschrift für Pädagogische Psychologie, 26* (4), S. 275–290.

Körkkö, M., Kyto-Ämmälä, O. & Turunen, T. (2016). Professional development through reflection in teacher education. *Teaching and Teacher Education, 55*, pp. 198–206.

Košinár, J. (2014). Professionalisierungsverläufe in der Lehrerausbildung. Opladen: Barbara Budrich.

Künsting, J., Neuber, V. & Lipowsky, F. (2016). Teacher self-efficacy as a long-term predictor of instructional quality in the classroom. *European Journal of Psychology of Education, 31* (3), pp. 299–322.

Kunz Heim, D., Sandmeier, A., Hänggi, Y., Safi, N. & Cina, A. (2019). Training zum Umgang mit Unterrichtsstörungen: Effekte auf die Gesundheit von Lehrkräften. *Zeitschrift für Erziehungswissenschaft, 22* (4), S. 925–944.

Lazarus, R. S. & Launier, R. (1981). Stressbezogene Transaktion zwischen Person und Umwelt. In R. J. Nitsch (Hrsg.), *Stress. Theorien, Untersuchungen, Massnahmen* (S. 213–259). Bern: Huber.

Lipowsky, F., Bleck, V. & Weber, T. (2018). *Wie bedeutsam sind die frühen Berufsjahre für den späteren Berufserfolg von Lehrerinnen und Lehrern? – Befunde der Studie »Wege im Beruf«*. Paper presented at the FHNWCampus, Brugg-Windisch. http://www.wege-lehrberuf.ch/abstracts/abstracts-keynotes/frank-lipowsky

Mattern, J. (2012). Selbstregulation im Lehrerberuf: Entwicklung eines Trainings für angehende Lehrkräfte. *Unterrichtswissenschaft, 40* (2), S. 156–173.

Meissner, S., Semper, I., Roth, S. & Berkemeyer, N. (2019). *Gesunde Lehrkräfte durch kollegiale Fallberatung?* Heidelberg: Springer Medizin.

Nido, M. & Trachsler, E. (2015). *Der anspruchsvolle Weg zum Lehrerinnen- und Lehrerberuf. Zweite Befragung von Berufseinsteigerinnen und Berufseinsteigern an der Volksschule im Kanton Zürich. Zürich:* iafob Institut für Arbeitsforschung und Organisationsberatung. [Online verfügbar]: https://bi.zh.ch/internet/bildungsdirektion/de/themen/zahlen-fakten/veroeffentlichungen/jcr:content/contentPar/publication_14/publicationitems/titel_wird_aus_dam_e_1/download.spooler.download.1443510505362.pdf/150703_Berufseinstieg+2015_PHZH.pdf [Oktober 2020].

Perkhofer-Czapek, M. & Potzmann, R. (2016). *Begleiten, Beraten und Coachen: Der Lehrberuf im Wandel*. Wiesbaden: VS Verlag.

Piwowar, V., Thiel, F. & Ophardt, D. (2013). Training inservice teachers' competencies in classroom management. A quasi-experimental study with teachers of secondary schools. *Teaching and Teacher Education, 30*, pp. 1–12.

Rothland, M. (2007). *Belastung und Beanspruchung im Lehrerberuf*. Wiesbaden: VS Verlag

Rothland, M. & Terhart, E. (2007). Beruf: Lehrer — Arbeitsplatz: Schule. In M. Rothland (Hrsg.), *Belastung und Beanspruchung im Lehrerberuf* (S. 11–31). Wiesbaden: VS Verlag.

Ryter, A. (2018). Coaching als neuer Trend in der Lehrerinnen- und Lehrerbildung. Eine erste Bestandsaufnahme. In C. Reintjes, G. Bellenberg & G. Im Brahm (Hrsg.), *Mentoring und Coaching als Beitrag zur Professionalisierung angehender Lehrpersonen* (S. 23–39). Münster: Waxmann.

Sandmeier, A., & Mühlhausen, J. (2020). *Was hält Lehrpersonen in der Schule? (WahLiS-Studie). Belastungen und Ressourcen auf der Schulebene.* Goldau: Pädagogische Hochschule Schwyz.

Sandmeier, A., Mustafić, M., & Krause, A. (2020). Gesundheit und Selbstregulation in der Lehrerbildung. In C. Cramer, J. König, M. Rothland & S. Blömeke (Hrsg.), *Handbuch Lehrerinnen- und Lehrerbildung* (S. 123–133). Bad Heilbrunn: Klinkhart.

Scarth, J. (1991). Handlungsstrategien von Lehrern – Übersicht und Kritik. In E. Terhart (Hrsg.), *Unterrichten als Beruf. Neuere amerikanische und englische Arbeiten zur Berufskultur und Berufsbiografie von Lehrern und Lehrerinnen* (S. 23–40). Köln: Böhlau.

Schwarzer, R. & Jerusalem, M. (2002). Das Konzept der Selbstwirksamkeit. In M. Jerusalem & D. Hopf (Hrsg.), *Selbstwirksamkeit und Motivationsprozesse in Bildungsinstitutionen (Zeitschrift für Pädagogik, 44. Beiheft*, S. 28–53).

Schwarzer, R, & Warner, L. (2014). Forschung zur Selbstwirksamkeit bei Lehrerinnen und Lehrern. In E. Terhart, H. Bennewitz & M. Rothland (Hrsg.), *Handbuch der Forschung zum Lehrerberuf* (Vol. 2). Münster: Waxmann.

Terhart, E. (2011). Lehrerberuf und Professionalität. Gewandeltes Begriffsverständnis – neue Herausforderungen. In W. Helsper & R. Tippelt (Hrsg.), *Pädagogische Professionalität (Zeitschrift für Pädagogik. 57. Beiheft*, S. 202–224). Weinheim: Beltz.

Tietze, K.-O. (2010). *Wirkprozesse und personenbezogene Wirkungen von kollegialer Beratung: Theoretische Entwürfe und empirische Forschung.* Wiesbaden: VS Verlag.

Urton, K. (2017). *Selbstwirksamkeitserwartung – Was bedingt sie und wie kann sie gefördert werden?* Potsdamer Zentrum für empirische Inklusionsforschung (ZEIF), 3, S. 1–12.

Vögeli-Mantovani, U., Bachmann, M., Wälchli, J.-F. & Hofmaier, M. (2011). *Berufseinführung von Lehrerinnen und Lehrern der Volksschule – Organisation, Umsetzung und Analyse ihrer Wirksamkeit.* Aarau: Schweizerische Koordinationsstelle für Bildungsforschung. [Online verfügbar]: https://www.skbf-csre.ch/fileadmin/files/pdfs/staffpaper/staffpaper_6_berufsein fuehrung_lp.pdf [Oktober 2020].

Walm, M & Wittek, D. (2014). *Lehrer_innenbildung in Deutschland im Jahr 2014 – eine phasenübergreifende Dokumentation der Regelungen in den Bundesländern.* Eine Expertise im Auftrag der Max-Traeger-Stiftung. Frankfurt: Gewerkschaft Erziehung und Wissenschaft.

Ziegler, V. & Bartonek, S. (2019). R&E-SOURCE Tutoring und Coaching als Methoden des Mentorings beim Berufseinstieg von Lehrpersonen. *Open Online Journal for Research and Education (15)*, S. 1–9.

# 6  Über den Berufseinstieg hinaus – gesund bleiben im Lehrberuf

Neulich im Lehrerinnen- und Lehrerzimmer:

> Sie sieht müde aus, denkt sich Peter, 22, gerade neu in den Lehrberuf eingestiegen. Anna, 55, sitzt ihm in Gedanken versunken gegenüber. Sie ist schon über 30 Jahren in diesem Schulhaus in der gleichen Schulstufe tätig. Bald sind Sommerferien. Ohne Peter bewusst wahrzunehmen, fragt sich Anna leise: »Ob ich es noch bis zum Schulende schaffe? Eigentlich hätte ich schon seit drei Wochen zu Hause bleiben sollen. Mit der verschleppten Grippe wird der Geräuschpegel auch nicht erträglicher. Es wird jedes Jahr schlimmer.« Peter nimmt seine Kaffeetasse und geht zum Spülbecken. »So möchte ich nie werden«, denkt er sich. Er schaut in den Spiegel bei der Spüle. »Ich sehe müde aus«, stellt er fest und wird noch blasser.

Zum Nachdenken:

1. Verändern sich die Beanspruchungen im Lebenslauf einer Lehrkraft?
2. Bewältigen junge Lehrkräfte die täglichen Anforderungen besser als ältere Kolleginnen und Kollegen? Oder verhält es sich umgekehrt?
3. Gibt es besonders heikle Phasen im Berufsverlauf?
4. Ist die berufliche Tätigkeit an Schulen belastender als in anderen Arbeitskontexten?

Um es gleich vorwegzunehmen: Stellt man diese Fragen der empirischen Sozialforschung, erhält man selten widerspruchsfreie und nur lückenhafte Antworten. Solche Aspekte des Lehrberufs wurden bislang noch kaum systematisch erforscht. Dies erstaunt, da eine wissenschaftliche Betrachtung der Gesundheit von Lehrkräften im Berufsverlauf großes Potenzial hinsichtlich einer evidenzbasierten gesundheitsfördernden Gestaltung von Schulen und der Personalentwicklung im Schulwesen bergen würde. Um dieses Potenzial sichtbar zu machen, werden nachfolgend in einem ersten Schritt die Grundlagen des biografischen Zugangs aufbereitet (▶ Kap. 6.1). Die erarbeitete Differenzierung nach den Merkmalen von Raum und Zeit soll in einem zweiten Schritt genutzt werden, um die zurzeit verfügbaren empirischen Befunde zu bilanzieren (▶ Kap. 6.2). Die Kernaussagen (▶ Kap. 6.3) sowie die Reflexionsfragen (▶ Kap. 6.4) sollen abschließend nochmals explizit auf den Punkt bringen, weshalb es sich für Lehrkräfte, Schulleitungen wie auch Fachpersonen in Beratung, Fort- und Weiterbildung lohnt, sich vertieft mit dem berufsbiografischen Zugang zur Gesundheitsförderung zu befassen.

## 6.1 Biografischer Zugang – Grundlagen

Bei der berufsbiografischen Betrachtung steht die Frage im Vordergrund, wie sich die Gesundheit einer Lehrkraft im Verlauf ihrer beruflichen Tätigkeit *verändert*. Gemäß Faltermaier, Mayring, Saup und Strehmel (2002) sind hierfür die Annahmen wegleitend, dass

- sich jeder Mensch über die gesamte Lebensspanne verändern kann,
- sich die Wege der Veränderungen zwischen den einzelnen Personen stark unterscheiden können und
- Veränderungen in verschiedenen Lebenskontexten, sogenannten »Ökologien« wie Beruf, Familie oder Freizeitaktivitäten, stattfinden.

Als Grundlage für eine differenzierte Auseinandersetzung mit diesen Aussagen sollen nachfolgend das Menschenbild, das hinter solchen Aussagen steht, sowie das Verständnis von Raum und Zeit vertieft erläutert werden (Herzog, 2007).

### 6.1.1 Menschenbild – die aktive und handelnde Lehrkraft

Entwicklung vollzieht sich nach Fend (2000) im Allgemeinen über die Bewältigung von Anforderungen (▶ Kap. 5). In einem solchen Konzept von Entwicklung durch Bewältigung wird der Mensch als aktives und handelndes Subjekt verstanden, als *coping man*: »Der coping man ist das handelnde Subjekt, das sich rational und verantwortlich mit seinen Ökologien auseinandersetzt. ... Handlungen resultieren aus Entscheidungen von Personen, die für ihr Handeln verantwortlich sind« (Herzog, 1991, S. 20). Bei einer biografischen Betrachtung der Gesundheit geht es deshalb immer um die *aktive* und *handelnde* Lehrkraft, die sich über die *Zeit* in verschiedenen *Lebenskontexten* bewegt und sich dabei *verändert*. Anders ausgedrückt: Eine Lehrkraft ist keine »Marionette ihrer Lebensumstände«, sondern sie hält die Fäden ihrer Gesundheitsförderung selbst in der Hand.

### 6.1.2 Entwicklung aus einer ökologischen Perspektive

Prozesse der Beanspruchung und Bewältigung sind transaktional, das heißt, sie führen zu einem wechselseitigen Bezug zwischen der einzelnen Person und ihrem Umfeld (▶ Kap. 2). Diese Annahme lässt sich für den biografischen Zugang differenzieren, wenn die »Ökologie der menschlichen Entwicklung« nach Bronfenbrenner (1981) als Denkmodell verwendet wird. Wie bereits festgehalten bewegen sich Lehrkräfte in verschiedenen Lebenskontexten: unter anderem im Beruf, in der Familie oder in der Freizeit. In diesen Lebenskontexten ergeben sich spezifische Beziehungen und Rollen. So gehen zum Beispiel mit der Rolle als Lehrer zum Teil andere Erwartungen einher als mit der Rolle als Vater, Ehemann oder Fußballtrainer.

Lebenskontexte können eine Person *gleichzeitig* (synchron) beeinflussen: Wenn beispielsweise eine Lehrerin zugleich Mutter und zudem noch Präsidentin des örtlichen Schachclubs ist, dann ist ihr Agieren in den einzelnen »Rollen« im Tagesablauf gemäß Stundenplan vielleicht formal definiert. Doch bereits ein Telefonanruf der Eltern eines Schülers am Abend oder eine Nachricht der eigenen Kinder während der Unterrichtszeit zeigen, dass diese Welten zeitgleich auf die einzelne Person einwirken und wie wenig trennbar sie faktisch sind.

Des Weiteren können sich Lebenskontexte auch *zeitlich nachgeordnet* (diachron) verändern. Im zeitlichen Verlauf des beruflichen Kontexts würde sich eine solche Veränderung klassischerweise in der Abfolge der Stadien »Studium – Berufseinstieg – Berufstätigkeit – Pension« manifestieren, während im privaten Umfeld an Stadien wie »Tochter – Mutter– Großmutter« zu denken wäre.

Aus der Entwicklungsperspektive ist vor allem der *Übergang* zwischen zwei Lebenskontexten von großem Interesse. Ein »ökologischer Übergang« findet nach Bronfenbrenner (1981) dann statt, wenn eine Person ihre Position durch einen Wechsel ihrer Rolle, ihres Lebenskontexts oder beider Aspekte verändert. Dies ist beispielsweise dann der Fall, wenn eine Lehrerin im gleichen Schulhaus die Funktion der Schulleiterin übernimmt (Wechsel der Rolle) oder wenn ein Lehrer aus dem Lehrberuf aussteigt, um in der Privatwirtschaft tätig zu sein (Wechsel des Lebenskontexts und der Rolle). Solche Übergänge sind zahlreich und über das ganze Leben hinweg zu bewältigen. Weil sich dabei die Person und die Umwelt verändern, lassen sich in diesem Konzept die »Paradebeispiele für den Prozess gegenseitiger Anpassung zwischen Organismus und Umgebung« (Bronfenbrenner, 1981, S. 43) erkennen.

Damit das Thema der beruflichen Gesundheit von Lehrkräften differenziert betrachtet werden kann, müssen deshalb verschiedene, das heißt auch private Lebenskontexte in die Betrachtungen einbezogen werden. Wenn die Frage im Zentrum steht, wie die Institution »Schule« und konkret die einzelne Schule als Organisation die Gesundheit von Lehrkräften beeinflussen, dann ist es aufschlussreich, sich auch mit den Biografien jener Lehrkräfte zu befassen, deren Lebenskontexte sich etwa durch Wechsel des Arbeitsorts, der Stufe oder des Berufes verändert haben.

### 6.1.3 Multiples Zeitverständnis

Wer Veränderungen erfassen will, muss sich mit dem Thema der Zeit befassen, da sie Beanspruchungs- und Bewältigungsprozesse in vielfacher Weise beeinflusst (Herzog, 2010). Schematisierend lassen sich drei Zeitbegriffe unterscheiden.

**Die ordnende Zeit**

Die Zeit kann erstens zur Strukturierung verwendet werden: Bei diesem Vorgehen werden Veränderungen über die Zeit in unterschiedliche Abschnitte, Etappen und Phasen gegliedert, ihre Dauer wird bestimmt und – das ist zentral – sie werden zueinander in *Beziehung* gesetzt. Die Zeit wird bei diesem Konzept somit als Zeit*plan* aufgefasst. Der Fachbegriff hierfür lautet »ontogenetische Zeit«.

Beispiele für dieses Zeitverständnis finden wir vor allem in der Entwicklungspsychologie, die von universell gleich ablaufenden Entwicklungsphasen ausgeht, die aufeinander aufbauen. Die wohl bekannteste und für die Schule grundlegende

Entwicklungstheorie ist jene von Jean Piaget (1970), welche die kognitive Entwicklung von Kindern in vier Stadien beschreibt (sensumotorisches Stadium, präoperationales Stadium, konkret-operationales Stadium und formal-operationales Stadium).

**Die situierende Zeit**

Zeit kann in zweiter Verwendungsweise dazu genutzt werden, einzelne Ereignisse oder Episoden zu *situieren*. In diesem Zusammenhang handelt es sich um einen aktualgenetischen Zeitbegriff. Vom zuvor erläuterten stufenbezogenen oder gar universellen ontogenetischen Ordnungsversuch grenzt sich das Konzept der situierenden Zeit dadurch ab, dass einzelne Situationen weitgehend *losgelöst* von anderen Situationen, die sich vorher oder nachher ereignen, betrachtet werden. In Bezug auf deren Situierung lassen sich zwei Orientierungspunkte unterscheiden:

1. Die *altersbezogene* Zeit nimmt Bezug auf das Lebensalter einer Person. Im einleitenden Fallbeispiel kommt dieser Orientierungspunkt in den Angaben »Peter, 22«, und »Anna, 55«, zum Ausdruck.
2. Für die Verortung von Situationen sind zudem direkt gegenwartsbezogene wirtschaftliche, gesellschaftliche oder politische Einflüsse zu beachten. Die soziale Zeit würde sich im Fallspiel somit auf den Zeitpunkt beziehen, zu dem die Begegnung zwischen Peter und Anna im Lehrerinnen- und Lehrerzimmer stattfand: im Jahr 2020, kurz vor Schuljahresende.

Dem Fallbeispiel lässt sich des Weiteren entnehmen, dass die altersbezogene und die soziale Uhr unterschiedlich »ticken«. Würde sich Anna daran erinnern, wie sie 1987, ebenfalls als 22-jährige Lehrerin, kurz vor den Sommerferien im Lehrerinnen- und Lehrerzimmer stand, dann würde es sich diese Situierung nur auf die altersbezogene Zeit beziehen, nicht aber auf die soziale Zeit. Anna und Peter stammen aus unterschiedlichen Alterskohorten. Obschon beide beim Berufseinstieg gleich alt waren, waren bzw. sind die äußeren Rahmenbedingungen des Studiums und der Schule unterschiedlich.

**Die modale Zeit**

Während die beiden ersten Zeitbegriffe eher physikalischer Art sind, bezieht sich der dritte Begriff auf ein qualitatives Zeitverständnis. Das Konzept der »modalen Zeit«, wie sie Herzog (2002) bezeichnet, unterscheidet nicht lediglich zwischen vorher und nachher. Vergangenheit (Erfahrungen) und Zukunft (Ziele, Absichten) werden zueinander in Beziehung gesetzt, damit in der Gegenwart gehandelt werden kann. Die Gegenwart ist daher kein Punkt in einem Kontinuum, der auf der Zeitachse einfach in linearer Weise verschoben wird. Vielmehr werden die Vergangenheit und die Zukunft in der Gegenwart stets neu differenziert: Das, was war und was kommt, wird immer wieder neu konstruiert und gedeutet. Dieser Zeitbegriff verweist somit auf eine innere, psychologische Uhr, die »Zeit im Kopf«. So können zum Beispiel Unterrichtslektionen von 45 Minuten in ihrer Dauer sehr unterschiedlich wahrgenommen werden, obwohl sie – metrisch gesehen – gleich lang dauern. Die Wahrnehmung hängt unter anderem davon ab, welche Vorerfahrungen man mit dem Fach (»Mathe war schon immer mein Lieblingsfach«) oder der Lehrkraft (»Frau Hug ist die Beste!«) gemacht hat und was in der (nahen) Zukunft (»Gleich sind Schulferien – durchhalten!«) geplant ist.

An dieser Stelle lässt sich somit zusammenfassend festhalten: Wer die Gesundheit von Lehrkräften aus einer biografischen Perspektive betrachtet, muss davon ausgehen, dass Lehrerinnen und Lehrer

1. sich im Verlauf ihres Lebens *verändern*,
2. von ihren privaten und beruflichen *Lebenskontexten* geprägt werden,
3. *je nach* Berufserfahrung und Alter an einem anderen Ort stehen,
4. zum jeweils gegenwärtigen Zeitpunkt *alle* in der gleichen Zeit leben,
5. *jede* Person ihre eigene Geschichte und Perspektive hat.

Konkret heißt das, dass Personalentwicklungsmaßnahmen, Beratungen wie auch Fort- und Weiterbildungsangebote diese biografischen Faktoren zu berücksichtigen haben, wenn sie maximal wirksam sein sollen. Bei ihrer Konzeption kann auf Erkenntnisse der Lehrerinnen- und Lehrerforschung zurückgegriffen werden, die im folgenden Kapitel dargestellt werden.

## 6.2 Berufsbiografischer Zugang – Stand der Forschung

Auf der Grundlage des in Kapitel 6.1 (▶ Kap. 6.1) formulierten Zugangs zur Frage, aus welchen Perspektiven die Gesundheit im Berufsverlauf untersucht werden kann, lassen sich die Erkenntnisse der empirischen Lehrerinnen- und Lehrerforschung in diesem Themenbereich in zwei Kategorien bilanzieren: Gesundheit kann erstens im berufsbiografischen Verlauf betrachtet werden (▶ Kap. 6.2.1). Zweitens werden berufsbiografische Übergänge hinsichtlich ihrer Auswirkungen auf Beanspruchungs- und Bewältigungsprozesse und somit auf die Gesundheit untersucht (▶ Kap. 6.2.2).

### 6.2.1 Gesundheit im berufsbiografischen Verlauf

Studien, die sich mit der Gesundheit von Lehrkräften im Hinblick auf den berufsbiografischen Verlauf befassen, lassen sich in drei Kategorien einteilen:

1. Sie fokussieren eine spezifische Berufsphase.
2. Sie nehmen Vergleiche über mehrere Berufsphasen hinweg vor.
3. Sie rekonstruieren Verläufe.

## Phasenspezifische Analyse

Während der Berufseinstieg als erste Berufsphase sehr intensiv beforscht wurde (▶ Kap. 5), liegen zur *mittleren und späteren Berufsphase* bislang erst wenige empirische Befunde vor. So lassen sich kaum Studien finden, die sich *explizit* mit berufserfahrenen Lehrkräften und ihrem Umgang mit beruflichen Belastungen auseinandersetzen.

## Vergleichende Analyse

Anhand der in Kapitel 6.1 (▶ Kap. 6.1) erarbeiteten Grundlagen zum Zeitbegriff lassen sich in der Forschung drei Perspektiven identifizieren, aus denen Lehrkräfte verglichen werden: Ein erster Vergleichsfokus findet sich in Studien, die hinsichtlich des Lebensalters bzw. der Berufserfahrung der Lehrkräfte und somit hinsichtlich der altersbezogenen Zeit unterscheiden. Zweitens werden in sogenannten »Kohortenstudien« Vergleiche zwischen verschiedenen sozialen Zeiten vorgenommen. Und drittens wird der Lehrberuf in Bezug auf Beanspruchung und Bewältigung mit anderen Berufen verglichen.

1) Studien, die *jüngere und ältere Lehrkräfte* gegenüberstellen, führten bislang zu widersprüchlichen Ergebnissen. Die plausibel erscheinende Annahme, dass mehr Erfahrung zu einer weniger negativen Beanspruchung führt, bestätigt sich empirisch nicht. So stellten Forneck und Schriever (2001) keine Zusammenhänge zwischen der Unterrichtserfahrung und der Beanspruchung fest. In diversen anderen Studien ließen sich zwar Veränderungen der Beanspruchung und der Bewältigung mit zunehmender Berufserfahrung finden, über deren Richtung und Ausprägung besteht jedoch kaum Konsens (Herzog, 2007). Das hat einerseits damit zu tun, dass kaum Längsschnittstudien vorliegen, die Alters- (altersbezogene Zeit) und Kohorteneffekte (soziale Zeit) zu unterscheiden vermögen. Dies wäre den Ausführungen in Kapitel 6.1.3 (▶ Kap. 6.1.3) zufolge, in denen dargelegt wurde, dass diese »Uhren« unterschiedlich ticken können, jedoch von erheblicher Bedeutung. Andererseits werden Beanspruchungs- und Bewältigungsprozesse von unterschiedlichen personbezogenen Faktoren beeinflusst (▶ Kap. 2), die sich jeweils in sehr unterschiedliche Richtungen verändern und deshalb einfach beobachtbare, lineare Effekte überdecken können. Eine in diesem Zusammenhang aufschlussreiche Studie hat Keller-Schneider (2017) durchgeführt. Sie untersuchte die subjektive Bewertung einer Aufgabe, die subjektiv eingeschätzte Kompetenz als Ressource zur Bewältigung dieser Aufgabe und die dabei wahrgenommene Beanspruchung im Vergleich zwischen erfahrenen Lehrkräften (7 bis 35 Jahre Berufserfahrung) und Berufseinsteigenden (1 bis 3 Jahre Berufserfahrung). Die erfahrenen Teilnehmenden schätzten sich zwar als kompetenter ein als die Berufseinsteigenden, fühlten sich aber trotzdem nicht weniger negativ beansprucht. Keller-Schneider (2017) vermutet, dass es den weniger erfahrenen Lehrkräften dank kognitiver Selbstregulation (▶ Kap. 2) besser gelinge, sich vor Überbeanspruchung zu schützen: Berufseinsteigende scheinen Aufgaben, in denen sie sich noch nicht ausreichend kompetent fühlen, weniger Bedeutung beizumessen, sodass davon weniger Beanspruchung ausgeht. Philipp und Kunter (2013)

befassten sich ebenfalls mit dem Einfluss der Berufserfahrung auf die Bewältigung von berufsbezogenen Aufgaben, indem sie untersuchten, wie Lehrkräfte ihre Arbeitszeit für außerunterrichtliche Aufgaben einsetzen. Sie konnten aufzeigen, dass insbesondere die untersuchten Lehrkräfte der mittleren Karrierephase viel mehr Energie in den Beruf investieren als die Lehrkräfte der beiden Vergleichsgruppen. Berufseinsteigenden und Lehrkräften am Ende der Karriere scheint es besser zu gelingen, die Anzahl der Aufgaben zu reduzieren. Erfahrene Lehrkräfte sind zudem in der Lage, die eingesetzte Zeit pro Aufgabe zu optimieren und Aufgaben, die emotional weniger erschöpfend sind, zu priorisieren.

Zusammenfassend lässt sich somit festhalten, dass die zurzeit vorliegenden Forschungsbefunde darauf hindeuten, dass sich die Formel »Mehr Kompetenz + Erfahrung = weniger negative Beanspruchung« in der Empirie nicht bestätigen lässt. Für die Gesundheit spielt, wie in Kapitel 2 (▶ Kap. 2) dargelegt, die Bewertung der Anforderungen ebenfalls eine zentrale Rolle. Und diese Bewertung verändert sich innerhalb einer Berufsbiografie. Auf den Punkt gebracht lässt sich dies wie folgt ausdrücken: Gesund bleibt, wer sich auf fortwährend verändernde Bedingungen im Umfeld und bei sich selbst einzustellen vermag.

2) *Trendanalysen* beschäftigen sich mit Veränderungen, die sich über die soziale Zeit erstrecken. Im Zentrum steht dabei die Frage, ob sich die Gesundheit der untersuchten Lehrkräfte innerhalb eines bestimmten Zeitraums insgesamt verändert habe. Sandmeier, Kunz Heim, Windlin und Krause (2017) untersuchten zwischen 2002 und 2010 die Belastung und die Beanspruchung in einer repräsentativen Stichprobe von Schweizer Lehrkräften. Angesichts der allgemeinen Feststellung, dass die Anforderungen, die an Lehrkräfte gestellt werden, aufgrund der verschiedenen Schulreformen oder infolge der gestiegenen Ansprüche an die Schule in den letzten Jahren gestiegen sind, ist das Ergebnis dieser Studie auf den ersten Blick als erwartungswidrig einzustufen: »Das Ausmaß der negativen Beanspruchung bleibt bei regionalen Unterschieden insgesamt relativ stabil und die Lehrkräfte sind trotz anhaltend hohen Anforderungen mit ihrem Beruf zufrieden« (Sandmeier et al., 2017, S. 75). Diesem Befund zufolge scheint es der Mehrheit der befragten Lehrkräfte zu gelingen, die erhöhten Anforderungen erfolgreich zu bewältigen und im Lehrberuf gesund zu bleiben. Eine allgemeine »Entwarnung« greift allerdings zu kurz. So gehen auch die Autorinnen und der Autor davon aus, dass diese Gesamtbetrachtungen mögliche Gruppeneffekte (etwa bei Frauen oder Lehrkräften mit kleineren Pensen) »überdecken« und bei differenzierterer Analyse gruppenspezifische Trends vorliegen könnten.

3) Eine dritte Form des Vergleichs, die mit Blick auf die berufliche Gesundheit von Lehrkräften von Relevanz sein kann, ist der *Vergleich des Lehrberufs mit anderen Berufen*. Obwohl sich solche Untersuchungen aufgrund der Besonderheiten des Lehrberufs und der Schule als anspruchsvoll erweisen (▶ Kap. 3), lassen sich den vorliegenden Ergebnissen Hinweise auf die spezifischen Rahmenbedingungen, die sich auf die Gesundheit von Lehrkräften auswirken, entnehmen. Sandmeier und Mandel (2020) verglichen die positive berufliche Beanspruchung von Lehrkräften mit der positiven beruflichen Beanspruchung von Personen in intellektuell-forschenden Berufen, konkret Ingenieurinnen und Ingenieuren, Architektinnen und Architekten

sowie wissenschaftlichem Personal an Hochschulen. Die Lehrkräfte wiesen in allen drei untersuchten Dimensionen des Arbeitsengagements (Elan, Hingabe, Vertiefung) höhere Werte auf als die Personen der Vergleichsgruppe. Insbesondere die Dimension »Hingabe«, die das Erleben von Sinn, Inspiration und Stolz beinhaltete, war im Lehrberuf stärker ausgeprägt als in den verglichenen Berufen. Dieser Befund lässt sich für die einzelne Lehrkraft bzw. Schulleitende grundsätzlich positiv einschätzen: Je höher das Arbeitsengagement, desto höher die Lebenszufriedenheit und desto geringer die wahrgenommene Erschöpfung (Affolter, 2019; Halbesleben, 2010). Allerdings hat dieses Fazit auch eine Kehrseite, denn ein hohes Arbeitsengagement ist potenziell auch mit Gefahren behaftet, gerade im Lehrberuf: Die Offenheit der Ziele wie auch die örtliche und die zeitliche Flexibilität während der Vor- und Nachbereitung des Unterrichts (▶ Kap. 3) bilden Rahmenbedingungen, die dazu führen können, die eigene Erholung zugunsten der Arbeit zu vernachlässigen und dadurch die eigene Gesundheit längerfristig zu gefährden. Vor dem Hintergrund, dass der Lehrberuf insbesondere Menschen anzuziehen scheint, in deren Persönlichkeitsstruktur die Dimension »Hingabe« einen besonders hohen Stellenwert einnimmt, dürfte dieses Risiko beträchtlich ausfallen. Zugleich setzt der berufliche Auftrag keine klar bestimmbaren Grenzen, weshalb es zu einer doppelten Gefährdung der Gesundheit kommen kann, nämlich aus personaler und organisationaler Sicht.

## Verlaufsmodelle

Verlaufsmodelle sind in der Entwicklungspsychologie weit verbreitet und werden häufig auch auf andere Themenbereiche übertragen. Auch theoretischen Überlegungen zu Beanspruchung und Bewältigung im Lehrberuf werden diese Konzeptionen zugrunde gelegt. Erwähnt werden sollen an dieser Stelle drei Anwendungsbereiche, die mit je einem Beispiel illustriert werden: a) Modelle zu »Burnout«, b) Modelle zum Zusammenhang von Beanspruchung und Bewältigung in verschiedenen Laufbahnphasen sowie c) Verlaufslinien beruflichen Wohlbefindens.

a) *Burnout* ist wohl einer der populärsten Begriffe in der alltäglichen Diskussion über berufliche Belastung und Bewältigung. So unklar die wissenschaftliche Definition dieses Konstrukts auch ist (▶ Kap. 2.1.2): Es besteht Einigkeit darüber, dass Burnout als ein schleichend einsetzender und langwieriger Prozess umschrieben werden kann. Zur Erfassung dieses Prozesses wurden zahlreiche Modelle entwickelt, die gewisse Regelmäßigkeiten im Auftreten von Symptomen erfassen (▶ Tab. 6.1).

Alle diese Phasentheorien beruhen allerdings auf intuitiven Typisierungsversuchen und nicht auf systematischen empirischen Studien (Burisch, 2006). Dies ist als erste Einschränkung festzuhalten. Die vorgeschlagenen Stadien scheinen auf den ersten Blick sehr ähnlich zu sein, wenngleich die Abgrenzung der Phasen, wie die Autoren selbst betonen, größtenteils willkürlich ist (Burisch, 2006). Bei zentralen Punkten ergeben sich jedoch bedeutsame Unterschiede. Diese betreffen vor allem den »Auslöser« von Burnout. So ist zum Beispiel die »idealistische Begeisterung«, wie sie von Edelwich und Brodsky (1984, S. 24) oder auch von Cherniss (1995) beschrieben wurde, als notwendige Voraussetzung und Anfangsphase von Burnout sehr umstritten: Es gibt bislang keine belastbaren empirischen Belege dafür, dass der Ausspruch »Nur wer entflammt, kann auch ausbrennen« allgemeine Gültigkeit hat. Festzustehen scheint demgegenüber, dass Burnout ein oftmals unbemerkt einsetzender chronischer Prozess ist. Der Übergang von Stress und Erschöpfung, als umkehrbare, kurz- und mittelfristige Beanspruchungsfolge, hin zu Burnout als Beanspruchungsfolge, die nicht mehr so einfach rückgängig machbar ist, kann schleichend erfolgen. Deshalb ist es wichtig, auf die Warnsymptome zu achten und der Thematik trotz der ungenauen Diagnose achtsam zu begegnen.

**Tab. 6.1:** Phasentheorien zu Burnout gemäß der Zusammenstellung von Burisch (2006, S. 39 f.; eigene Darstellung)

| | Freudenberger | Cherniss | Lauderdale | Edelwich | Maslach |
|---|---|---|---|---|---|
| 1 | Empfindendes Stadium (z. B. chronische Müdigkeit) | Berufsstress | Verwirrung | Idealistische Begeisterung | a) Emotionale Erschöpfung, b) Physische Erschöpfung |
| 2 | Empfindungsloses Stadium (u. a. Gleichgültigkeit, Zynismus) | Stillstand | Frustration | Stillstand | Dehumanisierung |
| 3 | | Defensive Bewältigungsversuche | Verzweiflung | Frustration | Terminales Stadium (Widerwillen gegen sich und alle anderen) |
| 4 | | | | Apathie | |
| 5 | | | | Intervention (fallspezifisch) | |

b) Modelle der *Gestuftheit beruflicher Entwicklung über die Laufbahn und ihr Zusammenhang mit Bewältigungsprozessen* haben vor allem im angloamerikanischen Raum eine lange Tradition. Im Kontext des Lehrberufs wird in Konzepten der Personalentwicklung oder in Fort- und Weiterbildungsangeboten oft auf das Modell von Huberman (1991) Bezug genommen. Es weist verschiedene Phasen auf (▶ Abb. 6.1).
Der Berufseinstieg ist von zahlreichen Belastungsfaktoren geprägt (▶ Kap. 5). In dieser Phase der beruflichen Biografie von Lehrkräften erfolgt eine Konfrontation mit neuen Aufgaben und Entscheidungen, die bewältigt werden müssen. Als für den Lebenslauf besonders relevante Phase bestimmte Huberman (1991) die Zeit zwischen dem 7. und dem 18. Berufsjahr und somit die Mitte der beruflichen Karriere. Hier werden die Weichen für das berufliche Engagement für den Rest des Lehrerinnen- und Lehrerlebens gestellt. Die beruflichen Wege führen entweder zu einer

»positiven Konzentration« (im Sinne eines »selbstzufriedenen« Rückzugs), zu einer »defensiven Konzentration« (Rückzug mit negativem Ton) oder zu »Enttäuschung« (Müdigkeit, Ermattung). Werden die beiden letztgenannten Folgen als problematisch bezeichnet, dann haben in Hubermans Studie zwei Drittel aller Lehrerinnen- und Lehrerbiografien negativ geendet.

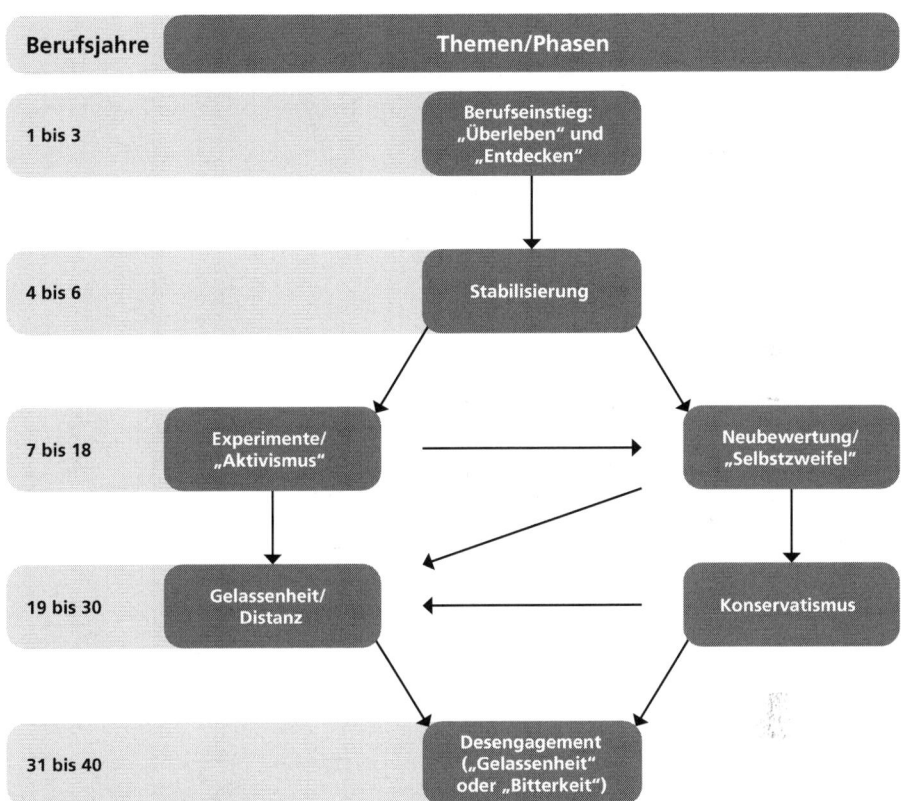

**Abb. 6.1:** Modell der Themenabfolge in der Berufslaufbahn von Lehrkräften (nach Huberman, 1991, S. 249)

c) Eine weitere Form, Beanspruchung und Bewältigung im Lebensverlauf zu betrachten, bietet die Rekonstruktion von *Verlaufslinien*. Zu diesem Zweck werden die Probandinnen und Probanden häufig gebeten, eine Linie in ein Koordinatensystem einzuzeichnen, die »Hochs« oder »Tiefs« im Lebensverlauf markiert. Ein solcher Zugang wird insbesondere zur Strukturierung biografischer Erzählungen verwendet, beispielsweise in der Studie von Herzog, Herzog, Brunner und Müller (2007). Um das berufliche Wohlbefinden in einer ersten Annäherung über die Zeit hinweg zu erfassen, wurden die mündlich befragten, aktiven und ehemaligen Lehrkräfte zuerst gebeten, bedeutsame berufliche und private Ereignisse auf einem Zeitstrahl von der Patentierung als Lehrkraft bis zum Befragungszeitpunkt zu erfassen. Anschließend wurden sie dazu aufgefordert, ihr berufliches Wohlbefinden mithilfe einer Linie im zeitlichen Verlauf festzuhalten. Abbildung 6.2 (▶ Abb. 6.2) veranschaulicht dies am Fallbeispiel einer Lehrerin, die 1995 patentiert wurde, 1999 aus dem Lehrberuf ausstieg und zum Zeitpunkt der Befragung als Schulische Heilpädagogin tätig war.

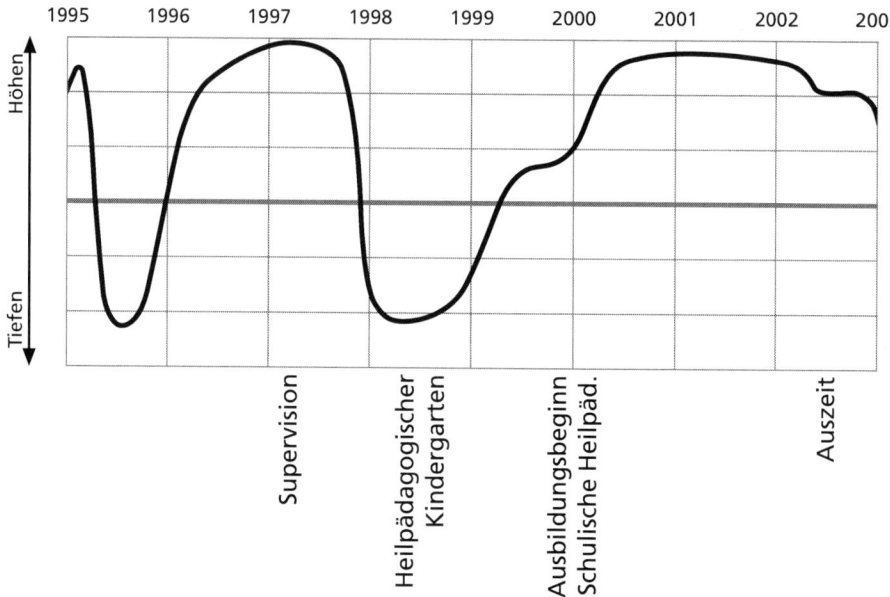

**Abb. 6.2:** Biografische Verlaufslinie mit Bezeichnung bedeutsamer Ereignisse (Herzog, 2007, S. 206)

Wie Auswertungen dieser Verlaufslinien von Herzog et al. (2007) ergaben, waren Hochs *und* Tiefs typische Merkmale weitgehend aller Lebensverläufe. Tiefs, die in öffentlichen Darstellungen zum Lehrberuf sehr häufig in den Vordergrund gestellt werden (▶ Kap. 3), traten im Vergleich mit Hochs jedoch in geringerem Ausmaß auf. Vielmehr scheint das Lehrerinnen- und Lehrerleben von vielen beruflichen Hochs geprägt zu sein. Zudem war keine Zunahme von beruflichen Tiefs im Lebensverlauf als übergreifende Verlaufsform zu erkennen. Eine gewisse »Entpathologisierung« der späteren Berufsjahre ist in Anbetracht dieser Ergebnisse somit angezeigt. Allerdings treten nicht nur die Tiefs, sondern auch die Hochs vor allem in der Berufseinstiegsphase auf. Dies deutet einerseits die emotionale Heftigkeit des Berufseinstiegs hin, der bei den einen mit »Jubel« einhergeht und von den anderen als »Überlebenskampf« empfunden wird. Andererseits erweist es sich als äußerst problematische Berufsperspektive, wenn – den Befunden von Herzog et al. (2007) entsprechend – in den späteren Berufsphasen kaum noch berufliche »Hochs« zu erwarten sind.

Die Studie von Herzog et al. (2007) steht in einem gewissen Kontrast zum zuvor beschriebenen Verlaufsmodell von Huberman (1991). So lässt sich das von Huberman gezeichnete düstere Bild einer Lehrerinnen- und Lehrerbiografie nicht bestätigen. Dies verweist auf die bereits angesprochene meist fehlende empirische Fundierung von Stufen- und Phasenmodellen. Der Wert solcher liegt deshalb vor allem darin, dass sie eine theoretische Strukturierung vornehmen und für eine Sensibilisierung für Veränderungen sorgen. So machen Burnout-Modelle beispielsweise darauf aufmerksam, dass gesundheitliche Phänomene und Veränderungen als langjährige Prozesse zu verstehen sind, während anhand von Hubermans (1991) Modell erkennbar wird, dass die Berufsbiografie auch über den Berufseinstieg hinaus betrachtet werden muss. Denn obwohl es sich hierbei um eine besonders intensive Berufsphase handelt, die von zahlreichen Schwierigkeiten und kritischen Ereignissen begleitet sein kann (▶ Kap. 5), ist auch im weiteren Verlauf der beruflichen Karriere mit nicht weniger bedeutsamen Anforderungen zu rechnen.

## 6.2.2 Einfluss berufsbiografischer Übergänge

Wie in Kapitel 6.1.2 (▶ Kap. 6.1.2) erläutert wurde, kann sich an beruflichen Übergängen etwas für die Thematik der Gesundheitsförderung äußerst Bedeutsames ereignen: Die Lebenswelten können sich in einem solchen Ausmaß verändern, dass angeeignete Bewältigungsstrategien der einzelnen Lehrkraft wirksamer werden oder aber weniger wirksam sind und deshalb erweitert werden müssen. Übergänge bergen somit ein großes Potenzial für Entwicklung und zugleich eine große Gefahr des Scheiterns oder der Krise. Mit Blick auf die Gesundheitsförderung lohnt es sich deshalb ganz besonders, auf solche Veränderungen zu achten.

Für eine Systematisierung von Übergängen lassen sich mit Herzog (2014) die folgenden Typen unterscheiden:

1. Mikrohistorische Übergänge
   - Synchrone Übergänge
     Vom Privatleben in den Berufsalltag und wieder zurück
   - Diachrone, lebenslaufnormierte Übergänge
     Vom Lehramtsstudium in den Beruf
     Vom Beruf in den Ruhestand
   - Diachrone, wenig normierte Übergänge (berufliche Mobilität)
     Arbeitsortinterne Mobilität: Wechsel der Schulstufe, Reduktion des Deputats, Unterbruch der Lehrtätigkeit
     Lehrberufsinterne Mobilität: Wechsel der Schule
     Lehrberufsexterne Mobilität: Wechsel in eine andere Berufstätigkeit
   - Diachrone, nicht normierte Übergänge
     Von der Berufstätigkeit in die Arbeitslosigkeit und wieder zurück in die Berufstätigkeit
     Von der Berufstätigkeit in eine krankheitsbedingte Pause und wieder zurück in die Berufstätigkeit
2. Makrohistorische Übergänge
   Vor und nach gesellschaftlichen Veränderungen oder umfassenden Reformen.

Gemäß dieser Systematik lassen sich Übergänge erstens auf mikrohistorischer Ebene (im konkreten Kontext einer einzelnen Person) oder makrohistorischer Ebene (übergeordnete Veränderungen) beschreiben. Ein weiteres Unterscheidungsmerkmal bildet zweitens die Frage, ob der Übergang zwischen zeitlich parallel verlaufenden Kontexten (synchron) oder nachgeordneten Kontexten (diachron) verläuft (▶ Kap. 6.1.2). Und drittens ist im Hinblick auf die Bewältigung von Übergängen die Unterscheidung bedeutsam, ob der betreffende Übergang stark normiert (und somit viele Lehrkräfte betreffend) oder nur wenig normiert ist.

Zusammenhänge zwischen beruflichen Übergängen und beruflicher Beanspruchung und Bewältigung sind empirisch erst punktuell erforscht worden (Herzog, 2007). Die meisten Studien beziehen sich auf den *Berufseinstieg*, das heißt den Übergang vom Studium in den Lehrberuf (▶ Kap. 5). Welche Relevanz zum Beispiel die *berufliche Mobilität* für die Gesundheit von Lehrkräften hat, konnte Herzog (2007) in der bereits zitierten Studie aufzeigen. Seine Befunde weisen einerseits darauf hin, dass zwischen der beruflichen Beanspruchung und dem Beweggrund, beruflich mobil zu werden, kein direkter Zusammenhang besteht. Das heißt: Lehrkräfte erleben negative Beanspruchung, verlassen den Lehrberuf aber dennoch nicht. Oder sie nehmen positive Beanspruchung wahr und wechseln trotzdem in einen anderen Beruf. In der vertieften Analyse zeigte sich, dass diese Befunde durch eine Differenzierung des Zeitbegriffs erklären lassen (▶ Kap. 6.1.3): Relevant für die Entscheidung, den Beruf bei negativen Beanspruchungen zu verlassen, ist nicht die *gegenwärtige* Situation an sich. Von Bedeutung ist diesbezüglich vielmehr die Perspektive, das heißt die Einschätzung, ob sich die Situation *zukünftig* verändern wird, sei dies durch eine Minderung der negativen Beanspruchung oder durch eine Kompensation durch besonders positive Erlebnisse. Kurz gefasst bedeutet dies, dass Lehrkräfte, die eine positive Perspektive sehen, in der Regel belastbarer sind als Lehrkräfte, die der beruflichen Zukunft mit weniger Zuversicht entgegensehen.

Andererseits vermag die Studie empirisch zu belegen, dass berufliche Veränderungen einen Einfluss auf die gesundheitserhaltenden Ressourcen der einzelnen Lehrkraft haben können. Konkret untersucht wurde die Selbstwirksamkeitserwartung. Wie in Kapitel 4 (▶ Kap. 4) dargelegt wurde, manifestiert sich diese in der subjektiven Gewissheit, neue und schwierige Anforderungssituationen dank der eigenen Fähigkeiten erfolgreich bewältigen zu können. Im Vergleich der verschiedenen Berufsverläufe ließ sich diesbezüglich Folgendes feststellen:

- Die Selbstwirksamkeitserwartung nimmt im Lebensverlauf zu.
- Die Selbstwirksamkeitserwartung wird stark vom Kontext geprägt.
- An Übergängen erfährt die Selbstwirksamkeitserwartung große Veränderungen, das heißt, sie wird gestärkt oder geschwächt.
- Die Selbstwirksamkeitserwartung von Lehrkräften, die den Lehrberuf verlassen haben, ist größer als die Selbstwirksamkeitserwartung von Lehrkräften, die im Lehrberuf verblieben sind.

Letzteres ist besonders aufschlussreich, weil sich die ausgestiegenen Lehrkräfte zum Zeitpunkt, als sie noch im Lehrberuf tätig waren, nicht von ihren Kolleginnen und Kollegen unterschieden hatten. Es scheint deshalb plausibel zu sein, anzunehmen, dass der Berufswechsel zu einer Stärkung der Selbstwirksamkeitserwartung geführt hat. Erklären lässt sich diese Schlussfolgerung dadurch, dass sich diese Personen 1) durch gezielte Fort- und Weiterbildungen in ihren Fähigkeiten weiterentwickelt und spezialisiert haben. Im neuen Berufsfeld waren 2) die Anforderungen an ihre berufliche Tätigkeit klarer und eingegrenzter formuliert worden und sie erhielten in ihren neuen Berufsfeldern 3) vermehrt konkrete Rückmeldungen zu ihrem Tun und machten somit fassbare Erfolgs- und Wirksamkeitserfahrungen. Anhand dieser Befunde lässt sich erneut aufzeigen, dass die spezifischen Rahmenbedingungen des Lehrberufs (▶ Kap. 3) zu einer besonderen Herausforderung für die Selbstwirksamkeitserwartung und somit letzten Endes auch für die Gesundheit von Lehrkräften führen können.

## 6.3 Kernaussagen des Kapitels

Das Kapitel *Über den Berufseinstieg hinaus – gesund bleiben im Lehrberuf* lässt sich in den folgenden zehn Kernaussagen zusammenfassen:

1. Die Förderung der Gesundheit von Lehrkräften ist ein lebenslanger, berufsbiografischer Prozess, bei dem die Lehrkraft aktiv und handelnd Verantwortung übernimmt.
2. Die Förderung der Gesundheit von Lehrkräften muss sowohl berufliche als auch private Lebenskontexte einbeziehen.
3. Unterstützungsmaßnahmen zur Gesundheitsförderung müssen differenzieren nach a) Alter der Lehrkräfte, b) gegenwärtiger gesellschaftlicher Situation und c) individueller Bewältigungsgeschichte und Bewältigungsperspektive.
4. Es gibt kein allgemeingültiges Schema zur Beschreibung der Veränderung der Beanspruchung und der Bewältigung im beruflichen Verlauf. Die individuellen Unterschiede zwischen den einzelnen Lehrkräften sind groß.
5. Die Berufsbiografie von Lehrkräften wird insgesamt stärker von beruflichen Hochs als von beruflichen Tiefs geprägt.
6. Der Berufseinstieg ist diejenige Berufsphase, in der sich die meisten beruflichen Tiefs, aber auch die meisten beruflichen Hochs ereignen.
7. Die Schaffung von beruflichen Hochs und positiven Berufsperspektiven sind (auch) für die Gesundheitsförderung zentrale Handlungsfelder.
8. Der Lehrberuf zieht Menschen mit einer besonderen Bereitschaft für große Hingabe zur beruflichen Tätigkeit an. Gleichzeitig setzt der berufliche Auftrag kaum Grenzen. Beides macht die Schule zu einer ausgeprägten »Stress-Ökologie«.
9. Berufliche Übergänge bergen ein großes Potential hinsichtlich der persönlichen Entwicklung und gleichzeitig die große Gefahr einer beruflichen Krise. Hier sollte die Unterstützung deshalb mit besonderem Fokus ansetzen.
10. Gesund bleibt, wer sich auf immer verändernde Bedingungen im Umfeld und bei sich selbst einzustellen vermag.

## 6.4 Reflexionsfragen

*Für Lehrkräfte*

- Wie hat sich mein Bewältigungsverhalten im Lebensverlauf verändert?
- Wie schaffe ich für mich berufliche Hochs?
- Welche Übergänge habe ich meinem beruflichen Leben bisher erlebt und wie habe ich sie wahrgenommen?
- Wie gestalte ich meine beruflichen Übergänge, damit sie nicht zur Krise, sondern zu einem Motor meiner eigenen beruflichen und persönlichen Entwicklung werden?

*Für Schulleitungen*

- Nach welchen »Zeiten« richte ich unsere Personalentwicklungskonzepte aus? Differenzieren wir genügend nach dem Lebensalter, ohne Personen zu stigmatisieren?
- Wie schaffe ich Rahmenbedingungen für berufliche Hochs derjenigen Lehrkräfte, die sich in den späteren Berufsjahren befinden?
- Wie begleite ich berufsbiografische Übergänge unserer Lehrkräfte? Und wo könnte ich solche Übergänge als »Motoren der Entwicklung« schaffen (z. B. durch Wechsel der Stufe, des Schulhauses oder der Funktion), um die Gesundheit proaktiv zu unterstützen?

*Für Fachpersonen der Fort- und Weiterbildung sowie der Beratung*

- Nach welchen »Zeiten« richten wir unsere Angebote aus? Differenzieren wir genügend zwischen dem Lebensalter, ohne Personen zu stigmatisieren (z. B. bei Zulassungen oder Ausschreibungen)?
- Unter welchen Bedingungen können Fort- und Weiterbildungsveranstaltungen (z. B. Langzeitweiterbildungen, Zusatzausbildungen, Sprachaufenthalte) zu beruflichen Hochs von Lehrkräften führen?
- Begleiten wir die Berufsbiografien von Lehrkräften so, dass nicht lediglich Krisen vermieden werden, sondern auch das Potenzial für die Weiterentwicklung entfaltet wird?

## Literaturverzeichnis zu Kapitel 6

Affolter, B. (2019). *Engagement und Beanspruchung von Lehrpersonen in der Phase des Berufseintritts: Die Bedeutung von Zielorientierungen, Selbstwirksamkeitserwartungen und Persönlichkeitsmerkmalen im JD-R Modell*. Bad Heilbrunn: Klinkhardt.

Burisch, M. (2006). *Das Burnout-Syndrom. Theorie der inneren Erschöpfung* (3., erw. Aufl.). Berlin: Springer.
Bronfenbrenner, U. (1981). *Die Ökologie der menschlichen Entwicklung. Natürliche und geplante Experimente.* Stuttgart: Klett-Cotta.
Cherniss, C. (1995). *Jenseits von Burnout und Praxisschock. Hilfen für Menschen in lehrenden, helfenden und beratenden Berufen* (Müller, Wolfgang, Übers.). Weinheim: Beltz(Original: Beyond Burnout).
Edelwich, J. & Brodsky, A. (1984). *Ausgebrannt. Das ›Burn-out‹-Syndrom in den Sozialberufen.* Salzburg: AVM-Verlag.
Faltermaier, T., Mayring, Ph., Saup, W. & Strehmel, P. (2002). *Entwicklungspsychologie des Erwachsenenalters.* Stuttgart: Kohlhammer.
Fend, H. (2000). *Entwicklungspsychologie des Jugendalters. Ein Lehrbuch für pädagogische und psychologische Berufe.* Opladen: Leske + Budrich.
Forneck, H.-J. & Schriever, F. (2001). *Die individualisierte Profession: Belastungen im Lehrberuf.* Bern: hep.
Halbesleben, J. R. (2010). A meta-analysis of work engagement: Relationships with burnout, demands, resources, and consequences. In A. B. Bakker & M. P. Leiter (Eds.), Work engagement: *A handbook of essential theory and research* (pp. 102–117). New York: Psychology Press.
Herzog, S. (2007). *Beanspruchung und Bewältigung im Lehrerberuf.* Münster: Waxmann.
Herzog, S. (2010). Zur Bedeutung der Zeit in der Konzeption und Erfassung von Bewältigungsprozessen. In M.-T. Schönbächler, R. Becker, A. Hollenstein & F. Osterwalder (Hrsg.), *Die Zeit der Pädagogik. Zeitperspektiven im erziehungswissenschaftlichen Diskurs* (S. 129–148). Bern: Haupt.
Herzog, S. (2014). Über den Berufseinstieg hinaus: Berufsbiografien von Lehrerinnen und Lehrern im Blickfeld der Forschung. In E. Terhart, H. Bennewitz & M. Rothland (Hrsg.), *Handbuch der Forschung zum Lehrberuf* (2., vollst. überarb. und erw. Aufl.) (S. 314–338). Münster: Waxmann.
Herzog, W. (1991). Der »Coping Man« – ein Menschenbild für die Entwicklungspsychologie. *Schweizerische Zeitschrift für Psychologie, 50,* S. 9–23.
Herzog, W. (2002). *Zeitgemässe Erziehung. Die Konstruktion pädagogischer Wirklichkeit.* Weilerswist: Velbrück Wissenschaft.
Herzog, W., Herzog, S., Brunner, A. & Müller, H. P. (2007). *Einmal Lehrer, immer Lehrer? Eine vergleichende Untersuchung der Berufskarrieren von (ehemaligen) Primarlehrpersonen* (Vol. 5). Bern: Haupt.
Huberman, M. (1991). Der berufliche Lebenszyklus von Lehrern: Ergebnisse einer empirischen Untersuchung. In Terhart, E. (Hrsg.), *Unterrichten als Beruf: Neuere amerikanische und englische Arbeiten zur Berufskultur und Berufsbiographie von Lehrern und Lehrerinnen* (S. 249–267). Köln: Böhlau.
Keller-Schneider, M. (2017). Die Wahrnehmung von Anforderungen durch Lehrpersonen in der Berufseinstiegsphase im Vergleich mit angehenden und erfahrenen Lehrpersonen. *Lehrerbildung auf dem Prüfstand, 10* (2), S. 152–173.
Klusmann, U., Kunter, M., Trautwein, U., Lüdtke, O. & Baumert, J. (2008). Teachers' occupational well-being and quality of instruction: The important role of self-regulatory patterns. *Journal of Educational Psychology, 100* (3), pp. 702–715.
Maslach, C., Jackson, S. E. & Leiter, M. P. (1996). *Maslach burnout inventory* (3rd edition). Mountain View: CPP.
Philipp, A. & Kunter, M. (2013). How do teachers spend their time? A study on teachers' strategies of selection, optimisation, and compensation over their career cycle. *Teaching and teacher education, 35,* pp. 1–12.
Piaget, J. (1970). *Abriss der genetischen Epistemologie.* Olten und Freiburg im Breisgau: Walter.
Sandmeier, A., Kunz Heim, D., Windlin, B. & Krause, A. (2017). Negative Beanspruchung von Schweizer Lehrpersonen. Trends von 2006 bis 2014. *Schweizerische Zeitschrift für Bildungswissenschaften, 39* (1), S. 75–94.

Sandmeier, A., & Mandel, D. (2020). Arbeitsengagement zur Messung von positiver beruflicher Beanspruchung im Lehrberuf – eine berufsübergreifende Validierung. *Zeitschrift für Pädagogische Psychologie, Online Vorveröffentlichung.* [Online verfügbar]

Schmitz, G. S. (2000). *Struktur und Dynamik der Selbstwirksamkeitserwartung von Lehrern. Ein protektiver Faktor gegen Belastung und Burnout?* [on-line Publikation]. Berlin: Freie Universität Berlin. [Online verfügbar]:http://www.diss.fu-berlin.de/2000/29

**Dritter Teil: Gesundheit im Kontext des Professionsverständnisses, der Gesundheitsförderung und der Bildungspolitik**

# 7 Gesundheit von Lehrkräften als Teil des Professionsverständnisses

Neulich im Lehrerinnen- und Lehrerzimmer:

> Milena, 35, liest laut aus der Tageszeitung vor: »Habt ihr diesen Artikel gelesen? Hier steht: ›Jeder dritte Lehrer steht vor dem Burnout: Tausende Pädagogen ständig überfordert und depressiv.‹ Was macht das denn wieder für einen Eindruck ... Es hört sich an, als wären wir alle Opfer.« Die anderen Lehrkräfte lachen und Milena fährt fort: »Mir würde eine Schlagzeile wie ›Lehrkräfte, Helden des Alltags in Umbruchzeiten der Reform‹ besser gefallen. Wenn ich sehe, wie professionell wir mit all den Aufgaben und Ansprüchen umgehen, dann sollte das wirklich gesehen werden!« Petra, 50, ergänzt: »Stimmt! Wieso steht eigentlich nicht in den Medien, wie gut ein Großteil von uns unsere Aufgaben erfüllt? Wir sind doch alle Expertinnen und Experten im Umgang mit den vielen Ansprüchen, die an uns gestellt werden.«

Zum Nachdenken:

1. Wann gilt eine Lehrkraft als »professionell«?
2. Welches Wissen, welche Haltungen und welche Fähigkeiten benötigt eine Lehrkraft, damit sie die beruflichen Aufgaben professionell und gesund bewältigen kann?
3. Was hat Gesundheit mit Professionalität zu tun?
4. Aus welchem Grund lohnt es sich, Gesundheit als Teil des Professionsverständnisses von Lehrkräften zu verstehen?

Die Gesundheit der Lehrkräfte ist grundlegend für die Unterrichtsqualität und das Lernen der Schülerinnen und Schüler (Klusmann, Kunter, Trautwein, Lüdtke & Baumert, 2008; Klusmann, Richter & Lüdtke, 2016; ▶ Kap. 1). Kommt dies auch in den Vorstellungen und Bildern zum Lehrberuf zum Ausdruck? Wenn wir die Frage stellen, was eine gute Lehrerin oder einen guten Lehrer ausmacht, finden sich in den Antworten dann Bezüge zur Gesundheit, zur Stressresistenz oder zur Fähigkeit, mit überfordernden Situationen umzugehen?

Die Vorstellungen und Bilder des Lehrberufs werden geprägt durch die wissenschaftliche Auseinandersetzung mit der Lehrtätigkeit, durch die Bildungspolitik und damit zusammenhängend durch die Lehrerinnen- und Lehrerbildung und nicht zuletzt durch die Berufsverbände. Sie alle beeinflussen das Professionsverständnis, in welchem zum Ausdruck kommt, welche beruflichen Aufgaben der Lehrberuf umfasst und welches Wissen, welche Haltungen und welche Fähigkeiten man braucht, um diese Aufgaben bewältigen zu können. Das Professionsverständnis enthält Setzungen in Bezug darauf, was eine gute Lehrkraft ausmacht, und es ist zentral für das professionelle Selbstverständnis der Lehrerinnen und Lehrer (Terhart, 2011).

Das Professionsverständnis ist in mehrfacher Hinsicht bedeutsam für die Gesundheit von Lehrerinnen und Lehrern: Die darin enthaltenen Normen beeinflussen, welche Erwartungen an die Lehrkräfte gestellt werden und an welchen Idealen sich diese selbst messen. Gelingt es ihnen nicht, diese Erwartungen zu erfüllen oder sich davon zu distanzieren, löst dies Stress aus. Scheitern sie über längere Zeit an der Erfüllung der Erwartungen, kann dies Auswirkungen auf die Gesundheit haben (▶ Kap. 2). Des Weiteren bestimmt das Professionsverständnis, welche Wissensinhalte, Fähigkeiten und Haltungen in den Lehrerbildungsinstitutionen vermittelt werden (▶ Kap. 4). Nur wenn gesundheitliche Aspekte expliziter Teil des Professionsverständnisses sind, werden in der Aus-, Fort- und Weiterbildung Angebote für (zukünftige) Lehrkräfte geschaffen, die es ihnen ermöglichen, sich bewusst mit den relevanten Inhalten auseinanderzusetzen und die erforderlichen Kompetenzen zu erwerben.

Im Folgenden soll aufgezeigt werden, wie Gesundheit in verschiedenen Kontexten thematisiert wird, und zwar in den drei grundlegenden wissenschaftlich verankerten Professionsansätzen (▶ Kap. 7.1.), in den Berufsleitbildern der Bildungspolitik und der Berufsverbände (▶ Kap. 7.2.) und in den Standards der Lehrerinnen- und Lehrerbildung (▶ Kap. 7.3.). Auf die Frage, wie die Gesundheit der Lehrkräfte in den Medien thematisiert wird, wird zum Schluss eingegangen (▶ Kap. 7.4.). Das Ziel des Kapitels besteht darin, aufzuzeigen, dass es sich lohnt, die Gesundheit und die Gesundheitsförderung als integralen Bestandteil des Professionsverständnisses und der Professionalität von Lehrkräften zu verstehen.

## 7.1 Wissenschaftliche Professionsansätze und Gesundheit

Wieso sprechen wir beim Lehrberuf von einer »Profession« und was ist darunter zu verstehen? Die ursprüngliche Diskussion drehte sich um die Frage, ob der Lehrberuf in Abgrenzung zu anderen Berufen eine »Profession« im soziologischen Sinne darstelle. Professionen erfordern eine akademische Ausbildung, sind in abgegrenzten Wissensbereichen tätig und befassen sich mit »riskanten«, krisenhaften Problemlagen von Klientinnen und Klienten, die sich auf zentrale gesellschaftliche Werte wie Gesundheit, Gerechtigkeit oder Bildung beziehen. Die Bearbeitung dieser Problemlagen ist weder technologisierbar noch standardisierbar, sondern sie ist auf die Mitwirkung der Klientinnen und Klienten angewiesen und dadurch verbunden mit Ungewissheiten, Unsicherheit und widersprüchlichen Handlungsanforderungen (Helsper, 2016). Professionen verfügen außerdem über das gesellschaftlich legitimierte Mandat, in die Privatsphäre anderer einzugreifen bzw. für die Öffentlichkeit verbindliche Deutungen zu erbringen. Damit einher geht das Zusprechen von exklusivem Fachwissen und spezifischen Fähigkeiten (Dewe & Stüwe, 2016). Ursprünglich wurden nur wenig Berufe als »Profession« bezeichnet (Medizin, Jurisprudenz, Theologie), doch mittlerweile bemühen sich auch andere Berufe darum, den Professionsstatus im klassischen Sinne zu erhalten, zum Beispiel Berufe der Sozialen Arbeit.

Für den Lehrberuf hat die Diskussion, ob er eine Profession sei, an Bedeutung verloren. Terhart (2011) plädiert dafür, die professionstheoretische Perspektive von der »Profession« auf die Handlungsperspektive und damit auf »Professionalität« zu verschieben und die Fragen in den Vordergrund zu stellen, was den professionellen Charakter der Lehrtätigkeit bestimmt, welche Fähigkeiten zur professionellen Bewältigung der beruflichen Aufgaben notwendig sind und wie diese Fähigkeiten erworben werden können. Diesem Vorschlag werden wir in unseren Ausführungen folgen, ohne dabei die Bedeutung der soziologischen Begründung des Professionsbegriffs für den Lehrberuf zu negieren (Herzog, 2012). Die im Folgenden vorzustellenden drei Ansätze zur Bestimmung von Professionalität sind inhaltlich unterschiedlich ausgerichtet und ergänzen sich gegenseitig (Herzog, 2012).

## 7.1.2 Kompetenzorientierter Ansatz

Der kompetenzorientierte Ansatz geht davon aus, dass die Fähigkeit, erfolgreich zu lehren und zu unterrichten, weniger eine Folge von individuellen Talenten ist, sondern das Ergebnis eines bewussten professionellen Entwicklungsprozesses (Baumert & Kunter, 2006). Im Zentrum stehen Kompetenzen, verstanden als persönliche Voraussetzungen für die Bewältigung spezifischer beruflicher Anforderungen, die prinzipiell erlern- und vermittelbar sind und in einer Ausbildung erworben werden müssen (Baumert, Kunter, Blum, Klusmann, Krauss & Neubrand 2011, S. 11). Das Kernstück dieses Professionsansatzes bildet das COACTIV-Modell (▶ Abb. 7.1), das die individuellen Merkmale zusammenfasst, die Lehrkräfte für die erfolgreiche Bewältigung ihrer beruflichen Aufgaben benötigen. Im Vordergrund steht die Aufgabe des Unterrichtens als zentrale Anforderung des Lehrberufs (Baumert & Kunter, 2011).

Das Modell unterscheidet zwischen dem Professionswissen, das aus fachlichem, fachdidaktischem und pädagogisch-psychologischem Wissen besteht, und motivational-affektiven Aspekten wie Überzeugungen, Werthaltungen, Zielen, motivationalen Orientierungen und Selbstregulation. In der Selbstregulation ist auch der Aspekt der beruflichen Gesundheit implizit enthalten: Selbstregulationsfähigkeit manifestiert sich nach Baumert und Kunter (2011) in einem verantwortungsvollen Umgang mit den persönlichen Ressourcen und in der Fähigkeit, eine Balance zwischen beruflichem Engagement und einer adäquaten Distanzierung zu finden. Professionell ist eine Lehrkraft gemäß dem kompetenztheoretischen Ansatz dann, wenn sie »in den verschiedenen Anforderungsbereichen (Unterrichten und Erziehen, Diagnostizieren, Beurteilen und Beraten, individuelle Weiterbildung und kollegiale Schulentwicklung; Selbststeuerungsfähigkeit im Umgang mit beruflichen Belastungen etc.) über möglichst hohe bzw. entwickelte Kompetenzen und zweckdienliche Haltungen verfügt, die anhand der Bezeichnung ›professionelle Handlungskompetenzen‹ zusammengefasst werden.« (Terhart, 2011, S. 207). (▶ Kap. 4).

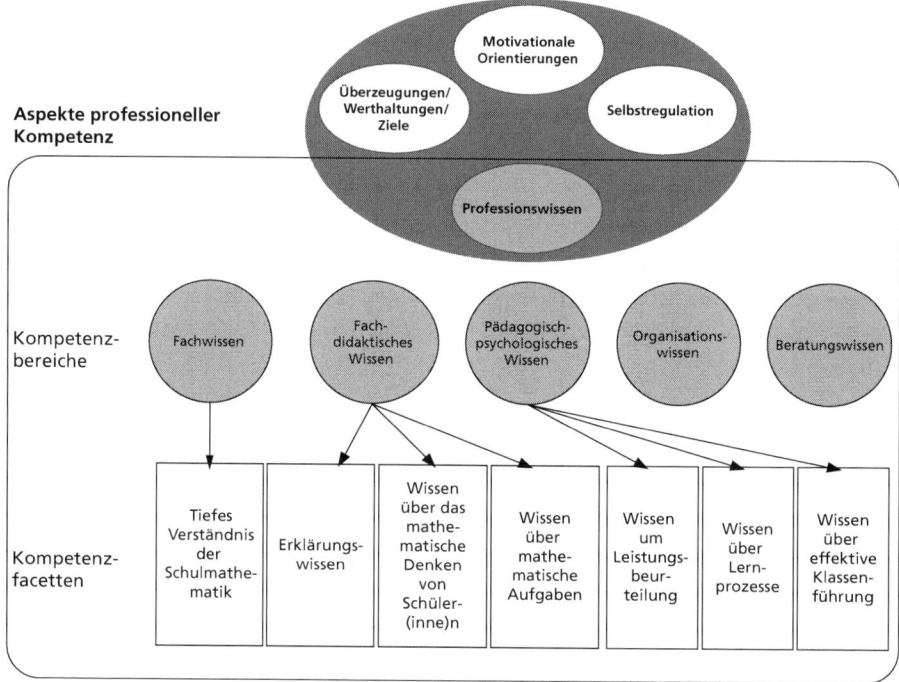

**Abb. 7.1:** Modell professioneller Handlungskompetenz am Beispiel des Fachs Mathematik (Baumert & Kunter, 2011, S. 32)

Der kompetenztheoretische Ansatz wird stark von der empirischen Bildungsforschung geprägt. Da er sich insbesondere auf Kompetenzen bezieht, die operationalisierbar und messbar sind, bildet er eine häufig genutzte konzeptionelle Grundlage für die sozialwissenschaftliche Untersuchung von Professionalisierungsprozessen. Dank dieser praktisch-empirischen Ausrichtung hat sich der Ansatz mittlerweile auch in der Lehrerinnen- und Lehrerbildung etabliert, die sich an Standards orientiert und die Erreichung dieser Standards valide zu überprüfen hat (▶ Kap. 7.3).

### 7.1.3 Strukturtheoretischer Ansatz

Der strukturtheoretische Ansatz befasst sich mit den widersprüchlichen Anforderungen, Schwierigkeiten und Spannungen pädagogisch-schulischen Handelns und der damit zusammenhängenden Unsicherheit, die Lehrkräfte bewältigen müssen (Helsper, 2016). Im Zentrum stehen sogenannte Antinomien, das heißt widersprüchliche Handlungsanforderungen, die sich im Lehrberuf stellen und nicht aufgelöst werden können. Solche Widersprüche gibt es viele; drei davon werden nachstehend aufgeführt:

1. *Praxisantinomie:* Handeln oder erst in Ruhe Handlungsalternativen abwägen? Im Unterricht müssen Entscheidungen häufig umgehend gefällt werden, obwohl mit mehr Zeit zum Nachdenken oftmals begründeter gehandelt werden könnte (ebd., S. 111).
2. *Begründungsantinomie:* »Wieso haben sie so reagiert?« Lehrkräfte müssen damit rechnen, dass sie – zum Beispiel von Eltern – nach den Gründen für ihr Handeln gefragt werden. Das heißt, sie müssen ihre Handlungen auch *rational* begründen können, und zwar selbst dann, wenn sie unter Handlungsdruck *intuitive* Entscheidungen gefällt haben (ebd., S. 111).
3. *Differenzierungsantinomie:* Lehrkräfte müssen grundsätzlich alle Schülerinnen und Schüler formal gleichbehandeln, zugleich aber alle entsprechend ihrem Niveau differenziert fördern. Dies hat zur Folge, dass einige Schülerinnen und Schüler mehr Unterstützung erhalten oder von Lernzielen befreit werden, was im Widerspruch zur Norm der Gleichbehandlung steht (ebd., S. 115).

Professionalität kann gemäß dieser Position nicht einfach als eine Art »Handwerkszeug« im Sinne von Kniffen und Tricks vermittelt werden, sondern wird erst durch kritische, theoriebasierte Reflexion von praktischen Beispielen und eigener Erfahrung erworben: »Für die Lehrerprofessionalität ist es entscheidend, sich mit diesen Antinomien reflexiv auseinanderzusetzen und reflexive Handlungsroutinen im Umgang mit diesen Spannungen auszubilden« (Helsper 2016, S. 111). Professionalität besteht diesem Ansatz zufolge in der Fähigkeit, diese Spannungen und Antinomien zu reflektieren und auszubalancieren und die damit zusammenhängende Unsicherheit zu bewältigen. Gelingt einer Lehrkraft diese Bewältigung nicht, resultiert Stress, der langfristig zu negativen Beanspruchungsfolgen führen kann.

## 7.1.4 (Berufs)biografischer Ansatz

Der berufsbiografische Ansatz richtet den Blick auf die Professionalisierung von Lehrkräften über die gesamte berufliche Laufbahn hinweg. Professionalität manifestiert sich diesem Ansatz zufolge in der fortwährenden Entwicklung über die gesamte Spanne der Berufstätigkeit hinweg und entfaltet sich im Wechselspiel zwischen beruflichen Anforderungen und personenbezogenen Ressourcen. Pädagogische Professionalität wird somit als ein sich individuell vollziehender, biografische geprägter Entwicklungs- und Lernprozess verstanden (Fabel-Lamla, 2018). Vor diesem theoretischen Hintergrund werden die Fragen untersucht, wie eine Lehrkraft die zur Bewältigung der beruflichen Anforderungen erforderlichen Kompetenzen und den beruflichen Habitus im zeitlichen Verlauf der Berufsbiografie entwickelt (Terhart, 2011) und welchen Einfluss biografische Erfahrungen im und neben dem Beruf auf diese Entwicklung haben (Herzog, Herzog, Brunner & Müller, 2007).

Die biographisch ausgerichtete (Selbst-)Reflexion bildet einen grundlegenden Bestandteil von Professionalität: »Insbesondere die selbstkritische, reflektierende

Rückwendung auf das eigene Handeln, auf die eigene berufliche Entwicklung ist ein zentraler Motor für die Weiter(!)-Entwicklung professioneller Fähigkeiten« (Terhart, 2011, S. 207). Gemäß Herzog et al. (2007) sind darüber hinaus auch Fähigkeiten wie Intuition, Kreativität, Urteilskraft, Gewandtheit und Improvisationstalent erforderlich. Diese Fähigkeiten lassen sich nur durch Erfahrung erwerben, die aufgearbeitet und reflektiert wird (▶ Kap. 6). Bei der Selbstreflexion werden abstraktes Wissen und konkrete Erfahrung in einem Netz von typischen Fällen integriert. Da die Wahrnehmung und die Bewältigung von beruflichen Anforderungen stark biografisch geprägt sind, oft aber unbewusst bleiben (▶ Kap. 2 und ▶ Kap. 4), bildet Selbstreflexion auch einen geeigneten Anknüpfungspunkt für die Gesundheitsförderung. Denn auf diese Weise können die eigenen Wahrnehmungsmuster, Bewertungsmuster und Bewältigungsstrategien kritisch hinterfragt werden und so angepasst werden, dass sie nicht nur der Bewältigung der beruflichen Aufgabe, sondern auch der eigenen Gesundheit dienlich sind.

### 7.1.5 Professionelles Selbst und Selbstreflexion

Die Forderung nach einem Professionsverständnis, das die Gesundheit explizit mitdenkt, lässt sich durch alle drei vorgestellten Professionsansätze stützen. Der kompetenztheoretische Ansatz bietet eine Strukturierung der für den Beruf erforderlichen Fähigkeiten und beinhaltet neben dem Fachwissen explizit auch motivational-affektive Kompetenzen, die notwendig sind, um die beruflichen Aufgaben langfristig gesund zu bewältigen. Die Frage, wie diese motivationalen und selbstregulativen Fähigkeiten und Haltungen, die sich im Konzept des *professionellen Selbst* fassen lassen (▶ Kap. 3), erworben und weiterentwickelt werden können, bleibt in diesem Ansatz jedoch weitgehend offen. Eine mögliche Antwort darauf bieten die anderen beiden Ansätze: Das professionelle Selbst kann nicht einfach wie Wissen erworben werden, sondern es entwickelt sich in der stetigen Auseinandersetzung mit der Praxis. Die Grundlage dafür bildet die *Selbstreflexionsfähigkeit*, die es ermöglicht, den eigenen Umgang mit den beruflichen Anforderungen kritisch zu hinterfragen und die eigenen Strategien so anzupassen, dass sie nicht nur mit Blick auf die Erfüllung der beruflichen Aufgaben zielführend sind, sondern auch die eigene Gesundheit berücksichtigen. Welche dieser auf wissenschaftlichen Überlegungen basierenden Aspekte sich in den Berufsleitbildern und den Professionsstandards finden, wird im Folgenden abgeklärt.

## 7.2 Berufsleitbilder und Gesundheit

Die Funktion von *Berufsleitbildern* besteht darin, ein konsistentes Bild von Aufgaben und Ansprüchen zu zeichnen, denen Lehrkräfte genügen sollten. Berufsleitbilder orientieren sich nicht nur am gesetzlich definierten Auftrag und Rahmen für Schule und Lehrerarbeit, an der gesellschaftlichen Funktionen von Schule und an den gesellschaftlichen Entwicklungen, sondern beziehen auch den wissenschaftlichen Kenntnisstand über Voraussetzungen, Möglichkeiten und Grenzen des Lehrhandelns mit ein (Terhart, 2000, S. 46). Nachfolgend sollen drei Beispiele von Leitbildern zum Lehrberuf exemplarisch dargestellt und genauer auf ihre Bezüge zur Gesundheit von Lehrkräften untersucht werden.

In *Deutschland* wurde das Berufsleitbild von der Kulturministerkonferenz (KMK) und den Vorsitzenden der Lehrkräfteverbände verabschiedet und 2014 und 2019 überarbeitet (KMK, 2019). Es führt fünf Aufgabenbereiche des Lehrberufs auf:

1. *Lehrerinnen und Lehrer sind Fachleute für das Lehren und Lernen.*
2. *Lehrerinnen und Lehrer sind sich bewusst,* dass die *Erziehungsaufgabe* in der Schule eng mit dem Unterricht und dem Schulleben verknüpft ist.
3. *Lehrerinnen und Lehrer üben ihre Beurteilungs- und Beratungsaufgabe* im Unterricht und bei der Vergabe von Berechtigungen für Ausbildungs- und Berufswege kompetent, gerecht und verantwortungsbewusst aus.
4. *Lehrerinnen und Lehrer entwickeln ihre Kompetenzen ständig weiter* und nutzen wie in anderen Berufen auch Fort- und Weiterbildungsangebote, um die neuen Entwicklungen und wissenschaftlichen Erkenntnisse in ihrer beruflichen Tätigkeit zu berücksichtigen.
5. *Lehrerinnen und Lehrer beteiligen sich an der Schulentwicklung,* an der Gestaltung einer lernförderlichen Schulkultur und eines motivierenden Schulklimas.

Für diese fünf Aufgabenbereiche wurden Kompetenzen formuliert, denen Standards zugeordnet wurden (▶ Kap. 7.3). Im Berufsleitbild selbst wird kein direkter Bezug zur Gesundheit ersichtlich. Wir werden im nachfolgenden Kapitel überprüfen, ob sich ein solcher in den Standards finden lässt. Zuvor sollen jedoch noch die Berufsleitbilder der Schweiz und Österreichs auf gesundheitliche Aspekte hin betrachtet werden.

In der *Schweiz* hat der Berufsverband der Lehrerinnen und Lehrer (LCH) ein Berufsleitbild verfasst (LCH, 2008). Das Leitbild hat das Ziel, wünschenswerte Weiterentwicklungen des Berufs aufzuzeigen und in Bezug auf die Frage, wie der Berufsstand seine Arbeit selbst versteht bzw. aus der Außenperspektive wahrgenommen werden will, als Orientierung zu dienen. Der LCH charakterisiert den Beruf mit sechs Leitsätzen (▶ Tab. 7.1).

Im Berufsleitbild des LCH finden sich verschiedene konkrete Bezüge zur Gesundheit: In Leitsatz 3 wird die Gefahr der Selbstüberforderung angesprochen, in den Leitsätzen 4 und 6 werden die Ressourcen und Rahmenbedingungen festgehalten, die zur Erfüllung des Berufsauftrags notwendig sind. Dieses Berufsleitbild ist breiter als das deutsche, umfasst mehr als die Festlegung der Arbeitsfelder und ist standespolitisch ausgerichtet. Während das Berufsleitbild in Deutschland im Auftrag der Bildungsbehörden erstellt wurde und auf die Qualitätssicherung in der Lehrerinnen- und Lehrerbildung ausgerichtet ist, thematisiert das Berufsleitbild des schweizerischen Berufsverbands zusätzlich die Verbesserung der kontextuellen Ressourcen.

**Tab. 7.1:** Berufsleitbild des Dachverbands Lehrerinnen und Lehrer Schweiz (LCH, 2008)

**Leitsatz 1: Lehrerinnen und Lehrer sind Fachleute für Lehren und Lernen.**
»Die Hauptaufgabe von Lehrerinnen und Lehrern ist das Unterrichten ... Eine anspruchsvolle Aufgabe in einem spannungsreichen Feld« (S. 10).

**Leitsatz 2: Lehrerinnen und Lehrer stellen sich der Herausforderung von heterogenen Lerngruppen.**
»Lehrerinnen und Lehrer wissen um die Unterschiede in den Voraussetzungen, Erwartungen und Ansprüchen bei den Lernenden. Diese Vielfalt ist auf allen Stufen und in allen Schulformen gross und eine zu akzeptierende Herausforderung für den Unterricht« (S. 12).

**Leitsatz 3: Zur Erfüllung ihres Berufsauftrages nehmen Lehrerinnen und Lehrer ihre Zuständigkeiten wahr.**
»Der Berufsauftrag ist komplex ... Die Vielfalt des Auftrags mit nur wenigen Routinen und mit Freiheiten bei der Auftragsumsetzung bietet Befriedigung und Vitalisierung, aber auch Einladungen zur Selbstüberforderung mit der Gefahr des Ausbrennens« (S. 14).

**Leitsatz 4: Lehrerinnen und Lehrer arbeiten an einer geleiteten Schule und gestalten diese mit.**
»Die Qualität einer Schule liegt in erster Linie in der Unterrichtsqualität ... Die zentrale Aufgabe der Schulleitung besteht somit darin, an der Schule einen guten Rahmen für die Bildungsarbeit zu schaffen und – soweit erforderlich – Beeinträchtigungen der qualitätsvollen Auftragserfüllung einer Behebung zuzuführen« (S. 14).

**Leitsatz 5: Lehrerinnen und Lehrer verfügen über eine Hochschulausbildung, bilden sich weiter und gestalten ihre Laufbahn.**
»Die Ausbildung zur Lehrerin oder zum Lehrer aller Stufen und Fachbereiche erfolgt an Hochschulen und erreicht das Master-Niveau« (S. 18).

**Leitsatz 6: Lehrerinnen und Lehrer erfüllen ihre anspruchsvolle Aufgabe in verlässlichen Rahmenbedingungen, mit Freiräumen, unterstützenden Strukturen und mit angemessener Besoldung.**
»Damit leistungsmotivierte Menschen den Lehrberuf wählen und ihren anspruchsvollen Auftrag erfüllen können, brauchen sie entsprechende Arbeitsbedingungen. Die Auftraggebenden, die Gesellschaft und die Politik bzw. die Schulbehörden stellen die dafür erforderlichen Ressourcen bereit« (S. 20).

In *Österreich* hat »Lehrer_Innen Bildung NEU«, eine Gruppe von Expertinnen und Experten, als Grundlage für die konkrete Ausgestaltung durch Bildungsbehörden Empfehlungen für die Lehrerinnen- und Lehrerbildung erarbeitet (Härtel et al., 2010). Im Zentrum steht die Kompetenzorientierung, die Wissen, Können, Bereitschaften, Motive und Haltungen zueinander in Beziehung setzt und integral zur Persönlichkeit der pädagogisch tätigen Personen gehört (Härtel et al., 2010, S. 39). Kompetenz soll »aufgabenorientiert und personal-integrativ« (Härtel et al., 2010, S. 42) sein. Dieses Kompetenzverständnis beruht auf dem Modell EPIK (»Entwicklung von Professionalität im internationalen Kontext«), das die folgenden Querschnittthemen umfasst: Reflexivität und Diskursfähigkeit, Professionsbewusstsein, Kollegialität, Personal Mastery und Differenzfähigkeit (Schratz, Schrittesser, Forthuber, Pahr, Paseka & Seel, 2007). In diesem Modell ist der Aspekt der Gesundheit in vielen Bereichen zumindest implizit enthalten.

- *Gesundheit als Teil des Professionsbewusstseins:* Lehrkräfte »sehen selbstbewusst die Freiheiten dieses Berufes, aber auch dessen Zwänge und Gefahren der Selbstausbeutung. Sie grenzen sich gegenüber ausfernden Ansprüchen ab – nach außen ebenso wie nach innen. Die eigene Betroffenheit durch die berufliche Arbeit wird selbstkritisch wahrgenommen und eine Abgrenzung zwischen den beruflichen Anforderungen und sich selbst als Person vorgenommen« (Schratz et al., 2007, S. 132).
- *Gesundheit als Teil von Reflexivität und Kollegialität:* In diesem Bereich geht es um die Fähigkeit, sich von der eigenen Praxis zu distanzieren, »aus der unmittelbaren Intensität der Situation auszusteigen und diese (und damit sich selbst) mit einem unvoreingenommeneren Blick wahrnehmen und verstehen zu können« (Schratz et al., 2007, S. 133).
- *Gesundheit als Teil von Personal Mastery:* Neben der Fähigkeit, Professionswissen in der Praxis erfolgreich umzusetzen, wird auch der Umgang mit sich selbst angesprochen: »Dazu gehört, die eigene Persönlichkeit als Lernaufgabe zu verstehen, aus Fehlern zu lernen und Neues zu (er)finden« (Schratz et al., 2007, S. 135).

Die Gruppe »Lehrer_Innen Bildung NEU« (Härtel et al., 2010) hält fest, dass die Entwicklung von Professionalität in diesem umfassenden Sinne nicht allein im Lehramtsstudium erfolgen könne, sondern die Professionalisierung in drei Phasen gedacht werden müsse, die neben der Grundbildung auch die Berufseinführung und die Fort- und Weiterbildungsphase einzubeziehen habe.

Wenn wir die drei Berufsleitbilder zusammenfassend betrachten, dann lässt sich festhalten, dass ihre Funktion und ihre konkrete Ausgestaltung stark davon abhängen, aus welcher Perspektive sie verfasst wurden. Überlegungen von professionell mit Schule und Unterricht Befassten unterscheiden sich von Leitbildern, die eine Außenperspektive einbringen (Seel, 2009, S. 80). Herzog und Makarova (2010, S. 75) fordern allgemein, dass Leitbilder so formuliert werden, »dass sie der Gefahr eines Burnouts (oder anderer Berufsgefahren) vorbeugen und sie nicht noch fördern«. Während die in Kapitel 7.1 (▶ Kap. 7.1) vorgestellten Professionsansätze die Komplexität des Unterrichts, die Ambiguitäten, Widersprüche und Paradoxien des Lehrhandelns herausstreichen, erscheint der Lehrberuf in den bildungspolitischen Leitbildern »nur allzu oft als regulierbar und technisierbar« (Herzog & Makarova, 2010, S. 75).

Vor diesem Hintergrund stellt sich die Frage, ob sich die Leitbilder genügend kritisch mit der Frage auseinandersetzen, ob die skizzierten Aufgabenfelder in der Realität mit den vorhandenen Ressourcen so bewältigbar sind, dass die Lehrkräfte auch langfristig gesund bleiben. Im Leitbild der KMK werden zum Beispiel nur die individuellen Ressourcen von Lehrkräften angesprochen, das heißt das, was sie »können« müssen. Die kontextuellen Ressourcen und Rahmenbedingungen sind hingegen nicht Gegenstand des Leitbilds. Anders verhält sich dies beim Leitbild des Schweizer Berufsverbands, der solche Aspekte explizit thematisiert. Es fordert sowohl die Verlängerung der Grundbildung (vom Bachelor- hin zu einem Masterstudium für Kindergarten- und Grundschullehrkräfte), was die individuellen Ressourcen der Lehrkräfte verbessern soll, als auch eine Anpassung der Rahmenbedingungen, um eine gesunde Bewältigung der beruflichen Anforderungen zu gewährleisten. Das

Leitbild, das in Österreich erstellt wurde, berücksichtigt gesundheitsrelevante Aspekte ebenfalls in vielfältigen Bezügen, die über das reine Fachwissen hinausweisen. Zudem verbindet es die einzelnen Aussagen explizit mit Aspekten von Professionalität.

Leitbilder bilden die Grundlage einerseits für die Ausgestaltung der Lehrerinnen- und Lehrerbildung und andererseits für das Selbstverständnis und die Orientierung einer Profession. Werden in den Leitbildern gesundheitsrelevante Inhalte expliziert, hat dies Auswirkungen auf die Ausgestaltung der Aus-, Fort- und Weiterbildung von Lehrkräften sowie die nach innen und nach außen kommunizierbare Positionierung der Lehrkräfte als Profession.

## 7.3 Professionsstandards und Gesundheit

In Anlehnung an die Bildungsstandards für Schülerinnen und Schüler wurden in diversen Ländern Standards für das Handeln von Lehrkräften und die Lehrerinnen- und Lehrerbildung formuliert (Terhart, 2007). Die zu erwerbenden Kompetenzen werden in Form von konkreten Kriterien festgelegt und dienen als Orientierung für die Gestaltung der Lehrerinnen- und Lehrerbildung wie auch als Basis für die Kommunikation über zu lehrende und zu lernende Inhalte (König & Herzmann, 2015, S. 16). Die Standards werden den Lehramtsstudiengängen als Steuerungselement zugrunde gelegt und halten fest, welches Wissen, welche Fähigkeiten und welche Fertigkeiten die Grundlage für wirksames pädagogisches und (fach)didaktisches Handeln und kompetentes Urteilen von Lehrkräften bilden (PHSZ, 2017).

Erneut stellt sich die Frage, ob die Standards auch gesundheitsförderliche Kompetenzen umfassen. In *Deutschland* hat die KMK Standards für alle Bundesländer als verbindlich erklärt (KMK, 2019). Für alle fünf im Berufsleitbild enthaltenen Aufgabenbereiche (▶ Kap. 7.2) wurden Kompetenzen bestimmt, von denen zwei explizit auf die Gesundheit Bezug nehmen: Kompetenz 9 enthält theoretische und praktische Ziele, die für die Gesundheit relevant sind. Zukünftige Lehrkräfte sollen ihre persönlichen Wertvorstellungen und Einstellungen reflektieren können und kennen die Anforderungen des Berufs, die damit einhergehende Verantwortung sowie wesentliche Ergebnisse der Belastungs- und Stressforschung (KMK, 2019, S. 13). Die Wertvorstellungen sind zentral für das Stresserleben, da sie als innerer Maßstab dienen (▶ Kap. 2). Die Ziele der praktischen Ausbildungsabschnitte beziehen sich auf den Umgang mit Belastungen, den ökonomischen Einsatz von Zeit und Arbeitsmitteln und die Fähigkeit, soziale Ressourcen in Form von kollegialer Beratung und Unterstützung einzuholen. In Kompetenz 10 wird die Fähigkeit der Selbstevaluation und Selbstreflexion betont.

In *Österreich* und der *Schweiz* gibt es keine allgemeingültigen nationalen Standards. In der Lehrerinnen- und Lehrerbildung entscheidet jede Institution selbst, ob und welche Standards sie als verbindlich erklären möchte. In *Österreich* hat der Qualitätssicherungsrat für Pädagoginnen- und Pädagogenbildung (QSR) jedoch eine Zielperspektive für die Theorie- und Praxisausbildung der Lehrerinnen und Lehrer ausgearbeitet, die in konkreten Curricula institutionenspezifisch weiterentwickelt und vertieft werden soll (QSR, 2013). Festgelegt wurden die folgenden fünf Kompetenzbereiche: 1) Allgemeine pädagogische Kompetenz, 2) Fachliche und didaktische Kompetenz, 3) Diversitäts- und Genderkompetenz, 4) Soziale Kompetenz und 5) Professionsverständnis. Im fünften Kompetenzbereich findet sich ein expliziter Bezug auf die Gesundheit: Lehrkräfte »können ihre Belastungsfähigkeit im Berufsalltag einschätzen und kennen Strategien, mit Belastungen umzugehen« (QSR, 2013, S. 4).

In der Auslegeordnung von Oser (1997) zu Standards, die in den Anfängen an vielen *Schweizer* Institutionen der Lehrerinnen- und Lehrerbildung handlungsleitend waren, wird ersichtlich, dass sich von den insgesamt 88 Standards lediglich einer auf die Gesundheit bezieht, und zwar die Selbstorganisationskompetenz der Lehrkraft: »Diese Kategorie beinhaltet das Wissen, die Fähigkeiten und persönlichen Ressourcen, die eine Lehrkraft benötigt, um den Schulalltag ohne unnötigen Kräfteverschleiß erfolgreich bewältigen zu können« (Oser, 1997, S. 35). Gegenwärtig orientieren sich viele Pädagogische Hochschulen der Schweiz an den international erarbeiteten Standards des InTASC-Modells (Council of Chief State School Officers, 2013), wobei zurzeit jedoch noch kein Überblick dazu vorliegt, wie diese Standards an den Institutionen konkret ausformuliert wurden und umgesetzt werden. Die Frage, ob und wie explizit gesundheitsrelevante Kompetenzen in den Schweizer Standards der Lehrerinnen- und Lehrerbildung enthalten sind, kann deshalb (noch) nicht beantwortet werden.

Zusammenfassend kann festgehalten werden, dass für die Lehrerinnen und Lehrerbildung in Deutschland und Österreich Standards bestehen, die den Bereich der Gesundheit mindestens implizit zum Inhalt haben. In diesen Standards werden Kompetenzen formuliert, die das langfristige Gesundbleiben im Lehrberuf fördern. In der Schweiz wird die Thematik der Gesundheitsförderung in den Professionsstandards, zumindest in deren ursprünglichen Formulierungen, hingegen nur marginal behandelt. Zudem gilt allgemein, dass sich die Standards stark auf das Lehramtsstudium und – in ersten Ansätzen – auf den direkten Berufseinstieg fokussieren. Aufgrund dieser Engführung der Standards auf die Ausbildungsphase besteht die Gefahr, dass die berufliche (Weiter-)Entwicklung der Kompetenzen nach dem Studium aus dem Blick der Lehrerinnen- und Lehrerbildung gerät (Härtel et al., 2010; Terhart, 2007). Dies kann sich auch nachteilig auf die Gesundheit auswirken, da sich das professionelle Selbst mehrheitlich erst im Lauf der beruflichen Laufbahn in der Auseinandersetzung mit eigenen Erfahrungen formiert (▶ Kap. 6). Eine *verbindliche und systematische* Konzeption von Lehrerinnen- und Lehrerbildung, in der die ganze Berufsbiografie berücksichtigt wird, könnte den Prozess der Professionalisierung nachhaltiger gestalten, wie dies der Expertinnen- und Expertenbericht in Österreich explizit fordert (Härtel et al., 2010).

Wir haben anhand der Berufsleitbilder und Professionsstandards der drei deutschsprachigen Länder untersucht, wie innerhalb der nationalen Bildungssysteme über den Lehrberuf nachgedacht wird und welche Kompetenzen und Erwartungen damit verbunden werden. Vor diesem Hintergrund stellt sich nachfolgend die Frage, wie sich dieses offizielle und teilweise verbindliche Bild (Deutschland und

Österreich) bzw. Selbstbild (Schweiz) im Fremdbild spiegelt, das heißt in der öffentlichen Wahrnehmung des Berufs (▶ Kap. 3).

## 7.4 Lehrberuf und Gesundheit im öffentlichen Diskurs

Das Bild der Lehrkräfte in der Öffentlichkeit ist meist kein schmeichelndes. Lehrerinnen und Lehrer werden nicht selten als »Halbtagsjobber«, »faule Säcke«, »Ferientechniker« oder »Pauker« bezeichnet (Tenorth, 2006). Terhart (2010) hält diesbezüglich fest, dass Lehrkräfte ein ambivalentes gesellschaftliches Ansehen hätten, das zwischen zwei Polen oszilliere: »Faule Säcke, arme Schweine oder Helden des Alltags?«. Die Thematisierung der starken Beanspruchung im Lehrberuf durch die Berufsverbände scheint somit zumindest in der öffentlichen Wahrnehmung nicht die intendierte Wirkung zu erzielen, die darin bestehen würde, dass die Rahmenbedingungen des Berufs hinterfragt werden. Vielmehr scheint insbesondere die Berichterstattung in den Medien ein negatives Bild des Lehrberufs zu fördern, wie die folgende Schlagzeile einer Schweizer Zeitung zeigt: »Lehrpersonen: Vom Dorfkönig zum Sorgenkind. Einst waren sie geachtete Autoritätspersonen. Heute gelten Lehrerinnen und Lehrer als überfordert und hilflos« (Neue Luzerner Zeitung, 19. Juni 2001).

Auch Ergebnisse wissenschaftlicher Studien (Kunz Heim, Sandmeier & Krause, 2014) werden im öffentlichen Diskurs oftmals dramatisierend thematisiert und mit Überschriften wie »Tausende Pädagogen sind ständig überlastet und depressiv« und entsprechenden Bildern aufbereitet (Sonntagszeitung, 24. Oktober 2014; ▶ Abb. 7.2). Eine systematische Analyse von zwischen 2004 und 2014 veröffentlichten Artikel in Printmedien im deutschsprachigen Raum bestätigte diesen Eindruck auch empirisch und belegte, dass der Lehrberuf und die Rahmenbedingungen mehrheitlich negativ bewertet werden, während die Lehrkräfte in der Regel als zwar motiviert, aber überfordert dargestellt werden (Köller, Stuckert & Möller, 2019).

In Österreich hielt der Expertinnen- und Expertenbericht »Lehrer_Innen-Bildung NEU« in diesem Zusammenhang fest, dass eine »nationale Kultur des Respekts und der Achtung vor der Leistung der pädagogischen ExpertInnen in Österreich neu aufgebaut werden muss« (Härtel et al., 2010, S. 43) und dass es auch in der Gesamtverantwortung der nationalen Bildungspolitik liege, entsprechende Schritte und Maßnahmen auszuarbeiten. Diese Forderung lässt sich aus unserer Sicht auch auf die anderen beiden deutschsprachigen Länder übertragen und durch den Zusatz ergänzen, dass auch die Berufsverbände ihren Beitrag dazu leisten müssten, indem sie genauer reflektieren, welche Auswirkungen die gewerkschaftlichen Forderungen zur Verbesserung der beruflichen Rahmenbedingungen auf die Attraktivität des Berufs hat.

Abb. 7.2: Medienberichterstattung zu einer wissenschaftlichen Studie zu Burnout (Sonntagszeitung, 24. Oktober 2014)

Unabhängig von Form, Medium und kommunizierender Instanz sollte die Thematisierung von Belastung und Beanspruchung von Lehrkräften in der Öffentlichkeit ausgesprochen sorgfältig erfolgen, damit das Ansehen und die Attraktivität des Berufs nicht geschädigt werden und es dem Zielpublikum möglich wird, sich ein sachliches Bild von der Tätigkeit von Lehrerinnen und Lehrern zu bilden. Auch der Aspekt der Gesundheit ließe sich in unvoreingenommen-sachbezogener, um Objektivität bemühter Kommunikation weniger einseitig-negativ thematisieren, beispielsweise im Zusammenhang mit Schulqualität und Schulführung (▶ Kap. 9). Denn zur Sicherstellung einer hohen Qualität von Schule und Unterricht sind gesunde, leistungsfähige Lehrkräfte und Rahmenbedingungen, die Engagement und Gesundheit fördern und anerkennen, unabdingbar.

## 7.5 Kernaussagen des Kapitels

Das Kapitel *Gesundheit von Lehrkräften als Teil des Professionsverständnisses* lässt sich in den folgenden zehn Kernaussagen zusammenfassen:

1. Das *Professionsverständnis* umfasst Vorstellungen darüber, was eine gute Lehrkraft ausmacht und über welches Wissen und über welche Kompetenzen sie verfügen sollte, um ihren Beruf möglichst wirksam und effizient ausüben zu können. Diese Vorstellungen haben einen Einfluss darauf, welche Erwartungen an die Lehrkräfte gestellt werden und an welchen Idealen sich diese selbst messen.
2. Im Professionsverständnis zum Ausdruck kommende Erwartungen können gesundheitsrelevant werden, wenn es einer Lehrkraft nicht gelingt, diesen Anforderungen im beruflichen Alltag zu entsprechen. Aus diesem Grund ist es wichtig zu prüfen, inwiefern das Professionsverständnis auch *gesundheitliche Aspekte* berücksichtigt.
3. Das Professionsverständnis wird durch *Professionstheorien, Berufsleitbilder, Professionsstandards* und *den öffentlichen Diskurs* über den Lehrberuf geprägt, wobei sich diese teilweise unterschiedlichen Bilder und Vorstellungen gegenseitig beeinflussen.
4. *Professionstheorien* thematisieren Gesundheit als Teil von Professionalität: Professionell ist eine Lehrkraft dann, wenn sie über Kompetenzen verfügt, die es ihr erlauben, die beruflichen Aufgaben und die daraus resultierenden Spannungen und Unsicherheiten so zu bewältigen, dass sowohl die Erfüllung der Aufgaben als auch die langfristige Aufrechterhaltung der Gesundheit gewährleistet sind.
5. Diese Kompetenzen können nicht einfach in Form von Wissen erworben werden, sondern sie entwickeln sich in der Auseinandersetzung mit der Praxis über die gesamte Berufsbiografie hinweg. In diesem Prozess bildet die Fähigkeit zur *Selbstreflexion* den Schlüssel für die Entwicklung eines professionellen Selbst.
6. Die professionelle Entwicklung ist nach dem Lehramtsstudium nicht abgeschlossen, sondern muss durch Fort- und Weiterbildungen oder Beratungsangebote *über die ganze Berufsbiografie hinweg* verbindlich und systematisch begleitet werden.
7. In den drei deutschsprachigen Ländern liegen diverse *Berufsleitbilder* vor, die alle das Ziel verfolgen, ein konsistentes Bild derjenigen Aufgaben und Ansprüche zu zeichnen, denen Lehrkräfte genügen sollten. Die verschiedenen Leitbilder thematisieren Gesundheit in unterschiedlichem Ausmaß als Teil von Professionalität.
8. *Professionsstandards* umfassen Kompetenzen, die das langfristig gesunde Ausüben des Lehrberufs fördern sollen. Diese Standards sollten deshalb nicht nur als Grundlage für die Ausarbeitung der Curricula von Lehramtsstudiengängen dienen, sondern auch als Orientierungspunkte für die Fort- und Weiterbildung herangezogen werden, damit das Ziel, die Entwicklung eines professionellen Selbst zu unterstützen und Gesundheit als Teil des kollektiven und individuellen Professionsverständnisses zu verankern, systematisch umgesetzt werden kann.

9. Im *öffentlichen Diskurs* über den Lehrberuf stehen häufig die negativen Aspekte im Vordergrund. Insbesondere in der Medienberichterstattung wird oftmals ein negativ konnotiertes Bild des Lehrberufs vermittelt, das Lehrkräfte als mehrheitlich überfordert darstellt.
10. Insgesamt betrachtet wird die Gesundheit von Lehrkräften im gegenwärtigen Diskurs noch zu wenig im Zusammenhang mit Unterrichts- und Schulqualität thematisiert.

## 7.6 Reflexionsfragen

*Für (zukünftige) Lehrkräfte*

- Wie sieht mein professionelles Selbstverständnis aus? Was macht für mich eine gute Lehrkraft aus?
- Ist Gesundheit ein expliziter Teil dieses Selbstverständnisses? Falls nicht, was sind die Gründe dafür? Was könnte ich ändern?
- Welche Erwartungen (als »Leitbild«) werden an meine Berufstätigkeit gestellt und inwiefern lassen sich diese Erwartungen mit den bestehenden Ressourcen erreichen?
- Nutze ich Aus-, Fort- und Weiterbildung oder Beratungen für meine professionelle Entwicklung über die rein fachliche Professionalität hinaus?
- Wie thematisiere ich berufliche Anforderungen und die für deren Bewältigung notwendigen Ressourcen gegenüber dem Team und meinen Vorgesetzten?

*Für Lehrkräfteteams und Berufsverbände*

- Wie sieht unser gemeinsames Professionsverständnis aus? Das heißt, was macht für uns eine gute Lehrkraft aus? Ist Gesundheit ein expliziter Teil dieses Professionsverständnisses? Falls nicht, was sind die Gründe dafür?
- Welche Erwartungen (als »Leitbild«) werden von außen an uns gestellt und inwiefern lassen sich diese Erwartungen mit den bestehenden Ressourcen erreichen?
- Nutzen wir Fort- und Weiterbildungsangebote oder Beratung, um neben den fachlichen Kompetenzen auch explizit gesundheitsrelevante Kompetenzen zu erwerben?
- Wie thematisieren wir gegenüber Eltern, innerhalb des Teams, gegenüber der Bildungspolitik oder auch in der Öffentlichkeit die Anforderungen des Lehrberufs und die Gesundheit von Lehrkräften?

*Für Schulleitungen*

- Gibt es in meinem Lehrkräfteteam ein gemeinsames Professionsverständnis? Wie sieht dieses aus? Das heißt, was macht für mein Team eine gute Lehrkraft aus? Ist

Gesundheit ein expliziter Teil dieses Professionsverständnisses? Falls nicht, was sind die Gründe dafür?
- Welche Rolle spielt die Gesundheitsförderung in meiner Personal- und Schulentwicklung?
- Haben wir an unserer Schule ein geteiltes Leitbild bzw. bestehen geklärte Erwartungen an die Lehrkräfte und lassen sich diese mit den bestehenden Ressourcen erreichen?
- Wie plane ich die Fort- und Weiterbildung des Personals, um gesundheitsförderliche Kompetenzen systematisch zu entwickeln?
- Wie thematisiere ich gegenüber Eltern, innerhalb des Teams, gegenüber der Bildungspolitik oder auch in der Öffentlichkeit die Anforderungen des Lehrberufs und die Gesundheit von Lehrkräften?

*Für die Bildungspolitik und Bildungsbehörden*

- Haben wir für unsere Schulen ein geteiltes Leitbild für die Berufstätigkeit der Lehrkräfte und der Schulleitungen? Stellen wir die entsprechenden Ressourcen zur Verfügung, damit diese Erwartungen erfüllt werden können?
- Wie thematisieren wir die Anforderungen im Arbeitskontext »Schule« und die Gesundheit von Lehrkräften und Schulleitungen?

*Für die Lehrerinnen- und Lehrerbildung*

- Inwieweit sind gesundheitsrelevante Kompetenzen in unseren Standards und in unserem Curriculum vorhanden?
- Welchen systematischen Beitrag leisten wir über Aus-, Fort- und Weiterbildung sowie Beratung zur Förderung der Gesundheit von Lehrkräften und Schulleitungen?

## Literaturverzeichnis zu Kapitel 7

Baumert, J. & Kunter, M. (2011). Das Kompetenzmodell von COACTIV. In M. Kunter, J. Baumert, W. Blum, U. Klusmann, S. Krauss & M. Neubrand (Hrsg.), *Professionelle Kompetenz von Lehrkräften. Ergebnisse des Forschungsprogramms COACTIV* (S. 29–53). Münster: Waxmann.
Baumert, J. & Kunter, M. (2006). Stichwort: Professionelle Kompetenz von Lehrkräften. *Zeitschrift für Erziehungswissenschaft*, 9 (4), S. 469–520.
Baumert, J., Kunter, M., Blum, W., Klusmann, U., Krauss, S. & Neubrand, M. (2011). Professionelle Kompetenz von Lehrkräften, kognitiv aktivierender Unterricht und die mathematische Kompetenz von Schülerinnen und Schülern (COACTIV) – Ein Forschungsprogramm. In M. Kunter, J. Baumert, W. Blum, U. Klusmann, S. Krauss & M. Neubrand (Hrsg.), *Professionelle Kompetenz von Lehrkräften. Ergebnisse des Forschungsprogramms COACTIV* (S. 7–25). Münster: Waxmann.
Council of Chief State School Officers (2013). *Interstate teacher assessment and support consortium InTASC model core teaching standards and learning progressions for teachers 1.0: A re-*

*source for ongoing teacher development.* Washington, DC: Council of Chief State School Officers.
Dewe, B. & Stüwe, G. (2016). *Basiswissen Profession – Zur Aktualität und kritischen Substanz des Professionskonzeptes für die Soziale Arbeit.* Weinheim: Beltz..
Fabel-Lamla, M. (2018). Der(berufs-)biographische Professionsansatz zum Lehrerberuf. Zur Relevanz einer biographischen Perspektive in der Lehrerbildung. In J. Böhme, C. Cramer & C. Bressler (Hrsg.), *Erziehungswissenschaft und Lehrerbildung im Widerstreit?! Verhältnisbestimmungen, Herausforderungen und Perspektiven* (S. 82–102). Bad Heilbrunn: Klinkhardt.
Härtel, P., Greiner, U., Hopmann, S., Jorzik, B., Krainz-Dürr, M., Mettinger, A., Polaschek, M., Schratz, M., Stoll, M. & Stadelmann, W. (2010). *LehrerInnenbildung NEU. Die Zukunft der pädagogischen Berufe. Die Empfehlungen der ExpertInnengruppe. Endbericht.* Wien: BMUKK und BMWF.
Helsper, W. (2016). Lehrerprofessionalität – der strukturtheoretische Ansatz. In M. Rothland (Hrsg.), *Beruf Lehrer/Lehrerin. Ein Studienbuch* (S. 103–125). Münster; New York: Waxmann.
Herzog, W. (2012). Droht dem Lehrerberuf die Deprofessionalisierung? *Beiträge zur Lehrerinnen- und Lehrerbildung, 12* (2), S. 206–223.
Herzog, W., Herzog, S., Brunner, A. & Müller, H. P. (2007). *Einmal Lehrer, immer Lehrer? Eine vergleichende Untersuchung der Berufskarrieren von (ehemaligen) Lehrpersonen.* Bern: Haupt.
Herzog, W. & Makarova, E. (2010). Anforderungen an und Leitbilder für den Lehrerberuf. In E. Terhart, H. Bennewitz & M. Rothland (Hrsg.), *Handbuch der Forschung zum Lehrerberuf* (2. überarb. und erw. Auflage). Münster; New York: Waxmann.
Klusmann, U., Kunter, M., Trautwein, U., Lüdtke, O. & Baumert, J. (2008). Teachers' occupational well-being and quality of instruction: The important role of self-regulatory patterns. *Journal of Educational Psychology, 100* (3), pp. 702–715.
Klusmann, U., Richter, D. & Lüdtke, O. (2016). Teachers' emotional exhaustion is negatively related to students' achievement: Evidence from a large-scale assessment study. *Journal of Educational Psychology, 108,* pp. 1193–1203.
KMK Kultusministerkonferenz (2019). *Standards für die Lehrerbildung: Bildungswissenschaften.* [Online verfügbar]: https://www.kmk.org/fileadmin/veroeffentlichungen_beschluesse/2004/2004_12_16-Standards-Lehrerbildung.pdf [Oktober 2020].
Köller, M., Stuckert, M. & Möller, J. (2019). Das Lehrerbild in den Printmedien: Keine »Faulen Säcke« mehr! *Zeitschrift für Erziehungswissenschaft, 22* (2), S. 373–387.
König, J. & Herzmann, P. (2015). *Lehrerberuf und Lehrerbildung.* Bad Heilbrunn: Klinkhardt.
Kunz Heim, D., Sandmeier, A. & Krause, A. (2014). Negative Beanspruchungsfolgen bei Schweizer Lehrpersonen. *Beiträge zur Lehrerinnen- und Lehrerbildung, 32* (2), S. 280–295.
LCH Dachverband Lehrerinnen und Lehrer Schweiz (2008). *Berufsleitbild und Standesregeln.* Zürich: LCH Dachverband Schweizer Lehrerinnen und Lehrer.
Oser, F. (1997). Standards in der Lehrerbildung. Teil 1: Berufliche Kompetenzen, die hohen Qualitätsmerkmalen entsprechen. *Beiträge zur Lehrerbildung, 15* (1), S. 26–37.
PHSZ Pädagogische Hochschule Schwyz (2017). *Professionsstandards. Steuerungselement in der Ausbildung.* Goldau: Pädagogische Hochschule Schwyz.
QSR (2013). *Professionelle Kompetenzen von PädagogInnen. Vorschlag des Entwicklungsrats vom 03.07.2013.* Wien: Qualitätssicherungsrat für Pädagoginnen und Pädagogenbildung.
Schratz, M., Schrittesser, I., Forthuber, P., Pahr, G., Paseka, A. & Seel, A. (2007). Domänen von Lehrer/innen/professionalität. Entwicklung von Professionalität im internationalen Kontext (EPIK). In C. Kraler & M. Schratz (Hrsg.), *Wissen erwerben, Kompetenzen entwickeln. Modelle zur kompetenzorientierten Lehrerbildung* (Bd. 7, S. 123–137). Münster: Waxmann.
Seel, A. (2009). Anforderungen an den Lehrerberuf. *Erziehung und Unterricht,* (1+2), S. 78–84.
Tenorth, H.-E. (2006). Professionalität im Lehrerberuf. *Zeitschrift für Erziehungswissenschaft, 9* (4), S. 580–597.
Terhart, E. (2000). *Perspektiven der Lehrerbildung in Deutschland. Abschlussbericht der von der Kulturministerkonferenz eingesetzten Kommission.* Weinheim: Beltz.
Terhart, E. (2007). Standards in der Lehrerbildung – eine Einführung. *Unterrichtswissenschaft, 35* (1), S. 2–14.
Terhart, E. (2010). Faule Säcke, arme Schweine oder Helden des Alltags? Lehrerbildung zwischen Fremd- und Selbstdeutung. In A. Feindt, T. Klaffke, E. Röbe, M. Rothland, E. Terhart &

K.-J. Tillmann (Hrsg.), *Lehrerarbeit-Lehrer sein (Friedrich Jahresheft XXVIII*, S. 38–41). Seelze: Friedrich.

Terhart, E. (2011). Lehrerberuf und Professionalität: Gewandeltes Begriffsverständnis – neue Herausforderungen. In W. Helsper & R. Tippelt (Hrsg.), *Pädagogische Professionalität. Zeitschrift für Pädagogik* (S. 202–224). Weinheim: Beltz.

# 8 Gesundheit von Lehrkräften als Teil nachhaltiger Schulentwicklung

Neulich im Lehrerinnen- und Lehrerzimmer, am Tag nach der Weihnachtsfeier:

Peter: »Habt ihr ihn wieder gehört, unseren Schulleiter? Es werde im nächsten Jahr weniger Projekte und Reformen geben. Es läge ihm viel an der Gesundheit von uns Lehrern. Pah, wer das glaubt!« Marisa: »Tu doch nicht so. Er meint es ja gut. Aber du hast schon recht, er würde sich besser um seine eigene Gesundheit kümmern. Er sah nicht gut aus.« Franziska: »Das habe ich alles gar nicht mitbekommen. Und sowieso: Ich will gar nicht, dass er sich um meine Gesundheit kümmert.«

Zum Nachdenken:

1. Wer ist eigentlich für die Gesundheit von Lehrkräften »zuständig«?
2. Welche Rolle spielt die Schulleitung in Bezug auf die Gesundheit von Lehrkräften?
3. Wie beeinflussen die Teamkolleginnen und Teamkollegen und andere Akteurinnen und Akteure im Schulfeld die Gesundheit von Lehrkräften?
4. Und schließlich: Kann man Gesundheit institutionell überhaupt »managen«?

Betrachten wir das Thema der Gesundheitsförderung aus einer systemischen Perspektive, kommen verschiedene Akteurinnen und Akteure ins Spiel. Dadurch wird die Gesundheit der einzelnen Lehrkraft (auch) zu einer *Gemeinschaftsaufgabe* verschiedener an der Schule beteiligter Personen. Mit der Unterscheidung von Fend (2008), die in Kapitel 3 (▶ Kap. 3) eingeführt wurde, lassen sich zentrale Akteurinnen und Akteure einerseits auf der Makroebene des Schulsystems (Bildungspolitik, Bildungsverwaltung) und andererseits auf der Mesoebene der einzelnen Schule (Schulleitung, Kollegium) verorten, wobei zum lokalen Kontext auch die Schülerinnen und Schüler sowie die Eltern gehören.

Anhand von empirischen Studien wird nachfolgend in einem ersten Schritt der Frage nachgegangen, welche Wirkung die einzelnen Akteurinnen und Akteure im schulischen Umfeld auf die Gesundheit von Lehrkräften haben (▶ Kap. 8.1). Auf dieser Grundlage sollen Ansätze der betrieblichen Gesundheitsförderung an Schulen dargestellt werden (▶ Kap. 8.2). Die Rekapitulation der Ausführungen in Kernaussagen (▶ Kap. 8.3) und die Reflexionsfragen (▶ Kap. 8.4) runden diese Ausführungen ab.

## 8.1 Akteurinnen und Akteure einer gesundheitsfördernden Schule

Der Lehrberuf lässt sich durch eine Vielzahl und eine besondere *Dichte an Beziehungen* charakterisieren (▶ Kap. 3). Alle Personengruppen, mit denen Lehrkräfte in ihrer beruflichen Tätigkeit zu tun haben, können potenziell Stressoren oder Ressourcen darstellen. Wie in Kapitel 2 (▶ Kap. 2) ausgeführt wurde, erfordert eine salutogenetische Sichtweise den Blick auf beide Aspekte der Gesundheitsförderung: die Reduktion der Stressoren und gleichzeitig den Auf- und Ausbau von Ressourcen. Bei den Ressourcen gilt es im Rahmen der betrieblichen Gesundheitsförderung der *sozialen Unterstützung* besondere Aufmerksamkeit zu schenken. Herzog (2007, S. 243) hat in seiner qualitativen, biografisch angelegten Studie fünf Formen der Unterstützung herausgearbeitet:

1. *Emotionale Unterstützung* (Zuneigung, Vertrauen, Auf- und Ermunterung);
2. *Unterstützung durch Information* (Ratschläge, Austausch von Erfahrungen);
3. *Instrumentelle Unterstützung* (gemeinsame Unterrichtsvorbereitung);
4. *Unterstützung der Selbstbewertung* (Rückmeldungen zur Wirkung des Verhaltens);
5. *Ablenken, Loslösen* (Fördern des Ausgleichs, Fernhalten von Arbeit).

Diese Formen der sozialen Unterstützung können sich als Entlastungs- und Schutzfaktoren mit direkter Wirkung (Haupteffekt) oder indirekter Wirkung (Puffereffekt) auf das Wohlbefinden von Lehrkräften auswirken (▶ Kap. 2). Soziale Unterstützung kann von verschiedenen Personen in unterschiedlicher Intensität und Form erbracht werden. Damit solche Unterschiede und die Bedeutung verschiedener Akteurinnen und Akteure für die Gesundheit von Lehrkräften beschrieben werden können, gilt es, alle relevanten Personengruppen im schulischen Kontext ins Blickfeld zu nehmen (▶ Abb. 8.1).

Im Folgenden sollen diejenigen Akteurinnen und Akteure genauer betrachtet werden, zu deren Wirkung *auf die Gesundheit von Lehrkräften* empirische Nachweise vorliegen. Im Anschluss daran wird nochmals auf die einzelne Lehrkraft selbst eingegangen, weil sie bedeutsam dazu beiträgt, ob sie Unterstützungsleistungen erhält und wie diese auf ihre Beanspruchung wirken.

Vorab gilt es, darauf hinzuweisen, dass an dieser Stelle lediglich die Akteurinnen und Akteure des *beruflichen* Netzwerks einbezogen werden. Für die Gesundheit der einzelnen Lehrkraft spielt jedoch auch ihr privates Netzwerk eine große Rolle (Rothland, 2013). Dieses ist in der *betrieblichen* Gesundheitsförderung zwar von untergeordneter Bedeutung, für das Beanspruchungserleben und das Bewältigungsvermögen der einzelnen Personen jedoch ebenfalls von großer Relevanz (▶ Kap. 6).

### 8.1.1 Schulleitungen

In der Fachliteratur herrscht Einigkeit: Die Förderung der Gesundheit von Lehrkräften ist eine zentrale Aufgabe der Schulleitungen (Harazd, Gieske & Rolff, 2009;

# 8 Gesundheit von Lehrkräften als Teil nachhaltiger Schulentwicklung

**Abb. 8.1:** Schulische Akteurinnen und Akteure in der systemischen Förderung der Gesundheit von Lehrkräften (eigene Darstellung)

Hundeloh, 2013). Wie in Kapitel 8.2.1 (▶ Kap. 8.2.1) aufgezeigt werden wird, ist diese Erwartung auf Gesetzesebene als Auftrag festgehalten, wenngleich mit unterschiedlicher Verbindlichkeit und Konkretisierung. Dass Schulleitungen gerade bei der sozialen Unterstützung eine große Bedeutung für die Gesundheit von Lehrkräften zukommt, belegen zahlreiche Studien (Krause & Dorsemagen, 2014; Liebowitz & Porter, 2019; Rothland, 2013). Wie aber können Schulleitungen die Gesundheit von Lehrkräften beeinflussen? Achermann Fawcett, Keller und Gabola (2018) differenzieren in ihrem Forschungsüberblick *drei Bereiche der Einflussnahme* (▶ Abb. 8.2): Die Aufgaben des Leaderships beziehen sich auf das Erarbeiten und das Vermitteln einer Vision, die Förderung eines Klimas der Veränderung und der Unterstützung oder auch die transparente Kommunikation. Im Bereich des Managements geht es darum, für das Erreichen der gesetzten Ziele die notwendigen, personellen, finanziellen und materiellen Ressourcen zur Verfügung zu stellen. Darin eingeschlossen sind auch unterstützende Prozesse und Strukturen. Beim Selbstmanagement der Schulleitung schließlich stehen ihre Fähigkeit und die entsprechenden Rahmenbedingungen, die dafür sorgen, dass die Schulleitung zu ihrer eigenen Gesundheit Sorge trägt, im Zentrum.

Letzteres ist besonders bemerkenswert, da in Ansätzen der systematischen Gesundheitsförderung oft vernachlässigt wird, dass auch das *eigene Gesundheitsverhalten der Schulleitung* selbst nachweislich einen erheblichen Einfluss auf das Wohlbefinden der Lehrkräfte hat (Harazd, Gieske & Rolff, 2009). Dies ist in der aktuellen Diskussion auch deshalb von besonderer Relevanz, weil Studien auf eine hohe Beanspruchung der

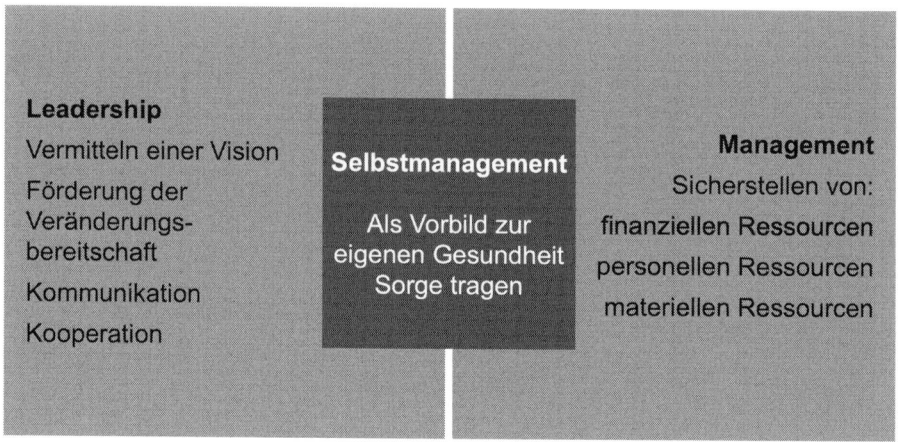

Abb. 8.2: Einflussbereiche der Gesundheitsförderung durch Schulleitungen (eigene Darstellung)

Schulleiterinnen und Schulleiter selbst verweisen (Huber, 2013, 2016). Daraus ergibt sich ein vielschichtiges Handlungsfeld, das nicht nur für die Gesundheit der Schulleitungen selbst, sondern wie festgehalten auch für die Gesundheit der Lehrkräfte wichtig ist: Denn nur wenn Führungspersonen gesund sind, verfügen sie über die notwendigen Möglichkeiten und die Aufmerksamkeit, um Gesundheitsprobleme der Mitarbeitenden frühzeitig zu erkennen und die Genesung unterstützen zu können.

Unabhängig von den einzelnen Aufgabenbereichen lässt sich »*salutogenes Führungshandeln*« gemäß Hundeloh (2013, S. 219) ganz generell durch die folgenden fünf Kriterien charakterisieren:

1. *Anerkennung und Wertschätzung*
   - konstruktive Rückmeldungen;
   - freundlicher, anerkennender und wertschätzender Umgang;
   - Schatzsuche statt Fehlersuche.
2. *Interesse und Kontakt*
   - sensibel für Befindlichkeiten und Veränderungen sein;
   - Präsenz im Schulleben.
3. *Einbeziehung und Partizipation*
   - frühzeitiger und kontinuierlicher Einbezug;
   - Betroffene zu Beteiligten machen.
4. *Transparenz und Offenheit*
   - Erwartungen, Entscheidungen und Begründungen kommunizieren.
5. *Respekt und Achtung*
   - Gleichbehandlung von Mitarbeitenden;
   - keine Über- und Unterforderung;
   - kein Druck;
   - sachliche, abgewogene und gerechtfertigte Kritik.

In ihrer Metaanalyse, die vor allem Studien aus den USA einbezog, arbeiteten Liebowitz und Porter (2019) zwei Verhaltensweisen von Schulleitungen heraus, die einen positiven Einfluss auf das Wohlbefinden von Lehrkräften und eine gesunde Schule (Schuleffektivität und Schulfunktionalität, Klima, Zufriedenheit der Lehrkräfte sowie der Schülerinnen und Schüler) haben: Das *Unterrichtsmanagement* bezieht sich auf die Unterstützung von lernfördernden Unterrichtspraktiken durch Beobachtung, Bewertung und Feedback an die Lehrkräfte sowie die Planung der beruflichen Entwicklung. Die *Pflege von internen Beziehungen* umfasst Verhaltensweisen von Schulleitungen, die sich auf zwischenmenschliche Beziehungen innerhalb der Schule fokussieren. Dazu gehören zum Beispiel die Teilnahme an Schulaktivitäten, der Umgang mit Mitarbeitendenkonflikten sowie die Kontakte mit dem Personal.

Grundsätzlich ist mit Harazd, Gieske und Rolff (2009) zudem festzuhalten, dass salutogenes Leitungshandeln die Gesundheit von Lehrerinnen und Lehrern sowohl direkt als auch indirekt beeinflusst. Direkt ist die Einflussnahme beispielsweise bei der Gestaltung von Kommunikationssituationen oder Interaktionen, indirekt bei der Schaffung von Strukturen oder eines gesundheitsfördernden Schulklimas. Kunz Heim, Sandmeier und Krause (2014) heben aufgrund der Ergebnisse ihrer Studie insbesondere die *indirekte* Wirkung hervor. So wirkt die Schulleitung bezogen auf die positive Beanspruchung nicht direkt auf die einzelne Lehrkraft, sondern vermittelt über die Unterstützung durch das Team. Die Autorinnen und der Autor vermuten, dass der Schulleitung bei der Gestaltung der Rahmenbedingungen für die Zusammenarbeit im Kollegium eine zentrale Rolle zukommt. Das Einräumen von Zeit wie auch das Schaffen von Strukturen wie Stufen- oder Fachteams machen Unterstützung möglich und bilden eine wichtige soziale Ressource für die einzelne Lehrkraft. Die Frage der Bedeutung indirekter und direkter Führung in Schulen wird Kapitel 8.2.4 (▶ Kap. 8.2.4) noch weiter vertieft.

Als Fazit lässt sich festhalten, dass Schulleitungen in vielfacher Weise die Möglichkeit haben, die Gesundheit von Lehrkräften zu beeinflussen. Die Handlungen lassen sich auf der Ebene des Selbstmanagements, der Leadershipaufgaben und der Managementaufgaben verorten. Des Weiteren hat die Schulleitung Einfluss sowohl auf das Gesamtkonzept betrieblicher Gesundheitsförderung (▶ Kap. 8.2) als auch auf verschiedene Akteurinnen und Akteure (z. B. das Lehrkräfteteam, ▶ Kap. 8.1.2). Dadurch kommt der Schulleitung eine Schlüsselfunktion in der Gesundheitsförderung an Schulen zu.

## 8.1.2 Lehrkräfteteams

Mit Rothland (2013, S. 241), der eine Sichtung der vorliegenden Forschungsbefunde vorgenommen hat, kann die Hauptaussage der nachfolgenden Ausführungen gleich zu Beginn wie folgt auf den Punkt gebracht werden: Die *soziale Unterstützung im Kollegium* kann als »einer der bedeutendsten *gesundheitsrelevanten* Faktoren im Lehrerberuf identifiziert werden«. Besonders erwähnenswert ist diesem Zusammenhang eine Forschungsgruppe um van Dick (1999), die in verschiedenen Studien nachgewiesen hat, dass eine gute Zusammenarbeit im Kollegium und stark ausgeprägte gegenseitige soziale Unterstützung in fachlicher und emotionaler Hinsicht positive Effekte auf die Gesundheit von Lehrkräften haben. In ihrem Forschungsüberblick führen Krause und Dorsemagen (2014, S. 991) unter Einbezug verschiedener Studien ergänzend die folgenden teambezogenen *positiven Effekte* auf die Gesundheit von Lehrkräften auf (Auswahl):

- Gemeinsame pädagogische Vorstellungen, pädagogischer Konsens im Kollegium;
- Innovationsklima an der Schule, Lern- und Fehlerkultur;
- Eingehen auf individuelle Bedürfnisse und Kompetenzen der einzelnen Lehrkräfte;
- unterstützende Konferenzen und Besprechungen;
- gegenseitige Anerkennung an der Schule und erlebte Wertschätzung der eigenen Person sowie des Lehrberufs;
- Erfahrungsaustausch, positives gegenseitiges Feedback und damit einhergehende Erfolgserlebnisse.

Vom Lehrkräfteteam können aber auch *negative Effekte* auf die Gesundheit von Lehrkräften ausgehen. Es sind dies insbesondere Konflikte im Kollegium oder sogar Mobbing einzelner Personen.

Als Fazit lässt sich festhalten, dass das Kollegium für eine einzelne Lehrkraft sowohl zur Ressource als auch zur Belastung werden kann. Wenn an Schulen Stressoren reduziert und die Ressourcen von Lehrkräften gestärkt werden sollen, ist mit ganz besonderem Fokus beim Team anzusetzen. Die Arbeit an gemeinsamen pädagogischen Vorstellungen wie auch ein anregender, wertschätzender und unterstützender Umgang im Kollegium sollten dabei im Vordergrund stehen.

### 8.1.3 Schülerinnen und Schüler

Während in den vergangenen Jahrzehnten im Zusammenhang mit der Forderung nach einer gesundheitsfördernden Schule die *Gesundheit von Schülerinnen und Schülern* sehr eingehend untersucht (Bilz et al., 2016) und auch der diesbezügliche Einfluss der Lehrkraft empirisch bearbeitet wurde (Achermann Fawcett et al. 2018), fand der *Einfluss der Schülerinnen und Schüler auf die Gesundheit von Lehrkräften* bislang meist nur eine sehr einseitige Betrachtung, und zwar als Stressor. Dies überrascht nicht, weil unter anderem schwierige und verhaltensauffällige Schülerinnen und Schüler, Disziplinschwierigkeiten oder Unterrichtsstörungen in vielen Studien ganz oben auf der Liste der negativen Beanspruchungen von Lehrkräften stehen (Krause & Dorsemagen, 2014; Kunz Heim, Sandmeier, Hänggi, Safi & Cina, 2019).

Selten wurde in wissenschaftliche Studien hingegen die Möglichkeit in Betracht gezogen, dass Schülerinnen und Schüler auch eine zentrale *Ressource* für die Gesundheit von Lehrkräften darstellen können. Diese Forschungslücke steht in einem Gegensatz zum empirischen Befund, dass Lehrkräfte ihren Beruf insbesondere aufgrund der Arbeit mit den Kindern wählen (Rothland, 2014). Kunz Heim et al. (2014) haben den Zusammenhang zwischen positiver Beanspruchung und dem Gefühl, von den Schülerinnen und Schülern *anerkannt* zu werden, untersucht. Dieser Zusammenhang fiel ähnlich hoch aus wie derjenige mit der Unterstützung durch Vorgesetzte (▶ Kap. 8.1.1) oder durch das Kollegium (▶ Kap. 8.1.2). Auch Herzog (2007) ist den Unterstützungsleistungen der Schülerinnen und Schüler vertieft nachgegangen. Diese wird von Lehrkräften sehr unterschiedlich wahrgenommen. Bezogen auf die in Kapitel 8.1 (▶ Kap. 8.1) einleitend aufgezeigten Formen der Unterstützung lässt sich vor allem die Bedeutung der Schülerinnen und Schüler als Feedback-Gebende zur Arbeit ihrer Lehrkraft hervorheben. Verglichen wurden in dieser Studie zudem die sozialen Netzwerke von Lehrkräften, die eine negative Beanspruchung im Beruf wahrnahmen, und die sozialen Netzwerke derjenigen Lehrkräfte, die über eine positive Beanspruchung berichteten. Erwartungswidrig ließen sich bei der wahrgenommenen Unterstützung durch das Kollegium oder die Schulleitung kaum Unterschiede feststellen. Lehrkräfte mit negativ wahrgenommener Beanspruchung hingegen erhielten im Vergleich zu den Kolleginnen und Kollegen mit positiver erlebter Beanspruchung deutlich weniger Unterstützung durch ihre Schülerinnen und Schüler, deren Eltern und die Schulkommission. Dieser Befund macht deutlich, dass neben anderen Akteurinnen und Akteuren auch die Schülerinnen und Schülern einen positiven Einfluss auf die Gesundheit von Lehrkräften ausüben können.

Als Fazit lässt sich festhalten, dass Schülerinnen und Schüler im Schulalltag diejenigen Interaktionspartnerinnen und Interaktionspartner sind, mit denen Lehrkräfte am intensivsten in Kontakt stehen. Schülerinnen und Schüler bilden dabei zugleich die bedeutendsten »Quellen« von Stressoren und von Ressourcen. Insbesondere als Feedback-Gebende, die sich zur Wirkung der täglichen Arbeit ihrer Lehrkräfte äußern, sind Schülerinnen und Schüler von zentraler Bedeutung.

## 8.1.4 Eltern der Schülerinnen und Schüler

Die Eltern der Schülerinnen und Schüler wurden in der Forschung bisher fast nur dann in den Fokus gerückt, wenn die Zusammenarbeit mit ihnen als einer der größten *Stressoren* für Lehrkräfte identifiziert worden war (Baeriswyl, Krause & Kunz Heim, 2014; Nübling, Wirtz, Neuner & Krause, 2008). Wie bei den Schülerinnen und Schülern ist diese Betrachtungsweise auch bei den Eltern zwar notwendig, aber nicht hinreichend. So konnte zum Beispiel eine Studie von Neuenschwander et al. (2005) aufzeigen, dass die Zusammenarbeit mit den Eltern der Schülerinnen und Schüler von den befragten Lehrkräften einerseits zwar als Stressor (Konfliktpotenzial) wahrgenommen wurde, sich andererseits aber auch als Ressource (Zufriedenheit mit der Elternarbeit, Akzeptanz) erwies.

Als Fazit lässt sich festhalten, dass die Zusammenarbeit mit den Eltern bei der Erfüllung des Berufsauftrags von Lehrkräften eine wichtige und gleichzeitig eine besonders anspruchsvolle Aufgabe darstellt (▶ Kap. 3). Für Schulleitungen und für die Lehrkräfte selbst ist es deshalb unabdingbar, die Elternarbeit bei der Betrachtung der Gesundheitsförderung sowohl als potenziellen Stressor als auch als wichtige Ressource zu thematisieren.

## 8.1.4 Fachpersonen der Beratung und der Fort- und Weiterbildung

Wer die Beratungsangebote sowie die Fort- und Weiterbildungsprogramme für Lehrkräfte der verschiedenen Anbieter studiert, erkennt eine sehr breite und vielfältige Palette von Möglichkeiten der Unterstützung. Inwiefern diese auch zur Gesundheitsförderung beitragen, wird jedoch nur selten untersucht. So ist bislang sehr wenig bekannt darüber, welche Bedeutung *professionelle Beratungspersonen* für die Gesundheit von Lehrkräften und die betriebliche Gesundheitsförderung an Schulen haben. In vielen, vor allem älteren Netzwerkanalysen wurden diese Akteurinnen und Akteure noch gar nicht erfasst (van Dick, 1999), was bereits erste Rückschlüsse auf ihrem (ehemaligen) Stellenwert zulässt. Auch in der qualitativen Studie von Herzog (2007) zeigte sich, dass Beratungspersonen im Bereich der Unterstützung eine vergleichsweise untergeordnete Rolle zugesprochen wurde. Die zentrale Frage, die sich vor diesem Hintergrund stellt, lautet wie folgt: Hängt dies damit zusammen, dass solche Interventionen im Allgemeinen wenig fruchtbar sind? Oder liegt es vielmehr an den Lehrkräften und Schulen, die sich externe Unterstützung noch zu wenig bzw. noch zu wenig früh zu Nutzen machen (▶ Kap. 8.1.6)?

Bei den *spezifischen, auf Gesundheit ausgerichteten Fort- und Weiterbildungen bzw. den Trainingsprogrammen* sind mittlerweile einige Programme empirisch auf ihren Einfluss auf die Gesundheit von Lehrkräften untersucht worden (▶ Kap. 5). Klusmann und Waschke (2018) weisen in ihrem Überblick unter anderem auf das Potsdamer Lehrertraining von Schaarschmidt et al. (2013), das Präventionsprogramm »Arbeit und Gesundheit im Beruf« von Hillert et al. (2016) oder das Online-Training von Ebert et al. (2014) hin. Bei all diesen Programmen konnten positive Effekte auf der *verhaltensbezogenen* Ebene, das heißt dem konkreten Verhalten von Lehrkräften, nachgewiesen werden (▶ Kap. 8.2.2). Kunz Heim et al. (2019) konnten zudem nachweisen, dass ein Trainingskonzept zum Umgang mit Unterrichtsstörungen, einem der größten Stressoren für Lehrkräfte (▶ Kap. 8.1.3), positive Effekte auf die Gesundheit der Teilnehmenden hat, indem es deren Selbstwirksamkeitserwartung erhöht und die Belastung durch störendes Verhalten von Schülerinnen und Schülern langfristig verringert. Auch Lehr (2014) hielt in seinem Übersichtsartikel fest, dass von Stressbewältigungstrainingsprogrammen eine gute allgemeine Wirksamkeit ausgehe. Bei der Interpretation dieser Studien sei es aber wichtig, dass die Erfolge der Trainingskonzepte auf der verhaltensbezogenen und somit auf der *personen*bezogenen Ebene den *Arbeitgeber* nicht aus seiner Verantwortung entließen, gesundheitsförderliche Arbeitsbedingungen (*Verhältnis*prävention) herzustellen. Ebenso sei die daraus folgende Ableitung falsch, dass »die Ursache von Stress im Lehrerberuf in defizitären Stressbewältigungsstrategien des Einzelnen liegt« (Lehr, 2014, S. 983 f.). Stresswahrnehmung und Stressbewältigung dürfen nicht individualisiert werden. Wirksame Interventionen setzen sowohl bei der Person als auch bei ihrem Umfeld an.

Als Fazit lässt sich festhalten, dass Beratungen sowie Fort- und Weiterbildungen positive Effekte auf die Gesundheit von Lehrkräften haben können. Um die Unterstützung nachhaltig zu gestalten, müssen solche Angebote jedoch nicht lediglich bei der einzelnen Lehrkraft selbst ansetzen, sondern auch die Schule als Organisation in ihre Interventionen einbeziehen. Zudem ist insbesondere im Bereich der Beratungen weiterführende Forschung notwendig, damit ihre Effekte genauer eruiert und die Programme evidenzbasiert weiterentwickelt werden können.

## 8.1.5 Bildungspolitik und Bildungsverwaltung

Akteurinnen und Akteure der Bildungspolitik und der Bildungsverwaltung können sowohl auf der Makro- als auch auf der Mesoebene der einzelnen Schule wirken, wobei sich ihre Aufgaben je nach Land und Region jedoch stark unterscheiden können. Hinsichtlich der Steuerung von Schulen lassen sich hauptsächlich drei Aufgabenbereiche unterscheiden:

1. Der Bildungspolitik kommt die *gesetzgeberische Funktion* zu, wie sie im Zusammenhang mit der Verpflichtung zum Gesundheitsschutz festgehalten wird (▶ Kap. 8.2.1). Hierzu gehört auch die *Aufsicht* mit dem Auftrag, die Umsetzung in den Schulen sicherzustellen. Diese Funktion wird operativ durch entsprechende Organe der Bildungsverwaltung (Schulinspektorate, Fachstellen für Schulaufsicht) wahrgenommen.
2. Die Bildungsbehörden legen zentrale *Vorgaben zur übergreifenden oder spezifischen Schulentwicklung* fest. Auch hier kommt der Bildungsverwaltung eine wichtige Rolle zu, da sie solche Projekte vorbereitet, Leitplanken und Ziele definiert und die Umsetzung begleitet und kontrolliert.
3. Des Weiteren sind bildungspolitische Gremien für die *Ressourcenausstattung* ihrer Schulen verantwortlich. Dazu gehören beispielsweise die Infrastruktur und die Ausstattung der Schulzimmer, aber auch die Erholungsräume im und um das Schulhaus. Die bedeutendste Ressource von Schulen sind jedoch die Lehrkräfte, weitere schulische Fachpersonen und die Schulleitungen. Bildungspolitische Gremien legen unter anderem die Zeit fest, welche für einzelne Aufgaben zur Verfügung gestellt werden. Auch werden Rahmenbedingungen und finanzielle Möglichkeiten für die Beratung sowie die Fort- und Weiterbildung von Lehrkräften und Schulleitungen vorgegeben.

Aus diesen Aufgaben und Möglichkeiten der bildungspolitischen Behörden und der Bildungsverwaltung lassen sich Rückschlüsse auf ihre Bedeutung für die Gesundheit von Lehrkräften ziehen. Allerdings gibt es kaum Studien, die einen direkten Zusammenhang zwischen den Aktivitäten der Bildungspolitik und der Bildungsverwaltung und der Gesundheit von Lehrkräften empirisch belegen können. Auch der oft monierte negative Einfluss vieler Reformen auf die Gesundheit lässt sich nicht eindeutig nachweisen. So deuten die Befunde von Keller-Schneider (2010) zwar darauf hin, dass eine Vielzahl von Reformen insbesondere bei älteren Lehrkräften zu negativer Beanspruchung führen kann. Demgegenüber wurde in einer Trendanalyse zur Belastung und Beanspruchung von Schweizer Lehrkräften, die sich auf den Zeitraum von 2002 bis 2010 erstreckte, während einer intensiven Phase von nationalen Schulreformen kein Anstieg in der Arbeitsüberforderung und bei gesundheitlichen Beschwerden festgestellt (Sandmeier, Kunz Heim, Windlin & Krause,

2017). Reformen scheinen deshalb nicht per se zu negativer Beanspruchung zu führen. Vielmehr werden gruppenspezifische Wirkungen vermutet.

Als Fazit lässt sich festhalten, dass Bildungsbehörden auf verschiedenen politischen Ebenen sowie die Bildungsverwaltung vielfältige Möglichkeiten haben, um günstige Rahmenbedingungen für die Förderung der Gesundheit von Lehrkräften zu schaffen. Neben ihrer gesetzlichen Verpflichtung zur Wahrnehmung der Schulaufsicht sind vor allem im Bereich der Steuerung der Schulentwicklung und der Ausstattung der Schulen mit Zeit und Ressourcen für Beratung sowie Fort- und Weiterbildung bedeutsame Einflussfaktoren erkennbar. Empirische Evidenz für Zusammenhänge liegt allerdings erst in sehr begrenztem Umfang vor.

### 8.1.6 Lehrkräfte

Bereits die Pfeilrichtung in Abbildung 8.1 (▶ Abb. 8.1) sowie verschiedene in diesem Kapitel referierte empirische Befunde rücken auch aus einer systemischen Perspektive wiederum das Individuum, die Lehrkraft selbst, ins Blickfeld. So gilt es bei der Frage, welche Unterstützung die einzelne Lehrkraft *erhält*, immer auch zu fragen, inwiefern es der einzelnen Lehrkraft gelingt, *aktiv* Unterstützung zu *mobilisieren* und diese auch *anzunehmen*. Dies wiederum hängt mit individuellen Ressourcen der Lehrkraft zusammen. Rothland (2013) hält beispielsweise in seinen Forschungsüberblick diesbezüglich fest, dass Lehrkräfte mit stark ausgeprägtem Vertrauen in ihre eigenen Fähigkeiten (▶ Kap. 2 und ▶ Kap. 4) auch in einem höheren Maße Unterstützung aus ihrem Umfeld erhalten. Die Studie von Herzog (2007) weist überdies auf eine wechselseitige Beziehung hin: Seinen Analysen zufolge verstärken positive Überzeugungen zu den eigenen Fähigkeiten nicht nur die Wirksamkeit der Unterstützung durch das Umfeld, sondern eine gute Unterstützung vermag ihrerseits auch die Selbstwirksamkeitserwartung positiv zu beeinflussen.

Als Fazit lässt sich festhalten, dass auch die Lehrkräfte selbst über entsprechende Kompetenzen verfügen müssen, damit die soziale Unterstützung des schulischen Umfelds positiv auf ihre Gesundheit wirkt. Die Lehrkraft muss die notwendige Hilfe frühzeitig einfordern und auch annehmen können. Eine positive Überzeugung bezüglich der eigenen Fähigkeiten fördert die Wirkung der Unterstützung durch das berufliche und private Umfeld. Gleichzeitig stärkt ein positives Umfeld die Selbstüberzeugung der Lehrkraft. Die betriebliche Gesundheitsförderung muss deshalb sowohl die individuellen als auch die sozialen Ressourcen ihrer Lehrkräfte stärken, sonst ist sie wenig wirksam.

## 8.2 Grundlagen der betrieblichen Gesundheitsförderung in Schulen

Die Ausführungen in Kapitel 8.1 (▶ Kap. 8.1) haben gezeigt, dass die Komplexität der Zusammenhänge zunimmt, wenn die Betrachtung der Gesundheitsförderung aus systemischer Perspektive auf weitere Akteurinnen und Akteure ausgedehnt wird. Es stellt sich somit die Frage, wie eine Organisation, im vorliegenden Kontext die Schule, mit dieser Komplexität und dieser Verantwortung umgehen kann. Um diesen Fragen nachzugehen, wird nachfolgend zuerst auf die rechtlichen Grundlagen (▶ Kap. 8.2.1), Ansätze der betrieblichen Gesundheitsförderung (▶ Kap. 8.2.2) und die entsprechenden Handlungsfelder eingegangen (▶ Kap. 8.2.3). Anschließend soll herausgearbeitet werden, welche Spezifika von Schulen bei der Umsetzung von Konzepten zur Gesundheitsförderung berücksichtigt werden müssen (▶ Kap. 8.2.4).

## 8.2.1 Verpflichtung zum Gesundheitsschutz

Die Verpflichtung zum Schutz der Gesundheit des schulischen Personals wird einerseits in gesundheits- und sozialpolitischen und andererseits in bildungspolitischen Vorgaben festgehalten, die sich in den deutschsprachigen Ländern zwar teilweise unterscheiden, aber dennoch ähnliche strukturelle Herausforderungen mit sich bringen.

In *Deutschland* ist die Verpflichtung der Institution zur Förderung der Gesundheit der Lehrkräfte auf der Ebene der Schulgesetze der einzelnen Länder verankert. Laut dem Schulgesetz für das Land Nordrhein-Westfalen (SchulG, § 59, Abs. 8) sind beispielsweise die Schulleiterinnen und Schulleiter dafür verantwortlich, Gefährdungspotenziale rechtzeitig zu erkennen und für deren Minimierung zu sorgen oder die Unterstützung zuständiger Stelle einzufordern (Klusmann & Waschke, 2018, S. 108 f.). Zum Arbeitsschutz gehören unter anderem der intakte Zustand der Schulräume und der Ausstattung, sodass deren Nutzung gefahrlos erfolgen kann, die Ausbildung von Ersthelferinnen und Ersthelfern oder Unfallverhütung. Themen der Gesundheitsförderung werden oftmals unter den genannten allgemeinen Bereichen oder übergreifenden Themenkomplexen subsumiert.

Auch in *Österreich* wird die schulische Gesundheitsförderung trotz eines nationalen Gesundheitsförderungsgesetzes (GfG) und einer daran orientierten institutionellen Struktur vor allem auf der Ebene der Bundesländer umgesetzt (Klusmann & Waschke, 2018, S. 200). Wichtige Akteure auf regionaler Ebene sind die Landesschulräte, die Projektvorhaben der schulischen Gesundheitsförderung unterstützen.

Und in der *Schweiz* trägt der Arbeitgeber die Hauptverantwortung für die Arbeitssicherheit und den Gesundheitsschutz seiner Mitarbeitenden. Er muss alle Maßnahmen treffen, die gemäß dem aktuellen Stand der Technik anwendbar, den Verhältnissen angemessen und erfahrungsgemäß notwendig sind.[6] Die Aufgabe des Arbeitgebers besteht jedoch explizit auch darin, »die Arbeitnehmer zur Mitwirkung heranzuziehen« (ArG, Art. 6, Abs. 3). Wie in der Dokumentation zum Schutz und zur Förderung der Gesundheit von Lehrkräften von Kunz Heim, Brühlmann, Bürgisser, Conrad, Constantini und Zumstein (2015) festgehalten wird, werden auf der Ebene der einzelnen Kantone und der Gemeinden ergänzend zu den gesetzlichen

---

6 Dieser übergreifende Ansatz ist im Obligationenrecht (OR, SR 220), im Bundesgesetz über die Unfallversicherung (UVG, SR 832.20) und im Bundesgesetz über die Arbeit in Industrie, Gewerbe und Handel, kurz »Arbeitsgesetz«, (ArG, SR 822.11) verankert.

Pflichten weitere Vorgaben und Empfehlungen erlassen. Dadurch werden hinsichtlich der rechtlichen Grundlagen des Gesundheitsschutzes je nach Schulort zwar unterschiedliche Rahmungen geschaffen, das Anrecht der Lehrkräfte auf einen ausreichenden Gesundheitsschutz bleibt jedoch eine allgemeingültige Voraussetzung. Für die Einhaltung der gesetzlichen Anforderungen sind die kantonalen Arbeitsinspektorate verantwortlich.

*Übergreifend* zeigt sich, dass eine *nationale* Koordination der schulischen Gesundheitsförderung im deutschsprachigen Raum aufgrund der Bildungshoheit der Kantone, Länder bzw. Bundesländer erschwert ist. Als alternatives Modell hat sich die Form der indirekten Steuerung über Stiftungen und vor allem über Netzwerke etabliert, wie dies in der Schweiz besonders ausgeprägt ist (siehe Zumstein, 2008). Seit 20 Jahren besteht in der Schweiz ein Netzwerk gesundheitsfördernder Schulen, das 2017 den Fokus auf Nachhaltigkeit erweitert hat (www.schulnetz21.ch). Neben dem Netzwerk der Einzelschulen gibt es zwei Netzwerke auf der übergeordneten Ebene. Zum einen handelt es sich dabei um »bildung + gesundheit Netzwerk Schweiz« (www.bildungundgesundheit.ch), das sich auf nationaler Ebene für die Implementierung von Prävention und Gesundheitsförderung im schulischen Kontext einsetzt. Mit spezifischem Fokus auf die Gesundheit der Lehrkräfte agiert zum anderen die »Allianz betriebliche Gesundheitsförderung in der Schule«, die Fachpersonen, Berufsverbände und Stiftungen, die sich in diesem Bereich engagieren, zusammenführt. Ein Produkt dieser Zusammenarbeit ist das Instrumentarium »Schule handelt – Stressprävention am Arbeitsort«, das zur Umsetzung einer systematischen betrieblichen Gesundheitsförderung an Schulen aller Stufen eingesetzt werden kann (www.schule-handelt.ch).

## 8.2.2 Ansätze der betrieblichen Gesundheitsförderung

Lehr (2014) folgend können Maßnahmen zur Gesundheitsförderung und Stressbewältigung in verhältnisbezogene und verhaltensbezogene Ansätze unterteilt werden. *Verhältnis*bezogene Maßnahmen setzen bei der Verbesserung der Arbeitsbedingungen und auch beim sozialen Kontext (verschiedene Akteurinnen und Akteure, ▶ Kap. 8.1) an, während *verhaltens*bezogene Maßnahmen die Person selbst in den Fokus nehmen. Im Kontext der schulischen Gesundheitsförderung haben sich in den vergangenen Jahrzehnten entlang dieser beiden Zugänge drei Ansätze etabliert. Sie sollen in Anlehnung an Dadaczynski, Paulus, Nieskens und Hundeloh (2015) nachfolgend kurz beschrieben werden.

### Verhaltensbezogene Gesundheitsförderung und Prävention in der Schule

Bei diesem Ansatz geht es um das individuelle Verhalten der einzelnen Lehrkraft bzw. um die gesundheitsfördernde Modifikation ihres Verhaltens. Lange Zeit waren Maßnahmen in diesem Bereich auf Defizite und Gesundheitsrisiken fokussiert; ungesunde Ernährung, mangelnde Bewegung oder Nikotinsucht sind Beispiele hierfür. Nach dem salutogenetischen Perspektivenwechsel und auf der Grundlage des erweiterten Gesundheitsbegriffs der WHO (▶ Kap. 1) werden heutzutage vermehrt auch bei diesem Ansatz die Ressourcen und die Schutzfaktoren ins Zentrum gestellt. So gehört unter anderem die Förderung der Resilienz im Sinne der psychischen Widerstandsfähigkeit oder der Selbstregulation in diesen Bereich (Sandmeier, Mustafić & Krause, 2020). In der Schulpraxis haben verhaltensbezogene Fördermaßnahmen gegenwärtig nach wie vor einen hohen Stellenwert, während verhältnisbezogene Maßnahmen an Schulen konzeptuell noch wenig verankert sind.

## Die gesundheitsfördernde Schule

Aus einer systemischen Betrachtungsweise der Gesundheit der einzelnen Lehrkraft rückt der Arbeits- und Lernort »Schule« als Kontext in den Vordergrund. Gesundheit wird aus dieser Perspektive als Ergebnis eines komplexen Zusammenspiels von individuellen, sozialen, sozioökonomischen, kulturellen und organisationalen Faktoren verstanden. Gemäß Paulus (2003) lässt sich die gesundheitsfördernde Schule als Ort beschreiben, an dem ein Prozess der Schulentwicklung stattfindet, der auf die Schaffung eines *Settings* abzielt, welches die auf den Arbeits- und Lernort »Schule« bezogene Gesundheit der Schülerinnen und Schüler sowie der Lehrkräfte fördert und erhält. Als zentrale Grundprinzipien der gesundheitsfördernden Schule gelten die folgenden (Dadaczynski et al., 2015, S. 204):

1. *Nachhaltige Entwicklungsinitiativen für Schulentwicklung*
   Verzicht auf kurzfristige Einzelmaßnahmen.
2. *Ganzheitlicher Gesundheitsbegriff*
   Berücksichtigung physischer, psychischer und sozialer, ökologischer und spiritueller Dimensionen.
3. *Innere und äußere Vernetzung*
   Zusammenarbeit aller schulischer Personengruppen innerhalb der Schule und Aufbau von Partnerschaften mit schulexternen Einrichtungen.
4. *Selbstbestimmung, Partizipation und Empowerment*
   Berücksichtigung der jeweiligen Ausgangslagen und Bedürfnisse.
5. *Salutogenese*
   Abwendung von defizitorientierten Ansätzen der Gesundheitserziehung.

Dieser settingbezogene Ansatz gilt als zentrales und in der Theorie weltweit stark verbreitetes Konzept der schulischen Gesundheitsförderung. Er wird im internationalen Kontext auch unter der Bezeichnung »comprehensive school health« oder »coordinated school health« diskutiert (Dadaczynski et al., 2015). Trotz des hohen Bekanntheitsgrads dieses Ansatzes stehen empirische Wirksamkeitsnachweise bislang allerdings noch aus. Dies dürfte unter anderem mit der nach wie vor geringen Verbreitung in der Schulpraxis zusammenhängen. Der Hauptgrund für die noch seltene praktische Umsetzung des Ansatzes besteht Paulus (2003) zufolge darin, dass sich Fragen der Gesundheitsförderung bisher nicht aus dem Kernauftrag der Schule entwickelt haben, sondern von außen an die Schule *heran*getragen oder – so müsste mit Blick auf die Gesundheit von Lehrkräften ergänzt werden – von den Personalverbänden auf die politische Agenda gesetzt wurden. Solche Initiativen stoßen bei

Schulleitungen und Bildungsbehörden wie auch bei den Lehrkräften selbst allerdings häufig auf erheblichen Widerstand, weil sie in der heutigen Situation mit stetig wachsenden Anforderungen und Erwartungen an die Schule (▶ Kap. 3) als zusätzlicher Auftrag ohne direkten Bezug zum Kernauftrag aufgefasst werden. Die Wirkungen dieses Ansatzes an sich sehr vielversprechenden Ansatzes dürften deshalb auch in Zukunft eher eingeschränkt bleiben.

**Die gute gesunde Schule**

Vor dem Hintergrund der Defizite des Konzepts der gesundheitsfördernden Schule hat sich in den letzten gut zehn Jahren eine Neuausrichtung entwickelt, die unter der Bezeichnung »gute gesunde Schule« Eingang in Wissenschaft und Praxis gefunden hat. Im Gegensatz zur gesundheitsfördernden Schule nimmt die gute gesunde Schule *ihren Ausgangspunkt in der Bildungs- und Erziehungsqualität der Schule* und versucht, diese durch Gesundheitsinterventionen gezielt zu fördern (Paulus, 2003). Die Tatsache, dass die schulische Gesundheitsförderung bei diesem Ansatz gemäß Paulus (2003) »vom Kopf auf die Füße« gestellt wird, ist für die Diskussion über die Gesundheit von Lehrkräften zentral. Denn wenn danach gefragt wird, welche Bedeutung der Gesundheit der Lehrkräfte für den Bildungserfolg von Schülerinnen und Schülern hat, erhält der öffentliche und politische, aber auch der schulinterne Diskurs zur Lehrerinnen- und Lehrergesundheit einen erweiterten Kontext (▶ Kap. 1, ▶ Kap. 7.4 und ▶ Kap. 9). So kann bereits eine beachtliche Anzahl von Studien positive Effekte der Gesundheit von Lehrkräften auf die Unterrichtsqualität und damit einhergehend auf den Lernerfolg der Schülerinnen und Schüler belegen (Achermann Fawcett et al., 2018). Diese Zusammenführung von Bildung und Gesundheit findet ihre Umsetzung auch in Fördermaßnahmen und Kampagnen: So wird das bereits erwähnte Schweizer Netzwerk »gesundheit + bildung« von der Kernannahme geleitet, dass die gesundheitsförderliche Gestaltung der Unterrichts- und Schulentwicklung sowie der Schulorganisation und Schulführung einen Beitrag zur Verbesserung der Schulqualität leisten kann (www.bildungundgesundheit.ch). Und auch das Positionspapier der erwähnten Schweizer »Allianz Betriebliche Gesundheitsförderung in der Schule« wird mit »Gesundheit stärkt Bildung« betitelt und weist in einer Fußnote darauf hin, dass dies auch umkehrt – »Bildung stärkt Gesundheit« – gelte (www.radix.ch/bgf).

Obschon alle drei aufgeführten Ansätze ihre Berechtigung haben, ist sicherlich ein ganzheitlicher Ansatz zu favorisieren, der *verhaltens- und verhältnisbezogene Maßnahmen zusammenführt.* Wird die Gesundheitsförderung in die Schulentwicklung integriert, dann sind solche Maßnahmen nachhaltiger und stoßen in der Regel auf größere Akzeptanz. Gleichzeitig besteht jedoch die Gefahr, dass das, was unter »Gesundheitsförderung« verstanden wird, im Gesamtkonzept einer »guten Schule« zunehmend verwässert wird und Gesundheit zu einem diffusen, nicht mehr mit konkreten Inhalten verbindbaren Begriff wird. Diese Gefahr besteht nicht lediglich in der betrieblichen Gesundheitsförderung, sondern auch bei der Förderung der Gesundheit der Schülerinnen und Schüler. So wird die Gesundheitsbildung der Schülerinnen und Schüler zum Beispiel in der Schweiz im Lehrplan für die Volksschulen der Deutschschweiz (Lehrplan 21, www.lehrplan.ch) als eines der sieben fächerübergreifenden Themen unter dem Aspekt der Bildung für nachhaltige Entwicklung (BNE) subsumiert. So gut die Gesundheitsförderung zu den Leitideen von BNE passen mag, so schwierig wird es, wenn die Themen und Bereiche der Gesundheitsförderung nicht klar festgelegt und somit auch abgrenzt werden.

### 8.2.3 Handlungsfelder und Wirkmechanismen betrieblicher Gesundheitsförderung

Im Rahmen der oben beschriebenen Zugänge zur betrieblichen Gesundheitsförderung (BGF) ist eine Vielzahl von Maßnahmen entstanden. Ihre Systematisierung steht allerdings noch aus. Selbst in Übersichten neueren Datums (Frick, 2015; Klusmann & Waschke, 2018) machen die aufgezählten Themen und Angebote eher den Eindruck additiver und zufälliger Sammlungen. Wenn BGF jedoch wirkungsorientiert und systematisch geplant werden soll, ist ein Wirkungsmodell erforderlich, das konkrete Handlungsfelder für Maßnahmen aufzeigt und sie zueinander in Verbindung setzt. Vor diesem Hintergrund wurde das in Abbildung 8.3 (▶ Abb. 8.3) dargestellte Modell auf der Grundlage von Empfehlungen für BGF in Betrieben (Krause, Basler, & Bürki, 2016) für BGF in Schulen adaptiert.

Dieses Modell ist entlang einer Wirkungskette aufgebaut: Fachgerechte und bedürfnisgerechte BGF-Maßnahmen verfolgen das Ziel, Belastungen zu reduzieren und Ressourcen zu stärken. Dadurch wird direkt Einfluss auf die jeweilige Situation im Team genommen, was mittelfristig die Gesundheit und die Motivation des Personals stärkt und langfristig die Schulqualität positiv beeinflusst. Als Indikatoren für die Schulqualität werden in diesem Zusammenhang neben der Unterrichtsqualität, dem Schulklima und der Kapazität zu Schulentwicklung (Maag Merki & Fend, 2017) auch krankheitsbedingte Absenzen und Fluktuation einbezogen, wobei unter »Fluktuation« nicht nur Kündigungen verstanden werden, sondern auch belastungsbedingte Reduktionen des Deputats. Denn wie eine Befragung von Lehrkräften zur individuellen Gestaltung der Arbeitszeit ergeben hat, stellt Arbeitsüberlastung einen Grund dafür dar, dass Lehrkräfte ihr Deputat reduzieren (Brägger, 2016). BGF-Maßnahmen können deshalb zur sogenannten »quality retention« (Day, 2019, S. 193) beitragen. Dies bedeutet, die Lehrkräfte nicht nur physisch in der Schule zu halten, sondern die Rahmenbedingungen so zu gestalten, dass sie ihren beruflichen Auftrag innerhalb ihrer Anstellung engagiert bewältigen können.

Das Modell ordnet die breite Palette an BGF-Maßnahmen verschiedenen Handlungsbereichen zu, um auf einer allgemeinen Ebene aufzuzeigen, wo angesetzt werden kann, um die Ressourcen der Mitarbeitenden zu stärken und Belastungen zu reduzieren (mit ausgewählten Beispielen):

1. *Arbeitsorganisation und Gestaltung*
   - Zusammenarbeitsstrukturen in Teams,
   - Tempo in der Umsetzung von Reformen,
   - Sitzungsplanung.

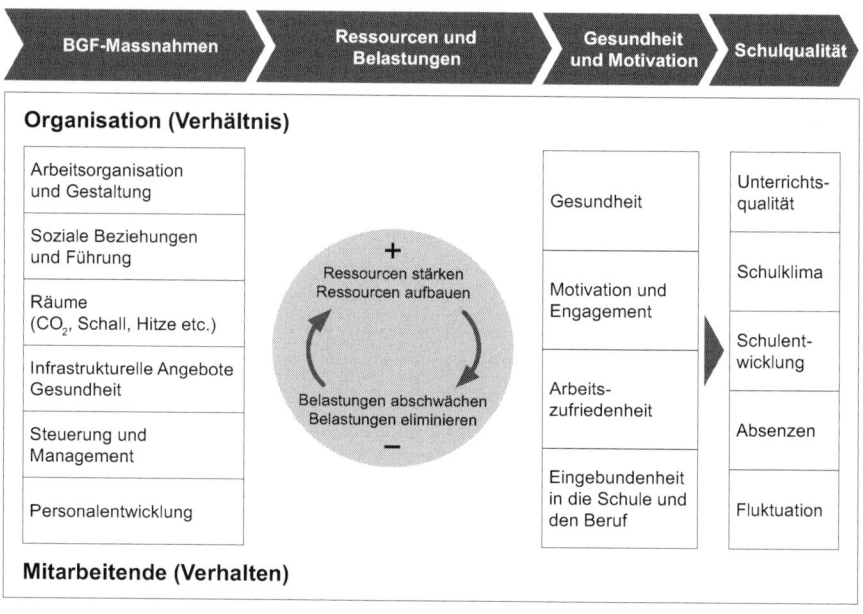

**Abb. 8.3:** Handlungsfelder und Wirkungen betrieblicher Gesundheitsförderung in Schulen (adaptiert nach Krause et al., 2016)

2. *Kommunikation*
   - Kooperation im Team,
   - Führungsverhalten,
   - Wertschätzung,
   - Feedback.
3. *Räume*
   - $CO_2$- und Schallbelastungen,
   - Hitzeregulation in den Klassenzimmern,
   - Licht.
4. *Infrastrukturelle Angebote*
   - Ruheräume,
   - Sportangebot,
   - Gestaltung des Lehrerinnen- und Lehrerzimmers.
5. *Steuerung- und Management*
   - Sicherstellen von finanziellen, personellen und materiellen Ressourcen,
   - Steuergruppe BGF,
   - Aufbau eines Gesundheitsmonitorings mit Kennzahlen,
   - regelmäßige Durchführung von Personalbefragungen,
   - Aufbau eines Absenzenmanagements.
6. *Personalentwicklung*
   - Individuelle Beratung unter- und überforderter Lehrkräfte,
   - Trainingsprogramme, Fort- und Weiterbildungen zur Stärkung der individuellen Ressourcen der einzelnen Personen und Teams.

Welche Maßnahmen für die einzelne Schule geeignet und zielführend sind, hängt von den Bedürfnissen der Mitarbeitenden und der aktuellen Situation der Schule ab. Es gilt daher, die vorhandenen Informationen zu diesen Aspekten zusammenzutragen, zu bewerten und zu priorisieren, damit auf dieser Grundlage passende Maßnahmen abgeleitet werden können (siehe Krause et al., 2016, S. 14). Bei diesem Vorgehen ist es zentral, dass die Maßnahmen partizipativ mit allen relevanten Akteurinnen und Akteuren geplant werden, damit der Umfang und der Inhalt der Maßnahmen passend gestaltet werden kann (Nielsen & Randall, 2012).

## 8.2.4 Wirksame Gesundheitsförderung in Schulen: Sechs Thesen

Betriebliche Gesundheitsförderung hat in Organisationen außerhalb des Bildungssystems eine lange Tradition. Es ergibt daher Sinn, beim Auf- beziehungsweise Ausbau eines systematischen, nachhaltigen und ganzheitlichen Diskurses über die Gesundheit von Lehrkräften von Errungenschaften in anderen Kontexten Kenntnis zu nehmen. Gleichzeitig ist es mit Blick auf die Übertragung auf den schulischen Kontext wichtig, die Besonderheiten von Schule und Lehrberuf herauszuarbeiten und die Modelle und Instrumente entsprechend zu adaptieren. Diesbezüglich lassen sich auf der Grundlage der in Kapitel 3 (▶ Kap. 3) beschriebenen Spezifika die folgenden *sechs Thesen zur betrieblichen Gesundheitsförderung in Schulen* ableiten:

1. Freiheiten und somit hohe Autonomie bei der Ausführung der eigenen Tätigkeiten sind ein zentrales Merkmal der Profession und ein Bedürfnis von Lehrkräften. *Der Selbstverantwortung und der Selbststeuerung der einzelnen Lehrkraft gilt es deshalb auch in der betrieblichen Gesundheitsförderung besondere Beachtung zu schenken, indem Möglichkeiten zur »echten« Partizipation eröffnet werden und die Eigenständigkeit bzw. Eigenverantwortung gestärkt wird.*
2. Die Aufgaben des Bildens und Erziehens basieren auf einer intakten Beziehungsarbeit. Die Tätigkeit von Lehrkräften zeichnet sich durch eine Vielzahl von sozialen Interaktionen aus. Die Qualität dieser Interaktionen hat einen großen Einfluss auf die Gesundheit und das Wohlbefinden der Lehrkräfte. *Betriebliche Gesundheitsförderung in Schulen ist in hohem Maße Beziehungsgestaltung und Beziehungspflege.*
3. Lehrkräfte müssen mit Unsicherheit und Widersprüchlichkeiten umgehen können: Unter anderem mit der Unsicherheit, nie genau zu wissen, wann ihre Aufgabe abgeschlossen ist (offener Berufsauftrag) und ob ihre Lehrtätigkeit tatsächlich bei den Schülerinnen und Schülern die intendierten (Lern-)Wirkungen zu erzielen vermag (Wirksamkeitserfahrung). Lehrkräfte benötigen deshalb für die professionelle Reflexion ihres Handelns differenzierte Rückmeldungen. *Betriebliche Gesundheitsförderung muss bei der Klärung von gegenseitigen Erwartungen und dem Auf- und Ausbau einer konstruktiven Feedback-Kultur ansetzen.*
4. Lehrkräfte sind sehr engagiert und haben in der Regel eine hohe Identifikation mit ihrer Tätigkeit. Dies wirkt sich sehr positiv auf ihre Zufriedenheit und den Unterricht aus, birgt aber auch Gefahren. Die Wahrscheinlichkeit der Entwick-

lung eines Bewältigungsverhaltens, das die eigene Gesundheit gefährdet, ist bei Lehrkräften im Allgemeinen als hoch einzustufen. *Die Gefahr der gesundheitlichen Selbstgefährdung spricht bei der betrieblichen Gesundheitsförderung für systematische Frühwarnsysteme und verlangt bei Bedarf gezieltes direktes Führungshandeln der Schulleitungen.*
5. Die Möglichkeit, in der unterrichtsfreien Zeit örtlich und zeitlich flexibel zu arbeiten, ist ein Attraktivitätsmerkmal des Lehrberufs. Gleichzeitig erschwert dieser Umstand die Abgrenzung und die Distanzierung vom Berufsalltag. *Betriebliche Gesundheitsförderung geht reflektiert und offen mit flexiblen Modellen der Arbeitsplatz- und der Arbeitszeitgestaltung um.*
6. Lehrkräfte sind öffentliche Personen. Ihnen kommt in einer Informations- und Wissensgesellschaft eine Schlüsselfunktion zu. Zudem sind sie die Vertrauenspersonen der Eltern ihrer Schülerinnen und Schüler. Dieser Umstand erfordert bei der Kommunikation hinsichtlich ihrer Gesundheitsförderung eine besondere Sensibilität, da die Position und das Image des Lehrberufs gestärkt und nicht geschwächt werden soll (▶ Kap. 7.4). *Betriebliche Gesundheitsförderung vom Bildungs- und Erziehungsauftrag her zu denken und sie in den Kontext von Schulqualität zu stellen, fördert die Akzeptanz der Lehrkräfte selbst wie auch des außerschulischen Umfelds.*

Ein Vergleich der Thesen zeigt, dass sie nicht widerspruchsfrei sind. Die betriebliche Gesundheitsförderung in Schulen kann deshalb keinen pauschalen Rezepten folgen. Für die Erstellung spezifischer Konzepte für die einzelnen Schulen können insbesondere das vorgestellte Akteursmodell (▶ Kap. 8.1), die aufgeführten Handlungsfelder und Wirkungsmechanismen (▶ Kap. 8.2.3) und die oben formulierten Thesen sowohl für die Analyse als auch den Aufbau einer systematischen betrieblichen Gesundheitsförderung als Orientierung dienen.

## 8.3 Kernaussagen des Kapitels

Das Kapitel *Gesundheit von Lehrkräften als Teil nachhaltiger Schulentwicklung* lässt sich in den folgenden zehn Kernaussagen zusammenfassen:

1. Die Gesundheitsförderung in Schulen ist eine Gemeinschaftsaufgabe aller an Schule beteiligten Personen.
2. Der Schulleitung kommt in der Förderung der Gesundheit von Lehrkräften eine Schlüsselfunktion zu. Ihre Einfluss- und Steuerungsmöglichkeiten sind vielfältig und von hoher Relevanz.
3. Lehrerinnen- und Lehrerteams sind für die einzelne Lehrkraft zugleich potenzielle Stressoren und Ressourcen und somit ein zentrales Thema der betrieblichen Gesundheitsförderung.
4. Schülerinnen und Schüler sind diejenigen Interaktionspartnerinnen und Interaktionspartner, mit denen Lehrkräfte am intensivsten in Kontakt stehen, und

stellen daher oftmals das »Zünglein an der Waage« dar, wenn es um die Gesundheit der Lehrerinnen und Lehrer geht.
5. Die Zusammenarbeit mit den Eltern der Schülerinnen und Schüler ist für Lehrkräfte anspruchsvoller und gleichzeitig bedeutender geworden, womit auch der Einfluss dieser Personengruppe auf die Gesundheit der Lehrkräfte zugenommen hat.
6. Professionelle Beratungspersonen haben (noch) keine bedeutsame Rolle bei der systematischen Unterstützung von Lehrkräften. Bei der Erforschung der Gründe für den bislang nur selten erfolgenden Beizug externer Beratung ist insbesondere die Inanspruchnahme durch die Lehrkraft und die Einstellung der Vorgesetzten zu Beratungen genauer zu beleuchten.
7. Stressbewältigungstrainingsprogramme zeigen empirisch nachweisbare Wirkungen auf der Ebene des Verhaltens von Lehrkräften. Solche Fort- und Weiterbildungen müssen jedoch mit der Schaffung gesundheitsförderlicher Arbeitsbedingungen kombiniert werden.
8. Die Verpflichtung zum Gesundheitsschutz von Lehrkräften ist gesetzlich verankert und wird insbesondere über Netzwerke übergreifend unterstützt.
9. Die »gute gesunde Schule« führt verhaltens- und verhältnisbezogene Maßnahmen der Gesundheitsförderung zusammen und legitimiert die Gesundheitsförderung unter Verweis auf den Bildungs- und Erziehungsauftrag der Schule.
10. Die Maßnahmen zur betrieblichen Gesundheitsförderung müssen auf der Grundlage einer systematischen Analyse partizipativ mit allen relevanten Beteiligten geplant werden, damit sie passend zur Situation in den Teams und zu den Bedürfnissen der verschiedenen Personengruppen gestaltet werden können.

## 8.4 Reflexionsfragen

*Für Schulbehörden*

- Werden die Vorgaben zum Gesundheitsschutz an unseren Schulen eingehalten?
- Verfügen Schulleitung und Lehrkräfte über genügend Ressourcen, um ihren Auftrag erfüllen zu können?
- Werden genügend Fort- und Weiterbildungs- bzw. Beratungsangebote für Lehrkräfte und Schulleitungen zu den Themen »Gesundheitsschutz« und »betriebliche Gesundheitsförderung« bereitgestellt?

*Für Schulleitungen*

- Nehme ich meine Vorbildrolle als »gesunde« Schulleiterin oder »gesunder« Schulleiter wahr?
- In welchen Feldern (▶ Abb. 8.3) haben wir in unserer Schule bereits Anstrengungen unternommen, in welche Bereiche müssen wir noch investieren?

- Nimmt das Thema »Gesundheitsförderung« in der Schulentwicklung einen zentralen Stellenwert ein? Nehme ich meine Führungsrolle bei der schulhausinternen Auseinandersetzung mit diesem Thema wahr?
- Wie entwicke und kommuniziere ich unser Verständnis und unsere Maßnahmen in Bezug auf die Gesundheit des Kollegiums?

*Für Fachpersonen der Fort- und Weiterbildung und Beratung*

- Welches Wissen haben wir darüber, welche Wirkungen unsere Angebote erzielen, und zwar sowohl auf der Verhältnisebene (Kontext) als auch auf der Verhaltensebene (Person)?
- Sind unsere Angebote systematisch auf die Bedürfnisse der Lehrkräfte und Schulteams ausgerichtet und unterstützen wir Schulleitungen bei ihrer Führungsaufgabe im Themenbereich?
- Was können wir im Bereich der Prävention und der Früherkennung anbieten?

*Für Lehrkräfteteams*

- Wie unterstützen wir uns gegenseitig im Team?
- Nehmen wir uns des Themas der Gesundheitsförderung systematisch und mit Blick auf unseren Berufsauftrag an (▶ Abb. 8.4)?
- Wie kommunizieren wir unser Verständnis und die Maßnahmen in Bezug auf unsere Gesundheit?

*Für Lehrkräfte*

- Nehme ich die mir angebotene Unterstützung frühzeitig in Anspruch bzw. fordere ich sie explizit ein?
- Welche Aktivitäten zur persönlichen Gesunderhaltung nehme ich wahr? Wie begründe ich diese?
- Partizipiere ich aktiv und mitverantwortlich an der betrieblichen Gesundheitsförderung unserer Schule?

# Literaturverzeichnis zu Kapitel 8

Achermann Fawcett, E., Keller, R. & Gabola, P. (2018). *Bedeutung der Gesundheit von Schulleitenden und Lehrpersonen für die Gesundheit und Bildungserfolg von Schülerinnen und Schülern. Wissenschaftliche Grundlage für das Argumentarium »Gesundheit stärkt« Bildung.* [Online verfügbar]: www.radix.ch/bgf [Oktober, 2020]

Baeriswyl, S., Krause, A. & Kunz Heim, D. (2014). Arbeitsbelastungen, Selbstgefährdung und Gesundheit bei Lehrpersonen – eine Erweiterung des Job Demands-Resources Modells. *Empirische Pädagogik,* 28 (2), S. 128–146.

Bilz, L., Sudeck, G., Bucksch, J., Klocke, A., Kolip, P., Melzer, W., Ravens-Sieberer, U. & Richter, M. (Hrsg.) (2016). *Schule und Gesundheit. Ergebnisse des WHO-Jugendgesundheitssurveys »Health Behaviour in School-agend Children«*. Weinheim: Beltz.

Brägger, M. (2016). *Lehrpersonen und die individuelle Gestaltung ihres Arbeitspensums*. Bericht zuhanden des Dachverbands Lehrerinnen und Lehrer Schweiz. Wallisellen: Landert Brägger Partner.

Dadaczynski, K., Paulus, P., Nieskens, B. & Hundeloh, H. (2015). Gesundheit im Kontext von Bildung und Erziehung – Entwicklung, Umsetzung und Herausforderungen der schulischen Gesundheitsförderung in Deutschland. *Zeitschrift für Bildungsforschung, 5* (2), S. 197–218.

Day, C. (2019). Quality Retention and Resilience in the Middle and Later Years of Teaching. In A. Sullivan, B. Johnson & M. Simons (Eds.), *Attracting and Keeping the Best Teachers: Issues and Opportunities* (pp. 193–210). Singapore: Springer.

Ebert, D. D., Lehr, D., Boß, L., Riper, H., Cuijpers, P., Andersson, G. et al. (2014). Efficacy of an internet-based problem-solving training for teachers: results of a randomized controlled trial. *Scandinavian Journal of Work, Environment & Health, 40*(6), 582–596.

Fend, H. (2008). *Schule gestalten. Systemsteuerung, Schulentwicklung und Unterrichtsqualität*. Wiesbaden: VS Verlag.

Frick, J. (2015). *Gesund bleiben im Lehrberuf. Ein ressourcenorientiertes Handbuch*. Bern: Hans Huber.

Harazd, B., Gieske, M. & Rolff, H.-G. (2009). *Gesundheitsmanagement in der Schule. Lehrergesundheit als neue Aufgabe der Schulleitung*. Köln: Wolters Kluwer.

Herzog, S. (2007). *Beanspruchung und Bewältigung im Lehrerberuf*. Münster: Waxmann.

Hillert, A., Lüdtke, K., Sosnowsky-Waschek, N., Ueing, S., Bracht, M., Koch, S. et al. (2016). *Lehrergesundheit: AGIL-das Präventionsprogramm für Arbeit und Gesundheit im Lehrerberuf*. Stuttgart: Schattauer.

Huber, S.G. (2016). Schulleitungshandeln und Belastungserleben. *Pädagogische Führung 2*, S. 44–47.

Huber, S.G. (2013). Forschung zu Belastung und Beanspruchung von Schulleitung. In S.G. Huber (Hrsg.), *Jahrbuch Schulleitung 2013. Befunde und Impulse zu den Handlungsfeldern des Schulmanagements* (S. 222–240). Köln: Wolters Kluwer.

Hundeloh, H. (2013). Gesundheit als Aufgabe der Schulleitung. In S.G. Huber (Hrsg.), *Jahrbuch Schulleitung 2013. Befunde und Impulse zu den Handlungsfeldern des Schulmanagements* (S. 213–221). Köln: Wolters Kluwer.

Keller-Schneider, M. (2010). *Entwicklungsaufgaben im Berufseinstieg von Lehrpersonen. Beanspruchung durch berufliche Herausforderungen im Zusammenhang mit Kontext- und Persönlichkeitsmerkmalen*. Münster: Waxmann.

Klusmann, U. & Waschke, N. (2018). *Gesundheit und Wohlbefinden im Lehrerberuf*. Göttingen: Hogrefe.

Krause, A. & Dorsemagen, C. (2014). Belastung und Beanspruchung im Lehrerberuf – Arbeitsplatz- und bedingungsbezogene Forschung. In E. Terhart, H. Bennewitz & M. Rothland (Hrsg.), *Handbuch der Forschung zum Lehrerberuf* (2., überarb. und erw. Aufl.) (S. 987–1013). Münster: Waxmann.

Krause, K., Basler, M. & Bürki, E. (2016). *BGM voranbringen mit Wirkungsüberprüfungen – ein Leitfaden für Betriebe. Gesundheitsförderung Schweiz Arbeitspapier 38*. Bern und Lausanne: Gesundheitsförderung Schweiz.

Kunz Heim, D., Brühlmann, J., Bürgisser, T., Conrad, C., Constantini, D. & Zumstein, B. (2015). *Dokumentation zum Schutz zur Förderung der Gesundheit von Lehrpersonen*. Zürich: Dachverband Lehrerinnen und Lehrer Schweiz (LCH).

Kunz Heim, D., Sandmeier, A., Hänggi, Y., Safi, N. & Cina, A. (2019). Training zum Umgang mit Unterrichtsstörungen: Effekte auf die Gesundheit von Lehrkräften. *Zeitschrift für Erziehungswissenschaft, 22* (4), S. 925–944.

Kunz Heim, D., Sandmeier, A. & Krause, A. (2014). Effekte von arbeitsbedingten und personalen Ressourcen auf das Arbeitsengagement und das Engagement für Schulentwicklung bei Lehrpersonen. *Empirische Pädagogik, 28* (2), S. 147–170.

Lehr, D. (2014). Belastung und Beanspruchung im Lehrerberuf – Gesundheitliche Situation und Evidenz für Risikofaktoren. In E. Terhart, H. Bennewitz & M. Rothland (Hrsg.), *Handbuch der Forschung zum Lehrerberuf* (S. 947–967). Münster: Waxmann.

Liebowitz, D.D. & Porter, L. (2019). The Effect of Principal Behaviors on Student, Teacher, and School Outcomes: A Systematic Review and Meta-Analysis of the Empirical Literature. *Review of Educational Research*, 89, pp. 785-827.

Maag Merki, K. & Fend, H. (2017). School Improvement Capacity als ein Forschungsfeld der Schulentwicklungs-und Schuleffektivitätsforschung. Theoretische und methodische Herausforderungen. In U. Steffens, K. Maag Merki & H. Fend (Hrsg.), *Schulgestaltung. Aktuelle Befunde und Perspektiven der Schulqualitäts- und Schulentwicklungsforschung. Grundlagen der Qualität der Schule* (Bd. 2, S. 269–286). Wiesbaden: Springer VS.

Neuenschwander, M. P., Balmer, Th., Gasser, A., Goltz, St., Hirt, U. et al. (2005). *Schule und Familie. Was sie zum Schulerfolg beitragen.* Bern: Haupt.

Nielsen, K. & Randall, R. (2012). The importance of employee participation and perceptions of changes in procedures in a teamworking intervention. *Work & Stress*, 26 (2), pp. 91–111.

Nübling, M., Wirtz, M., Neuner, R. & Krause, A. (2008). Ermittlung psychischer Belastungen bei Lehrkräften – Entwicklung eines Instruments für die Vollerhebung in Baden-Württemberg. *Zentralblatt für Arbeitsmedizin, Arbeitsschutz und Ergonomie*, 58, S. 312–313.

Paulus, P. (2003). Schulische Gesundheitsförderung – vom Kopf auf die Füsse gestellt. Von der Gesundheitsfördernden Schule zur guten, gesunden Schule. In K. Aregger. & U.P. Lattmann (Hrsg.), *Gesundheitsfördernde Schule – eine Utopie? Konzepte, Praxisbeispiele, Perspektiven* (S. 93–114). Aarau: Sauerländer.

Rothland, M. (2013). Soziale Unterstützung. Bedeutung und Bedingungen im Lehrerberuf. In M. Rothland (Hrsg.), *Belastung und Beanspruchung im Lehrerberuf. Modelle-Befunde-Interventionen* (2., vollständig überarb. Aufl.) (S. 231–250). Wiesbaden: Springer.

Rothland, M. (2014). Warum entscheiden sich Studierende für den Lehrerberuf? E. Terhart, H. Bennewitz & M. Rothland (Hrsg.), *Handbuch der Forschung zum Lehrerberuf* (2., überarb. und erw. Aufl.) (S. 349–385). Münster: Waxmann.

Sandmeier, A., Kunz Heim, D., Windlin, B. & Krause, A. (2017). Negative Beanspruchung von Schweizer Lehrpersonen. Trends von 2006 bis 2014. *Schweizerische Zeitschrift für Bildungswissenschaften*, 39 (1), S. 75–94.

Sandmeier, A., Mustafić, M., & Krause, A. (2020). Gesundheit und Selbstregulation in der Lehrerbildung. In C. Cramer, J. König, M. Rothland & S. Blömeke (Hrsg.), *Handbuch Lehrerinnen- und Lehrerbildung* (S. 123–133). Bad Heilbrunn: Klinkhart.

Schaarschmidt, U., & Fischer, A. W. (2013). *Lehrergesundheit fördern - Schule stärken: Ein Unterstützungsprogramm für Kollegium und Leitung. Mit Online-Materialien.* Weinheim und Basel: Beltz.

van Dick, R. (1999). *Stress und Arbeitszufriedenheit im Lehrerberuf. Eine Analyse von Belastung und Beanspruchung im Kontext sozialpsychologischer, klinisch-psychologischer und organisationspsychologischer Konzepte.* Marburg: Tectum.

Zumstein, B. (2008). Netzwerke als schulinterne und schulexterne Unterstützungssysteme. In W. Wicki & T. Bürgisser (Hrsg.), *Praxishandbuch Gesunde Schule. Gesundheitsförderung verstehen, planen und umsetzen* (S. 197–208). Bern. Haupt.

# 9 Wir brauchen gesunde Lehrkräfte für gesunde Schulen – ein Fazit

In einem Satz zusammengefasst lassen sich die Ausführungen der vorhergehenden Kapitel im folgenden übergeordneten Fazit verdichten: *Wir brauchen gesunde Lehrkräfte für gesunde Schulen.* Über verschiedene Zugänge haben wir in diesem Lehrbuch Begründungen für diese Forderung aufgezeigt und Maßnahmen vorgeschlagen, mit denen die Gesundheit der Lehrkräfte in der Praxis gefördert werden kann. Unter »Gesundheitsförderung« verstehen wir dabei sowohl individuelle Strategien der Person, die dazu dienen, ihre eigene Gesundheit zu erhalten, als auch organisationale Strategien, die konzipiert und implementiert werden, um die Gesundheit des Personals zu schützen und zu fördern. Wenn der Gesundheitsbegriff umfassend verstanden wird, dann bezieht er sich nicht nur auf körperliche Aspekte, sondern auch auf das psychische und das soziale Wohlbefinden (▶ Kap. 2). Dieses ganzheitlich betrachtete Wohlbefinden bildet die Grundlage dafür, dass ein Mensch seine intellektuellen und emotionalen Fähigkeiten ausschöpfen, die normalen Lebensbelastungen bewältigen und produktiv arbeiten kann und imstande ist, einen Beitrag zur Gemeinschaft zu leisten.

Abschließend bringen wir die zentralen Aussagen des Buches nochmals auf den Punkt – in Form von drei Gründen für die Förderung der Gesundheit von Lehrkräften (▶ Kap. 9.1) und sechs Leitsätzen zur Umsetzung (▶ Kap. 9.2), illustriert von Roland Siegenthaler (echtpraktisch.ch).

## 9.1 Gründe für die Förderung der Gesundheit von Lehrkräften

Im Wesentlichen lassen sich drei Hauptgründe dafür aufführen, weshalb der Förderung der Gesundheit von Lehrkräften aus pädagogischer, bildungspolitischer und auch aus rechtlicher Sicht höchste Priorität beigemessen werden muss.

**1 Gesunde Lehrkräfte unterrichten besser.**

*Das pädagogische Argument: Die Unterrichtsqualität*

Studien belegen: Gesunde Lehrkräfte gestalten besseren Unterricht als ungesunde Lehrkräfte. Es gelingt ihnen besser, eine positive Beziehung zu ihren Schülerinnen und Schülern aufzubauen, und diese lernen erfolgreicher. Deshalb dient die Förderung der Gesundheit von Lehrkräften (auch) der Sicherung der Unterrichtsqualität. Die Gesundheitsförderung ist aus dieser Perspektive keine Zusatzaufgabe von Lehrkräften und Schulen, sondern sie gehört zu ihrem Kernauftrag (nachzulesen in ▸ Kap. 1 und ▸ Kap. 8).

**2 Zukunftsfähige Schulen brauchen gesunde Lehrkräfte.**

*Das Argument der Schulführung und Schulentwicklung*

Die Schule muss Antworten auf die komplexen Anforderungen des 21. Jahrhunderts finden. Wir gehen davon aus, dass die Schule in Zukunft mehr „leisten" muss, als sie dies heute bereits tut, um die gesteigerte Komplexität konstruktiv zu nutzen, den Schülerinnen und Schülern Sicherheit zu verleihen und die erhöhten Erwartungen zu erfüllen. Damit die steigenden Anforderungen nicht zur Überforderung der Schule als Ganzes und der darin tätigen Lehrkräfte im Speziellen führt, ist eine systematische Gesundheitsförderung für die Schulführung wie auch für die notwendige Schulentwicklung unabdingbar (▸ Kap. 3).

Eine systematische Gesundheitsförderung, die ausgehend von aktuellen und zukünftigen Anforderungen Ressourcen aufbaut, beeinflusst nicht nur die Gesundheit, sondern auch das Arbeitsengagement, das berufliche Commitment und die Motivation des Lehrpersonals positiv. Sie trägt dazu bei, fähige Personen langfristig gesund und motiviert in der einzelnen Schule bzw. im Beruf zu halten (▸ Kap. 4, ▸ Kap. 5, ▸ Kap. 6 und ▸ Kap. 8).

Des Weiteren verzeichnen gesunde Lehrkräfte weniger krankheitsbedingte Absenztage und neigen weniger zu belastungsbedingter Teilzeitarbeit (▸ Kap.3.2).

Das Erhalten von motivierten und engagierten Lehrkräften, die Reduktion von Absenztagen und die Verringerung belastungsbedingter Teilzeitarbeit sind gerade in Zeiten des Mangels an Lehrkräften von hoher Relevanz für die einzelne Schule von heute (▸ Kap. 6).

**3 Die Förderung der Gesundheit von Lehrkräften ist ein gesetzlicher Auftrag.**

*Das formale Argument*

Bildungsbehörden auf verschiedenen Ebenen und Schulleitungen haben die gesetzlich verankerte Pflicht, die Gesundheit von Lehrkräften zu schützen. Diesbezüglich sind sie angehalten, die beruflichen Rahmenbedingungen gesundheitsschützend zu gestalten und die Lehrkräfte dazu zu befähigen, ihren Anteil zur eigenen Gesundheitsförderung beizutragen (▸ Kap. 4 und ▸ Kap. 8.2).

## 9.2 Leitsätze für die Förderung der Gesundheit von Lehrkräften

**1 Die gesunde Lehrkraft übernimmt selbst Verantwortung für ihre Gesundheit.**

Gesundheit ist ein dynamischer Prozess, in dem sich die Lehrkraft, das berufliche Umfeld und das private Umfeld gegenseitig beeinflussen. Die einzelne Lehrkraft übernimmt aktiv handelnd die Verantwortung für ihre Gesundheit. Sie selbst muss die Unterstützung ihres privaten und beruflichen Umfelds konstruktiv einfordern und annehmen können (▸ Kap. 2, ▸ Kap. 6 und ▸ Kap. 8).

Die Bedingungen des Lehrberufs stellen eine besondere Herausforderung für die Gesundheit dar: Wenn man eine sinnvolle berufliche Aufgabe hat, die einen erfüllt, für deren Bewältigung man weitgehend selbst verantwortlich ist und für die man – theoretisch betrachtet – immer und überall arbeiten könnte, braucht es die Fähigkeit, seine Arbeitsverhalten bewusst zu steuern, um die eigene Gesundheit nicht zu gefährden (▸ Kap. 3).

Das dafür notwendige Wissen ist erwerbbar und kann wie die erforderlichen Überzeugungen und die Motivation für das langfristige Gesundbleiben im Beruf gezielt gefördert werden (▸ Kap. 4, ▸ Kap. 5, ▸ Kap. 6 und ▸ Kap. 8).

Im Wissen, dass Gesundheit nicht nur von beruflichen Bedingungen, sondern auch von individuellen Erfahrungen und privaten Faktoren abhängig ist, sollten Maßnahmen zur Gesundheitsförderung stets auch berufsbiografisch ausgerichtet werden (▶ Kap. 6).

**2 Gesundheitsförderung ist ein kontinuierlicher Passungsprozess.**

Gesundheit ist kein Zustand, sondern ein dynamischer Prozess, in dem die Passung zwischen der Person und ihrem Umfeld immer wieder neu hergestellt werden muss (▶ Kap. 2 und ▶ Kap. 3.3).

Das heißt konkret für Lehrkräfte:

a) Es müssen die »passenden« Personen für den Beruf gewonnen werden (▶ Kap. 4).
b) Im Lehramtsstudium müssen diese Personen die für ihre Aufgaben »passenden« professionellen Kompetenzen aufbauen (▶ Kap. 4), die sie in ihrer Berufsbiografie weiterentwickeln können, begleitet durch systematische Fort- und Weiterbildung sowie Beratung (▶ Kap. 5 und ▶ Kap. 6).
c) Wirksame Konzepte der Gesundheitsförderung müssen berücksichtigen, dass sich die Verhaltensweisen und Bewertungen von Lehrkräften im Verlauf ihrer Berufsbiografie verändern, und bieten passgenaue Angebote an (▶ Kap. 4, ▶ Kap. 5 und ▶ Kap. 6).
d) Konzepte der Gesundheitsförderung müssen insbesondere bei den Übergängen der beruflichen Tätigkeit einen besonderen Fokus setzen, weil dort die Passung zwischen der Person und dem Umfeld besonders herausgefordert wird und erfolgreiche Bewältigung zum Motor von Entwicklung wird (▶ Kap. 5 und ▶ Kap. 6).

Die einzelne Lehrkraft muss auf die Gestaltung ihres beruflichen Kontexts und ihre Aufgaben Einfluss nehmen können, um aktiv Passung herzustellen und ihre Gesundheit selbst zu erhalten oder zu fördern (▶ Kap. 3).

**3 Die gesunde Lehrkraft hat eine gesunde Schulleitung.**

Nur wenn Führungspersonen sich selbst gut führen können und gesundheitsfördernde Rahmenbedingungen haben, verfügen sie über die notwendigen Möglichkeiten und die

Aufmerksamkeit, um Gesundheitsprobleme ihrer Mitarbeitenden frühzeitig zu erkennen und anzusprechen. Im Bereich des Leaderships sind dafür die Vermittlung einer Vision sowie die Förderung der Veränderungsbereitschaft und eines offenen, unterstützenden Schulklimas gefordert. Gleichzeitig müssen die Führungspersonen über ihre Managementkompetenzen die finanziellen, personellen und materiellen Ressourcen für die Gesundheitsförderung sicherstellen. Gerade bei den beruflichen Übergängen wie zum Beispiel beim Berufs- oder Wiedereinstieg kommt der Begleitung durch die Schulleitung besondere Bedeutung zu (▶ Kap. 8.1., ▶ Kap. 5 und ▶ Kap. 6).

**4 Die Gesundheit der Lehrkräfte geht alle etwas an.**

Ob Schulleitung, Lehrkräfteteam, Schülerinnen und Schüler und deren Eltern, Fachpersonen der Beratung und Aus-, Fort- und Weiterbildung oder Bildungsbehörden aller politischen Ebenen – sie alle beeinflussen die Gesundheit der Lehrkräfte. Eine systematische Gesundheitsförderung bezieht die verschiedenen Akteurinnen und Akteure gezielt mit ein, um gesundheitsfördernde Rahmenbedingungen für Lehrkräfte zu schaffen (▶ Kap. 3.4, ▶ Kap. 4, ▶ Kap. 5, ▶ Kap. 6.1, ▶ Kap. 7.4 und ▶ Kap. 8.1).

**5 Die Förderung der Gesundheit von Lehrkräften ist umfassend.**

Gesundheitsförderung muss auf verschiedenen Ebenen ansetzen: Auf der Ebene der einzelnen Lehrkraft (Verhaltensprävention) wie auch auf der Ebene der Bildungspolitik und der Bildungsverwaltung und der einzelnen Schule (Verhältnisprävention). Am erfolgreichsten gelingt Gesundheitsförderung, wenn die Maßnahmen alle relevanten Ebenen berücksichtigen und sorgfältig aufeinander abgestimmt werden (▶ Kap. 3 und ▶ Kap. 8).

## 6 Gesundheitsförderung ist selbstverständlich.

Gesundheit bildet eine grundlegende Voraussetzung für die erfolgreiche Ausübung des Lehrberufs. Sie muss fest im Professionsverständnis der Lehrkräfte, im Professionsbewusstsein der Berufsverbände und in den Berufsleitbildern der Bildungspolitik verankert sein.

Professionell ist eine Lehrkraft dann, wenn sie über diejenigen Kompetenzen verfügt, die es ihr ermöglichen, ihren beruflichen Alltag so zu bewältigen, dass sowohl die Erfüllung des beruflichen Auftrags als auch die langfristige Aufrechterhaltung der Gesundheit gewährleistet sind. Dies gelingt, wenn eine Lehrkraft ein professionelles Selbst entwickelt, in dessen Zentrum die selbstreflexive Auseinandersetzung mit den eigenen Erfahrungen, Überzeugungen und Orientierungen steht (▶ Kap. 3, ▶ Kap. 4, ▶ Kap. 5 und ▶ Kap. 7).

Dafür sind Kompetenz- und Professionsmodelle erforderlich, die gesundheitsförderndes Wissen, Können und Wollen explizieren und den Aufbau dieser Aspekte von Professionalität über Aus-, Fort- und Weiterbildung sowie Beratung systematisch und verbindlich anleiten (▶ Kap. 4, ▶ Kap. 6 und ▶ Kap. 7).

Notwendig sind darüber hinaus Berufsaufträge und Berufsleitbilder, die realistisch sind und die die Gesundheitsförderung explizit als Erwartung und Unterstützungsauftrag definieren (▶ Kap. 7).

Und nicht zuletzt sollen der öffentliche Diskurs und die Medienberichterstattung rund um den Lehrberuf ein Bild eines Berufs vermitteln, der gesund und erfolgreich ausgeübt werden kann – und deshalb für geeignete Personen attraktiv ist und attraktiv bleibt (▶ Kap. 7).